Gabriele Metzler

Der deutsche Sozialstaat

W0041685

Gabriele Metzler

Der deutsche Sozialstaat

Vom bismarckschen Erfolgsmodell
zum Pflegefall

Deutsche Verlags-Anstalt
Stuttgart München

Meiner Mutter zum 18.2.2003
und meinem Vater nachträglich

INHALT

EINLEITUNG

Der Sozialstaat, einstmals harter Kern im »Modell Deutschland«, ist ins Gerede gekommen. Zu teuer und zu bürokratisch, hoffnungslos ineffizient, gar der Entscheidungsfreiheit der Bürger zuwiderlaufend und offensichtlich von den Problemen der Gegenwart überfordert: So wird er von vielen wahrgenommen. Aus dem einstigen Erfolgsmodell ist selbst ein Pflegefall geworden. Doch je lauter die Krankheiten des Systems sozialer Sicherung beklagt werden, desto weniger scheint Abhilfe in Aussicht. Die Zeiten, in denen kleinere Eingriffe die Malaisen des Systems beheben mochten, scheinen unwiderruflich vergangen zu sein. Ist der Sozialstaat am Ende?

Die bestehenden Institutionen sozialer Sicherung und der Daseinsvorsorge zu beseitigen hieße, ein historisches Projekt für beendet zu erklären, das mit unserer Geschichte seit dem späten 19. Jahrhundert auf das engste verknüpft ist. Mit dem Sozialstaat waren zudem immer auch spezifische Staatsvorstellungen und Gesellschaftskonzeptionen sowie ein bestimmtes Verständnis von Solidarität verbunden, die dann gleichfalls zur Disposition stünden. Sich ihrer zu vergewissern und sie in ihrer historischen Entwicklung zu betrachten kann dazu beitragen, daß die gegenwärtigen Probleme in ihrer historischen Dimension erkennbar werden; und dann wird deutlich, daß sie nicht rasch und bloß an den Erfordernissen des Tages orientiert gelöst werden können. Deshalb gilt auch für die Geschichte des Sozialstaates, daß Vergangenheit immer Zukunft ist.

Wann ist der moderne Sozialstaat entstanden, wie hat er sich entwickelt? Unser historisches Bild vom deutschen Sozialstaat ist von Bismarck beherrscht, der als Schöpfer der ersten Gesetzeswerke zur sozialen Sicherung gilt. Aber wie die Gründung des deutschen Nationalstaats 1871 keineswegs allein dem Wirken des preußischen Ministerpräsidenten und nachmaligen Reichskanzlers zu verdanken war, sondern gleichermaßen strukturelle Ursachen hatte, so ist auch die Geschichte des deutschen Sozialstaates ohne hagiographische Verklärung verstehbar. Dessen Wurzeln reichten in weit tiefere historische Schichten hinein, aus denen Idee und Gestaltung des modernen Sozialstaates genährt wurden.

Befassen wir uns mit der Genese des modernen Systems sozialer Sicherung, wie es unser Dasein bis in die Gegenwart hinein prägt, müssen wir weit zurückgehen. Im Grunde bestimmte der Traum von einem Leben, das frei war von Not, die gesamte Menschheitsgeschichte. Gegen die Wechselfälle des Lebens abgesichert und der Solidarität der Gemeinschaft gewiß zu sein war einer der treibenden Impulse zur Vergesellschaftung überhaupt. Eine besondere Rolle spielte dabei der christliche Glaube, weshalb kirchliche Fürsorge für die Hilfsbedürftigen der Gesellschaft von jeher großes Gewicht besaß. Hier, in den Ideen von Solidarität und Subsidiarität, konnte sich jenes Denken entfalten, das zum modernen Sozialstaat hinführte. An die Seite christlicher Armen- und Krankenfürsorge trat seit dem 16. Jahrhundert der frühmoderne Staat, der in zunehmendem Maße die Aufgaben sozialer Sicherung an sich zog. Soziale Regulierungen vorzunehmen war ein wesentliches Element im Prozeß der modernen Staatsbildung und wurde als Teil der »Policey« angesehen. Darunter verstanden die Zeitgenossen sowohl das Gemeinwesen und dessen Zustand als auch sämtliche (administrativen und gesetzgeberischen) Maßnahmen, die zur Verbesserung des Gemeinwesens beitragen mochten. Als »gute Policey« galten, wie einer der Hauptvertreter der »Policey-Wissenschaft« erklärte, »alle Maßregeln in innerlichen Landesangelegenheiten, wodurch das allgemeine Vermögen des Staats dauerhaftiger gegründet und vermehrt, die Kräfte des Staats besser gebrauchet und überhaupt die Glückseligkeit des gemeinen Wesens befördert werden kann; und in diesem Verstande sind die Commercien-Wissenschaft, die Stadt- und Landoeconomie, die Verwaltung der Bergwerke, das Forstwesen und dergleichen mehr, in so fern die Regierung ihre Vorsorge darüber nach Maaßgebung des allgemeinen Zusammenhanges der Wohlfahrth des Staates einrichtet, zu der Policey zu rechnen.«[1] Indem der Staat in gesellschaftliche Entwicklungen intervenierte, sollten die Integration im Inneren und, damit zusammenhängend, seine Stärke nach außen erhöht werden. Deshalb war es kaum verwunderlich, daß die frühneuzeitliche Sozialpolitik von integrierenden und exkludierenden Elementen gleichermaßen gekennzeichnet war: Es war keine ungewöhnliche Praxis, Arme, die nicht zu den Untertanen des Landesherrn rechneten, über die Grenze abzuschieben. Aber auch für diejenigen, die zum Empfängerkreis staatlicher Fürsorgeleistungen zählten, waren damit disziplinierende Maßnahmen verbunden; der Wert von Arbeit wurde neu definiert und bereitete der industriellen Gesellschaft den Weg. Am Ende des 18. Jahrhunderts schließlich galt die Armenfürsorge als Staatsaufgabe, wie es etwa im Allgemeinen Preußischen Landrecht von 1794 festgehalten wurde. Darin wurde der Staat verpflichtet, »für die Ernährung und Verpflegung derjenigen Bürger zu sorgen, die sich ihren Unterhalt nicht selbst verschaffen« konnten; »denjenigen, welchen es nur an Mitteln und Gelegenheit, ihren und der Ihrigen Unterhalt selbst zu verdienen, ermangelt, sollen Arbeiten, die ihren Kräften und Fähigkeiten gemäß sind, angewiesen werden«.

Im 19. Jahrhundert brachen die sozialen Probleme in neuer und dramatischer Form auf und gaben schließlich den entscheidenden Impuls, der zu den modernen Institutionen sozialer Sicherung führte. Der »Frühkapitalismus«, also das erste Drittel des Jahrhunderts, brachte einen bedeutenden sozialen und wirtschaftlichen Umbruch mit sich. Denn in der Zeit zwischen etwa 1800 und 1830 kristallisierte sich, langsam und unaufhaltsam, eine neue gesellschaftliche Ordnung heraus, deren

Anfang am ehesten als Freisetzung zu beschreiben ist: Überkommene Bindungen, die in der feudalen Ordnung wurzelten, wurden peu à peu schwächer – wenn sie nicht durch napoleonische Herrschaft oder gezielte Reformen der nachnapoleonischen Zeit gleich mit einem Streich beseitigt wurden. So trat an die Stelle der starren Zunftordnungen die Gewerbefreiheit, die Abhängigkeit der Bauern von ihrem Grundherren wurde beseitigt, Vertragsfreiheit, Freizügigkeit und freies Niederlassungsrecht versetzten Menschen und Kapital in neue, bis dahin ungekannte Mobilität. Freilich sollte man nicht in liberalem Überschwang nur die positiven Seiten des Neuen sehen. Denn die Freisetzung verschärfte vorerst die sozialen Probleme drastisch. Pauperismus, Massenarmut, zählte zu den dominierenden Erfahrungen der Frühindustrialisierung. Familienbande oder kirchliche Armenpflege konnten der um sich greifenden fundamentalen Existenzunsicherheit vor allem der Arbeiter nicht mehr Herr werden, konnten in der sich dramatisch wandelnden Welt keinen Schutz mehr gewähren.

Zusätzliche Regulierungen durch den Staat wurden notwendig. Sie zu fordern entsprach deutschem Staatsdenken, wie es sich vor allem bei den Kameralisten des 18. Jahrhunderts entwickelt hatte. Besonders Lorenz von Stein knüpfte daran an, indem er die Notwendigkeit staatlicher Interventionen zur Lösung sozialer Probleme betonte. Im Gegensatz zu seinem Zeitgenossen Karl Marx, der eine Revolution des Proletariats für unausweichlich hielt, konnte in Steins Denken der Staat, verkörpert in einem sozialen Königtum, Klassengegensätze durch kluge Politik entschärfen, soziale Entwicklungen durch eine Leistungsverwaltung mitgestalten und dadurch die gesellschaftliche Ordnung auch in Zeiten des Umbruchs stabilisieren. Daß solche Stabilisierung dringend notwendig war, betonten auch die bürgerlichen Sozialreformer, die sich 1844 im *Centralverein für das Wohl der arbeitenden Klassen* und dann 1872 im *Verein für Socialpolitik* organisierten. Im bürgerlichen Engagement aktualisierten sich Traditionen, die bis ins Mittelalter zurückreichten und nun in der breiten bürgerlichen Vereinsbewegung des 19. Jahrhunderts aufgingen. Auch die Arbeiterbewegung knüpfte mit ihren genossenschaftlichen Ideen und Aktivitäten an ältere Vorläufer an.

Diese Strömungen, welche die Notwendigkeit sozialer Politik betonten und die allesamt vor der Reichsgründung datierten, verbanden sich mit der preußisch-deutschen Tradition der »Reform von oben« zu einer wirkungsmächtigen Symbiose. Nicht nur zeitlich parallel, sondern untrennbar mit den Rufen nach staatlicher Regulierung verbunden, entwickelte sich im frühen 19. Jahrhundert der »rational-bürokratische Anstaltsstaat« (Werner Conze) mit einer leistungsstarken, gestaltungswilligen Verwaltung. In ihren Händen lagen bald die ersten Maßnahmen, die der Freisetzung und ihren unerwünschten sozialen Folgen entgegenwirken sollten. Jene erfolgten zuerst im Arbeitsleben. Hier war England der Vorreiter, wo Gesetze von 1833 und 1850 die Frauen- und Kinderarbeit einschränkten und die Arbeitszeiten in Fabriken und Bergwerken festlegten. 1839 regulierte auch Preußen die Kinderarbeit. Um die grassierende Armut zu mildern, übertrug man mit den Armengesetzen von 1842 die Verantwortung für die Armen vom Heimat- auf den Wohnort. Nur das ermöglichte überhaupt Freizügigkeit. Hier wird, neben staatlicher Sozialpolitik, kirchlicher Fürsorge und dem Engagement von Vereinigungen, ein weiterer Ort sozialen Handelns erkennbar, der unserem historischen Blick häufig entgeht: Die Kommunen entwickelten sich im Laufe des 19. Jahrhunderts zu »Wohlfahrtsstädten« mit eigenen Zielen und Problemen. Diese Armenfürsorge hatte noch sehr wenig mit moderner Sozialstaatlichkeit zu tun. Denn sie hatte eminent diskriminierenden Charakter: Wer nicht Bürger einer Stadt war, hatte keinen Anspruch auf Leistungen, einen Anspruch, der obendrein an strenge Bedürftigkeitsprüfungen gekoppelt war. Erhielt man soziale Leistungen, verlor man zudem seinen vollen Status als Staatsbürger, und das blieb in Deutschland, aber nicht nur dort, bis 1918 so. Solche Sozialpolitik lief Vorstellungen einer Staatsbürgergesellschaft zuwider: Man konnte entweder Armenhilfe empfangen oder staatsbürgerliche Rechte genießen, das eine schloß das andere kategorisch aus.

Deshalb stellten die in den 1880er Jahren erfolgenden Sozialversicherungsgesetze in der Tat die ersten Meilensteine in der Entwicklung des modernen deutschen Sozialstaates dar. Mit ihnen wurde es möglich, Rechts- und Sozialstaatlichkeit auf das engste miteinander zu verbinden sowie dem Konzept der Staatsbürgergesellschaft in seiner modernen Form zum Durchbruch zu verhelfen. Von der Bismarck-Zeit bis etwa 1930 entfaltete sich das soziale Netz nahezu vollständig, wobei der »Kriegssozialismus« des Ersten Weltkrieges zweifellos in vielerlei Hinsicht beschleunigend wirkte. Über den Zusammenbruch der Monarchie, Revolution und Republikgründung hinweg expandierte der deutsche Sozialstaat und bewahrte dabei seine Form, die er seit den 1880er Jahren erhalten hatte, als ob er einem, ihm gleichsam als genetischen Code eingeschriebenen, Entwicklungsgesetz folgte. Gewiß, der Zusammenhang von Rechtsstaat, Sozialstaat und Demokratie wurde nach 1918 stärker akzentuiert als zuvor, doch die sozialpolitischen Grundentscheidungen aus der Bismarck-Zeit blieben unwiderrufen. Am Ende seiner formativen Phase steckte der deutsche Sozialstaat schließlich bereits in seiner tiefsten Krise, die mit der ökonomischen und politischen Krise der Weimarer Republik zusammenfiel.

Der Sozialstaat war ein Projekt der industriegesellschaftlichen Moderne, und er offenbarte von Anbeginn irritierende Ambivalenzen. So war Sozialstaatlichkeit zwar mit der Herausbildung einer modernen Staatsbürgergesellschaft verknüpft, in der aber nicht alle die gleichen Rechte besaßen. Die sozialdisziplinierenden Absichten, die mit staatlicher Sozialpolitik seit der Genese des frühmodernen Staates verbunden gewesen waren, blieben weiterhin bestehen; Mechanismen von Inklusion und Exklusion blieben erhalten oder wurden, nunmehr auf moderner, auf wissenschaftlicher Basis, neu definiert. Deshalb prägte sich mit der Sozialstaatlichkeit eine spezifische Form von Modernität aus, die, wie im zweiten Kapitel näher dargelegt wird, den Nationalsozialismus eben nicht als grundsätzlichen Bruch mit allen vorangegangenen Entwicklungen erscheinen läßt. Der nationalsozialistische Sozialstaat führte vielmehr – wenn auch in zweifellos radikalisierter Form – bestehende Ansätze fort; genuin Neues im System sozialer Sicherungen wurde während der NS-Zeit kaum eingeführt, sondern die sozialstaatlichen Strukturen allenfalls in das spezifische Herrschaftssystem des Nationalsozialismus eingepaßt.

Auch als 1945 mit der vermeintlichen »Stunde Null« die Gelegenheit gekommen war, eine grundsätzliche Revision in den sozialen Sicherungssystemen durchzuführen, wurde in den Westzonen und in der Bundesrepublik vieles von dem beibehalten, was bereits seit der Bismarck-Zeit Bestand hatte. In der SBZ /DDR sah das unter sozialistischen Vorzeichen anders aus, doch auch dort lassen sich Rudimente des alten Systems identifizieren. Wiederaufbau und Expansion kennzeichneten den westdeutschen Sozialstaat bis zum Ende der 1950er Jahre, ehe mit den Reformen der Rentenversicherung und der Sozialhilfe tatsächlich innovative Elemente in das Netz sozialer Sicherung integriert wurden. In der Zeit des »großen Booms« von den 1950er bis zu den frühen 1970er Jahren präsentierte sich der Sozialstaat in der Bundesrepublik als Erfolgsmodell, mit dessen Hilfe die säkularen Problemlagen der industriegesellschaftlichen Moderne ganz offensichtlich bewältigt werden konnten. Freilich war im Erfolg der Keim späterer Krisen bereits eingeschlossen, wie man aus rückblickender Perspektive erkennen kann. Der Erfolg des Sozialstaates ermöglichte gesellschaftlichen Wandel, der sich seit den 1960er Jahren besonders im Prozeß der Individualisierung von Lebensentwürfen, Zukunftserwartungen und Wertvorstellungen ausdrückt; und der Erfolg des Sozialstaates nährte jene »Revolution der Erwartungen«, in welcher ältere Traditionen gesellschaftlicher

Selbsthilfe, der Subsidiarität und der Solidarität scheinbar verlorengegangen sind. Die gegenwärtige Krise des Sozialstaates, die allerorten diagnostiziert wird und längst als Gemeinplatz fest in den tagespolitischen Diskussionen etabliert ist, ist deshalb nicht nur eine Folge des deutschen Vereinigungsprozesses, sosehr dieser zu ihr beigetragen hat. Vielmehr haben wir es mit einer strukturellen Krise zu tun, die bei näherer Betrachtung die Frage aufwirft, ob sich der Sozialstaat in seiner bestehenden Form nicht als historisches Projekt überlebt hat.

Besonders zwei Tendenzen legen eine bejahende Antwort auf diese Frage nahe. Der Aufstieg und Erfolg des Sozialstaates war, nicht nur in Deutschland, aber hier aufgrund der verspäteten Nationalstaatsbildung in ganz besonderem Maße, auf das engste mit der Ausprägung moderner Nationalstaatlichkeit verknüpft. Die sozialen Sicherungssysteme waren, im Grunde seit der frühen Neuzeit, als territorialstaatlich gebundene Institutionen konzipiert und konnten nur als solche funktionieren. So wäre etwa ohne das Recht des Staates, auf seinem Territorium Steuern zu erheben, der Sozialstaat nicht denkbar gewesen. Jedoch ist seit geraumer Zeit nicht zu übersehen, daß der Rahmen nationalstaatlichen Handelns erodiert, die Spielräume – auch und besonders die Verteilungsspielräume! – des Staates enger werden. Im Schlagwort von der »Globalisierung« sind solche Beobachtungen zusammengeflossen, die sich nicht nur auf das Ende »klassischer« Nationalstaatlichkeit, sondern eben auch Sozialstaatlichkeit erstrecken. Kann der Sozialstaat im Zeitalter der Globalisierung überleben?

Auf den ersten Blick ähnlich destruktive Wirkungen gehen von der Verflechtung einzelstaatlicher Politik auf europäischer Ebene aus, nimmt doch auch die fortschreitende europäische Integration den europäischen Nationalstaaten gestalterischen Raum. Indessen gibt es Ansätze, auf europäischer Ebene zu neuen Formen sozialer Sicherung zu gelangen, in denen möglicherweise die bestehenden nationalen Sicherungssysteme eines Tages aufgehen werden.

Damit wird in dieser Studie der Bogen von der Genese des modernen Sozialstaates bis zu seiner aktuellen Krise geschlagen. In ihrem Aufbau folgt sie in erster Linie der Chronologie, wobei auf das erste große Kapitel, in welchem Entstehung und Ausbau sozialer Sicherungssysteme von den 1880er Jahren bis zum Ende der Weimarer Republik geschildert werden, einige systematisierende Überlegungen über die Ambivalenzen des Sozialstaats während dieser knapp fünf Jahrzehnte folgen. Daran schließt sich die historische Betrachtung des Nationalsozialismus sowie der beiden deutschen Staaten nach 1945 an, die mit einem Blick auf die Vereinigung der Sicherungssysteme von Bundesrepublik und DDR in den 1990er Jahren endet. Die beiden letzten Kapitel thematisieren die gegenwärtige Krisenlage, in welcher sich der Sozialstaat befindet, wobei besonders nach strukturellen Ursachen gefragt wird. Auf diese Weise soll gezeigt werden, daß die Krise sehr viel tiefer geht, als dies die tages- und parteipolitischen Auseinandersetzungen erahnen lassen. Einfache Patentrezepte für den »Pflegefall Sozialstaat« hält diese Studie nicht bereit; ihr Beitrag zu den gegenwärtigen Diskussionen soll es sein, die historische Gewachsenheit der Probleme zu zeigen.

Um einer schlankeren Form und besseren Lesbarkeit willen habe ich bewußt auf einen umfangreichen Anmerkungsapparat verzichtet und in den Referenzen nur wörtliche Zitate belegt; wer sich weiter informieren will, sei auf die Angaben jener Forschungsliteratur, an deren Ergebnisse meine Studie anknüpft, am Ende verwiesen.

I.
ENTSTEHUNG UND AUSBAU DES MODERNEN
SYSTEMS SOZIALER SICHERUNG, 1880–1930

Die formative Phase des modernen deutschen Sozialstaates erstreckte sich vom Kaiserreich bis in die letzten Jahre der Weimarer Republik. Während dieser fünf Jahrzehnte fielen die Grundentscheidungen, an welchen sich der Ausbau in der folgenden Zeit orientierte. Das Netz sozialer Sicherung wurde seit den 1880er Jahren immer weiter aufgespannt, und es wurde immer engmaschiger, je mehr Bürger in die Sozialversicherungssysteme integriert wurden. Sozialversicherungen gewährten nun zumindest ein Mindestmaß an Hilfe gegenüber den gängigen Risiken des Lebens in einer industriell geprägten Gesellschaft: gegen die Folgen von Krankheit, Unfällen, Invalidität und Alter sowie schließlich gegen Arbeitslosigkeit. Auch in die Arbeitswelt selbst griff der Sozialstaat regulierend ein, sei es, indem er verbesserten Arbeitsschutz den Arbeitgebern zur Pflicht machte, sei es, daß er die industriellen Beziehungen auf betrieblicher und überbetrieblicher Ebene neu regelte. Aufs Ganze gesehen spiegelte sich in der Genese des modernen Sozialstaates daher ein dramatischer Zuwachs der Staatsaufgaben sowie ein Wandel im Denken über die Staatsfunktionen wider. Der Sozialstaat war – und ist – ein interventionistischer Staat, der Gestaltungsansprüche gegenüber der Gesellschaft geltend machte und durchsetzte. Er drängte ältere Sicherungssysteme beiseite; vollends beseitigt hat er die Traditionen genossenschaftlicher Selbsthilfe, bürgerschaftlichen Engagements oder kirchlicher Fürsorge indessen nicht. Gleichwohl ist die Entstehungsgeschichte moderner Sozialstaatlichkeit in Deutschland in erster Linie als Geschichte des modernen Interventionsstaates zu lesen.

Soziale Sicherung im Kaiserreich

Als »Gründungsurkunde des deutschen Sozialstaats« (Horst Baier) gilt die kaiserliche Botschaft an den Reichstag vom 17. November 1881. In ihr stellte der Monarch ein »höheres Maß staatlicher Fürsorge« in Aussicht, sei er doch überzeugt, »daß die Heilung der sozialen Schäden nicht ausschließlich im Wege der Repression social-demokratischer Ausschreitungen, sondern gleichmäßig auf dem der positiven Förderung des Wohles der Arbeiter zu suchen sein werde«. Und weiter hieß es in der von Bismarck entworfenen Deklaration: »Wir halten es für Unsere Kaiserliche Pflicht, dem Reichstag diese Aufgabe ... ans Herz zu legen, und würden wir mit umso größerer Befriedigung auf alle Erfolge, mit denen Gott Unsere Regierung sichtlich gesegnet hat, zurückblicken, wenn es uns gelänge, dereinst das Bewußtsein mitzunehmen, dem Vaterlande neue und dauerhafte Bürgschaften seines inneren Friedens und den Hilfsbedürftigen größere Sicherheit und Ergiebigkeit des Beistandes, auf den sie Anspruch haben, zu hinterlassen. In unseren darauf gerichteten Bestrebungen ... vertrauen [Wir] auf die Unterstützung des Reichstags ohne Unterschied der Parteistellung.«[2]

Das Dokument reflektierte die innenpolitische Situation, wie sie sich zehn Jahre nach der Reichsgründung entwickelt hatte. Die Entscheidung für ein stärkeres staatliches Engagement in der sozialen Frage war ein Teilmanöver der innenpolitischen Wende von 1878/79, in deren Zuge sich Bismarck von den Nationalliberalen abgewandt hatte und das Reich zur Schutzzollpolitik übergegangen war. Zweifellos sollten sozialpolitische Maßnahmen nun den harten Kurs gegenüber der Sozialdemokratie flankieren, deren politischem Aufstieg Bismarck und seine konservativen Bündnispartner mit harten Repressionen entgegentreten wollten. In dieser Perspektive waren das Sozialistengesetz von 1878 und die Sozialversicherungsgesetze der frühen 1880er Jahre zwei Seiten derselben Medaille und sind auch häufig als Doppelstrategie des »Zuckerbrot und Peitsche« gedeutet worden. Zugleich aber waren die sozialpolitischen Initiativen gegen die Linksliberalen gerichtet, aus deren Sicht der Kanzler nun den Weg zum »Staatssozialismus« eingeschlagen hatte.

Die Genese des modernen Sozialstaats war demnach eng mit der »inneren Reichsgründung« verwoben, worauf im nächsten Kapitel noch ausführlicher einzugehen sein wird; aber in ihr schlugen sich auch und vor allem sozialstrukturelle Veränderungen nieder. Denn es war keineswegs zufällig, daß die Herausbildung moderner Sozialstaatlichkeit historisch mit der Phase der Hochindustrialisierung zusammenfiel, traten doch in ihr die Probleme der industriellen Gesellschaft nun verschärft zutage: Zwar war die allgemeine wirtschaftliche und soziale Lage bis 1914 aufs Ganze gesehen geprägt von ökonomischem Wachstum, das jedoch in einzelnen Sektoren höchst unterschiedlich ausfiel und obendrein immer wieder durch konjunkturelle Krisen unterbrochen wurde. Das zeigte die auf den Boom der »Gründerzeit« am Anfang der 1870er Jahre folgende »Große Depression«, die seit der Weltwirtschaftskrise von 1873 jahrelang anhielt, ebenso wie die erneute Depression um 1891/92. Wachstumsschwankungen brachten Kursstürze an den Börsen, Unternehmenspleiten, für die Beschäftigten Lohneinbußen und das Risiko von Arbeitslosigkeit mit sich. Erst zu dieser Zeit wurde Arbeitslosigkeit als Problem sui generis im Industrialisierungsprozeß wahrgenommen und nicht mehr als Teil des allgemeineren Pauperismusphänomens. Exakte Daten über Erwerbslosigkeit festzustellen hat sich für die Forschung als überaus schwierig erwiesen, zumal erst bei der Berufs- und Volkszählung von 1895 die Zahl der Arbeitslosen zum Gegenstand staatlichen Interesses wurde; zu lückenlosen statistischen Erhebungen kam es im Kaiserreich nicht. Aber es sollen um 1880 nach Schätzungen der historischen Forschung zwischen 200 000 und 500 000 Arbeitskräfte unterwegs auf der Suche nach Beschäftigung gewesen sein. Zum Druck auf den Arbeitsmarkt trug nicht zuletzt der strukturelle Wandel besonders in der Landwirtschaft bei. Zudem waren von der Abnahme der im agrarischen Sektor Beschäftigten besonders die Frauen betroffen, denn ihre Möglichkeiten, durch Mithilfe zum Familieneinkommen beizutragen, verringerten sich erheblich, und obendrein sanken ihre Verdienstchancen nun auch noch mit dem Rückgang der Heimarbeit durch die Zunahme industrieller Produktion deutlich. In den Fabriken herrschten weithin beklagenswerte Zustände; der Schutz bei Maschinenarbeit war unzulänglich, so daß Arbeiter oftmals lebensgefährlichen Risiken ausgesetzt waren. Ihren Lohn bestimmte der Markt, und allzuoft reichte er nicht aus, um eine Familie zu ernähren, schon gar nicht, wenn dem »Brotverdiener« etwas zustieß oder wenn er oder seine Angehörigen krank wurden. Bevölkerungswachstum und die ungebremste Abwanderung der Menschen vom Land in die Städte verschärfte dort die Situation bis ins Unerträgliche. Das Elend in den grauen Mietskasernen mit ihren finsteren Hinterhöfen, die nackte Armut weiter Bevölkerungskreise, ihre Demoralisierung und Desorientierung angesichts einer stetig unübersichtlicheren Umwelt, in der überkommene und vertraute Werte und Bindungen zerbrachen – wir beschreiben dies heute nüchtern als Modernisierungsprozeß –, all das machte die »soziale Frage«, verstanden zunächst als Arbeiterfrage, zu einem beherrschenden öffentlichen Thema.

Die rapide Zunahme des zweiten, des produzierenden Sektors, der Volkswirtschaft trug dazu bei, daß die Herausbildung marktbedingter Klassen, die ausgangs des 18. Jahrhunderts eingesetzt hatte, nun forciert voranschritt. Mit dem »Siegeszug des Industriekapitalismus« (Hans-Ulrich Wehler) stellte sich die Frage gesellschaftlicher Integration nicht mehr bloß als taktisches Problem der Innenpolitik, sondern in grundsätzlicher Form. »Das Gesamtinteresse des Gemeinwohls verlangt«, hieß es 1904 in einem weit verbreiteten Lehrbuch zur Sozialpolitik, »daß alles, was geeignet ist, den engen Zusammenhang der Volksgenossen zu lockern und die Einheit des organischen Gefüges des Gemeinwesens zu beeinträchtigen, entweder ganz beseitigt oder doch wenigstens soweit gemildert wird, wie es zur Verhütung gemeinschädlicher Wirkungen geboten ist. ... Wenn deshalb die Sozialpolitik in der dem Gesamtinteresse dienlichen Weise auf die Verhältnisse der Gesellschaftsklassen einwirken will, so muß sie zu einer Abschwächung der Klassenunterschiede führen. Sie muß vor allem die wirtschaftliche Lage der einzelnen Klassen und ihren Anteil an den Kulturerrungenschaften einander nähern, ohne sie deshalb in eine dem Fortschritt schädliche unbedingte Gleichheit der äußeren Lebensverhältnisse hinüber zu führen.«[3] Milderung der Klassengegensätze, aber keine Nivellierung der Klassenunterschiede, des sozialen Status und der materiellen Lebenslagen: Damit war die Absicht staatlicher Sozialpolitik im Kaiserreich prägnant beschrieben.

Wichtigste Zielgruppe dieser Politik war die Industriearbeiterschaft. Auf ihre Situation waren die ersten sozialpolitischen Gesetze zugeschnitten, die der Reichstag in den frühen 1880er Jahren verabschiedete: 1883 das Krankenversicherungsgesetz, 1884 das Unfallversicherungsgesetz, 1889 schließlich das Invaliditäts- und Altersversicherungsgesetz. Damit wurden binnen weniger Jahre drei tragende Säulen eines Systems sozialer Sicherung errichtet, auf denen es in Deutschland bis heute ruht. Um zu ermessen, welche Tragweite diese ersten Gesetze bereits hatten, muß man sich nur in Erinnerung rufen, daß es seither nur zwei wesentliche Ergänzungen bei den Sozialversicherungen gegeben hat: die Arbeitslosenversicherung von 1927 sowie die Pflegeversicherung von 1995. Auch die Grundprinzipien wurden in den Versicherungsgesetzen der 1880er Jahre festgeschrieben und haben, gleichsam als ihr genetischer Code, das

Wesen sozialer Sicherung bis zum heutigen Tage geprägt. Das gilt insbesondere für die Versicherungspflicht, die nun für bestimmte Personengruppen reichsweit bestand, und es gilt für die Aufteilung der Beitragslast zwischen Arbeitnehmern und Arbeitgebern, die entsprechend ihres Anteils – bei der Invaliditäts- und Altersversicherung jeweils die Hälfte, bei der Krankenversicherung trugen Arbeitnehmer zwei Drittel, Arbeitgeber ein Drittel, die Beiträge für die Unfallversicherung brachten Arbeitgeber allein auf – in den Selbstverwaltungsorganen vertreten waren. Diese wurden nun zu Körperschaften des öffentlichen Rechts, denen Aufgaben der Staatsverwaltung übertragen wurden, die in ihrer Selbstverwaltung staatlichen Vorgaben zu folgen hatten und unter staatlicher Aufsicht standen.

Das »Herzstück« der Sozialversicherung (Wolfgang J. Mommsen) war zunächst die Krankenversicherung. Sie erfaßte alle gewerblichen Arbeitnehmer mit einem Jahresverdienst bis zu 2000 Reichsmark. Ihnen brachte dies eine gewisse Sicherung gegenüber dem Krankheitsrisiko, denn fortan wurde ab dem dritten Tag der Erkrankung im Durchschnitt wenigstens der halbe Tagelohn ausbezahlt. Das war ein sozialer Fortschritt, der zudem im bestehenden Versicherungssystem der vielfältigen, weitgehend berufsständisch gegliederten Knappschafts-, Innungs-, Hilfs-, Betriebs-, Bau- und Ortskassen erlangt werden konnte. Eine neue zentrale Versicherung, wie sie Bismarck favorisiert hatte, wurde nicht eingerichtet.

Noch drängender als die Absicherung bei Krankheit war indes die Entschädigung bei den allzu häufig vorkommenden Arbeitsunfällen. Zwar hatte das Reichshaftpflichtgesetz von 1871 festgelegt, daß Arbeiter für jene Schadensfälle zu entschädigen waren, die der Unternehmer zu verantworten hatte, aber bei ihnen lag auch die Beweislast. Ereignete sich ein Unfall durch höhere Gewalt oder durch die Unachtsamkeit von Arbeitskollegen, ging der Arbeiter leer aus. Den Zeitgenossen galt dies, so erklärten es ihnen die Juristen, weithin als bedau-

erliche, doch unabänderliche Folge der Vertragsfreiheit: Wenn
der Arbeitnehmer aus freien Stücken einen Arbeitsvertrag ab-
schloß, mußte er eben auch die potentiellen Risiken seiner Arbeit in Kauf nehmen. Daß man die Beweislast nicht einfach
umkehren konnte und von vornherein von einem Verschulden
des Arbeitgebers ausgehen konnte, lag auf der Hand, würde
dies doch, so die zeitgenössischen Argumente gegen eine entsprechende Gesetzesrevision, die Unternehmer ungebührlich
belasten und ihre Konkurrenzfähigkeit schmälern. Unüberhörbar schwangen die Untertöne einer »Standort Deutschland«-
Debatte bereits in den Auseinandersetzungen um die ersten
Sozialgesetze mit; die Frage, ob soziale Leistungen nicht wirtschaftliche Kapazitäten beeinträchtigten, ist offensichtlich
nicht erst eine Erfindung des 20. Jahrhunderts. Auf den Widerstand aus dem Unternehmerlager, dem die Ministerialbürokra-
tie und die liberalen Parteien im Reichstag Schützenhilfe gaben, ist es zurückzuführen, daß es beinahe vier Jahre dauerte,
bis die Unfallversicherung im Parlament verabschiedet wurde.
Statt das geltende Haftungsrecht zu revidieren, einigte man
sich auf eine Versicherung gegen Arbeitsunfälle, deren Beiträge von den Arbeitgebern aufzubringen waren. Das mochte ihnen als Anreiz dienen, die Unfallverhütung in ihren Betrieben
mit größerem Nachdruck zu betreiben. Das Verursacherprin-
zip trat bei der Regulierung von Arbeitsunfällen nun in den
Hintergrund; statt dessen galt der Versicherungsschutz für alle
Unfälle am Arbeitsplatz, die nicht nachweisbar vorsätzlich
herbeigeführt wurden. Damit aber wurden Risiken entprivatisiert und vergesellschaftet, denn sie galten nunmehr als inhä-
rentes Problem im Industrialisierungsprozeß und wurden auf
eine kollektive Organisation verlagert. Einbezogen in das neue
System wurden zunächst all jene, die am stärksten dem Un-
fallrisiko in den Betrieben ausgesetzt waren, also alle Arbeiter
sowie die unteren technischen Angestellten. Die Leistungen erbrachten die von den Arbeitgebern zu diesem Zweck gegründeten Berufsgenossenschaften. Erlitt ein Arbeiter einen Be-

triebsunfall, stand ihm nun eine Rente zu, die zwei Drittel des letzten Arbeitseinkommens betrug. Kam er bei dem Unfall gar ums Leben, hatten seine Witwe bzw. die Waisen Anspruch auf eine Rente in Höhe von zwanzig Prozent des Arbeitseinkommens. Lückenlos war die Unfallversicherung nicht, blieb doch genügend Auslegungsspielraum für Berufsgenossenschaften und Gerichte erhalten, die allzuoft zuungunsten der Arbeiter genutzt wurden. Erschwerend kam hinzu, daß die Grenze zwischen Unfällen und berufsbedingten Krankheiten fließend war, namentlich in der besonders unfallträchtigen Chemieindustrie, wo schleichende Vergiftungen an der Tagesordnung waren und erst zu Beginn des 20. Jahrhunderts versicherungsrechtlich als Unfälle anerkannt wurden.

Die Frage, wie jenen durch Invalidität arbeitsunfähigen oder wegen ihres hohen Alters aus dem aktiven Erwerbsleben ausgeschiedenen Arbeitern zu helfen sei, hatte sich erst relativ spät in den sozialen Diskurs gedrängt; die Risiken von Unfällen und Krankheiten waren präsenter all dasjenige der Altersarmut. Das mag damit zusammenhängen, daß man an verarmte alte Menschen – und das hieß damals: jene über sechzig Jahren – im Alltagsleben gewohnt war; es mag auch sein, daß deren Lebensunterhalt im Verständnis der Zeitgenossen selbstverständlich von ihren Familien zu erbringen war. Erst um die Mitte des 19. Jahrhunderts hatten sich die Nöte invalider und älterer Arbeiter als sozialpolitisches Thema eigenen Rechts herausgeschält, wobei durchaus bereits zukunftsweisende Konzepte vorgelegt worden waren, wie man des Problems Herr werden könne. So hatte der *Centralverein für das Wohl der arbeitenden Klassen* schon Ende 1849 ein Projekt präsentiert, das auf dem liberalen Gedanken der Eigenvorsorge basierte und die Einrichtung von staatlich beaufsichtigten Rentensparkassen vorsah; denn, so hatte der Verein 1850 mitgeteilt, »nur die eigene Kraft des Individuums [sei] das zuverlässige Mittel, der Noth des Alters und der Invalidität zu begegnen«.[4] Auf staatliche Unterstützung zu vertrauen, verbot der Bürgerstolz. Wir können hier erste Konturen dessen erkennen, was Jahrzehnte später zum Grundprinzip der Alterssicherung in Deutschland wurde: Während Bismarck eine Zeitlang durchaus die Idee einer staatlich finanzierten Altersversorgung favorisierte, setzte sich im Reichstag schließlich 1889, besonders mit Unterstützung durch das katholische Zentrum und die Linksliberalen, das Versicherungsprinzip durch. Auch die von Bismarck projektierte Einheitsrente ließ sich nicht durchsetzen, statt dessen gab es bei Beiträgen und Leistungen vier, ab 1899 fünf Lohnklassen. Diese weitere Differenzierung betrieben besonders die Sozialdemokraten, die höherverdienende (Fach-)Arbeiter nicht mit den sogenannten »Tagesarbeitern« in einen Topf geworfen sehen wollten. Die Beiträge zur Alters- und Invaliditätsversicherung teilten sich Arbeitgeber und Arbeitnehmer, aus der Reichskasse kam ein Zuschuß von jährlich fünfzig Reichsmark zu jeder Rente hinzu. Neu gegründete Landesversicherungsanstalten wurden mit den organisatorischen Angelegenheiten betraut, nachdem es nicht gelungen war, die Altersversorgung unter dem Dach der Berufsgenossenschaften anzusiedeln.

Die Rentenversicherung bildete vorerst den Schlußstein im Gebäude der sozialen Sicherung. Indessen stand dieses längst nicht allen offen. Zu den Ausgeschlossenen zählten besonders die Hinterbliebenen, die Witwen und Waisen, von Arbeitern, deren Absicherung erst einmal ungeklärt blieb. Verstarb ein beitragszahlender Arbeiter vor dem Rentenalter, hinterließ er seine Angehörigen unversorgt, denn seine Beitragszahlungen verfielen. Erst die Reichsversicherungsordnung von 1911 gewährte Rentenzahlungen an Witwen – sofern jene selbst erwerbsunfähig waren und ihren Lebensunterhalt und den ihrer Kinder nicht durch eigene Arbeit verdienen konnten. Obendrein war von der erwerbstätigen Bevölkerung lediglich ein Fünftel, von der gesamten Bevölkerung nur ein Zehntel von dem System der Kranken- und Unfallversicherung erfaßt; die Invaliditäts- und Altersversicherung weitete diesen Kreis zwar aus, erstreckte sich aber dennoch kaum über ein Viertel der Bevölkerung. Doch auch die Lebenslage derjenigen, die in dem neuen System ihren Platz gefunden hatten, der Industriearbeiter also, sollte man sich nicht in allzu rosigen Farben ausmalen. Die neuen sozialen Sicherungssysteme waren so angelegt, daß sie Schadensfälle nur nachträglich mildern helfen sollten; auf Prävention zielten sie nicht. Zudem fielen die erbrachten Leistungen gering aus, die Rentenzahlungen waren nicht mehr als ein Zuschuß zum Lebensunterhalt, bestreiten ließ er sich davon alleine nicht. Ohnehin war der Anspruch auf Rentenzahlungen erst einzulösen, wenn man das siebzigste Lebensjahr vollendet hatte – eine zweifelhafte Aussicht angesichts der Tatsache, daß 1871 bis 1880 keine 18 Prozent der männlichen Neugeborenen, im ersten Jahrzehnt des neuen Jahrhunderts gerade 27 Prozent dieses Alter überhaupt erreichten. Die mittlere Lebenserwartung lag für jene, die zwischen 1871 und 1880 geboren wurden, bei 35 (Jungen) bzw. 38 (Mädchen) Jahren.

Daß sie im Kaiserreich um etwa zehn Jahre auf 44 bzw. 48 Jahre steigen konnte, lag zweifellos auch an der besseren medizinischen Versorgung, die mit dazu beitrug, daß seit der Jahrhundertwende die Säuglingssterblichkeit in den Städten signifikant zurückging. Zwar nehmen sich ärztliche Kunst und Krankenhauswesen vor dem Hintergrund heutiger Standards oft nur kümmerlich aus, besonders was die Versorgung für untere soziale Schichten anbelangte, doch waren Fortschritte unverkennbar. Immerhin ermöglichte es die Krankenversicherung vielfach überhaupt erst, daß Krankheiten ärztlich behandelt wurden. Wer freilich für längere Zeit krank wurde, und das hieß im Kaiserreich für einen Arbeiter: mehr als nur ein paar Tage, der stürzte mit seiner Familie unweigerlich ins soziale Elend, denn das gewährte Krankengeld reichte bei weitem nicht aus, um davon auch nur ein bescheidenes Leben zu führen. Folgt man zeitgenössischen Statistiken, war etwa ein Viertel der Krankenversicherten länger als ein Vierteljahr krank, was sie zu Almosenempfängern der Armenfürsorge werden ließ.

Es waren daher bescheidene Anfänge, die der deutsche Sozialstaat mit den Bismarckschen Sozialversicherungen nahm. Aber es war doch mehr als das, wenn man den Fokus von den materiellen Aspekten auf die rechtlichen Implikationen des neuen Systems lenkt. Denn erstmals wurden soziale Leistungen als Rechte festgeschrieben, auf die ein Anspruch bestand für jene, die ins System integriert waren. Das war etwas bahnbrechend Neues. Nicht mehr kirchlicher Mildtätigkeit oder der entwürdigenden Armenfürsorge anheimzufallen, wenn man in Not geriet, sondern einen Rechtsanspruch zu haben: Das veränderte den Status der Hilfsempfänger nachhaltig. Es war nicht mehr ihr Verschulden, in Not geraten zu sein, wie es die christlich-konservativ geprägte Soziallehre unermüdlich gepredigt hatte, sondern sie waren Opfer eines generellen, der gesellschaftlichen Entwicklung inhärenten Risikos geworden, dessen Folgen gesellschaftlich vermittelt – und staatlich organisiert – zu mildern waren.

Das soziale Sicherungssystem der Bismarck-Zeit war auf die erwerbstätigen Industriearbeiter fokussiert. Die Angestellten spielten in ihm keine oder, wie im Falle der unteren technischen Angestellten, allenfalls eine marginale Rolle. Ihre sozialen Problemlagen hatten sich noch nicht ins öffentliche Bewußtsein geschoben, zumal sie zahlenmäßig weit hinter den Arbeitern zurückblieben. Das änderte sich ungefähr seit der Jahrhundertwende, als die Angestellten und ihre entstehende Bewegung eine eigenständige soziale Sicherung mit wachsendem Nachdruck zu fordern begannen. Ihre Arbeitserfahrung und Lebenswelt hatte sich in der Zwischenzeit deutlich von derjenigen der Arbeiter abgetrennt; etwa die Hälfte von ihnen bezog nun ein Jahreseinkommen von mehr als 2000 Reichsmark, was sie von den bestehenden Versicherungssystemen ausschloß. Um diese wachsende soziale Schicht nicht zu verprellen, beschloß der Reichstag 1911 einstimmig das Angestelltenversicherungsgesetz, selbst mit den Stimmen der Sozialdemokraten, die sich davon, vergebens, politische Unterstützung seitens der Angestellten erhofften. Das Gesetz schuf eine separate Renten- und Hinterbliebenenversicherung für Angestellte, für die höhere Beiträge als für die Arbeiterversicherung zu entrichten waren. Dafür lagen auch die Leistungen höher, die Altergrenze mit 65 Jahren um fünf Jahre niedriger als bei den Arbeitern. Finanziert wurde die Angestelltenversicherung allein durch paritätisch geteilte Beiträge von Arbeitnehmern und Arbeitgebern, staatliche Zuschüsse gab es nicht. Für die Organisation war die neugegründete Reichsversicherungsanstalt für Angestellte zuständig, die Vorläuferin der heute bestehenden Bundesversicherungsanstalt für Angestellte. Da die Pflichtgrenze auf ein Jahreseinkommen von 5 000 Reichsmark gelegt wurde, blieb höchstens ein Zehntel der Angestellten unversichert. Insgesamt schrieb die neue Versicherung die Statusdifferenzen zwischen Arbeitern und Angestellten fest, und zwar sowohl durch die getrennten Sicherungssysteme als auch durch die unterschiedlichen Leistungshöhen. Insofern blieben in der industriellen Gesellschaft des Kaiserreichs ständisch geprägte Elemente von beträchtlichem Gewicht erhalten, was sich besonders an der Segmentierung der erwerbstätigen Bevölkerung nach Berufszugehörigkeit ablesen läßt.

Kodifiziert und in einigen Punkten ergänzt wurden die Sozialversicherungen schließlich in der 1911 verabschiedeten Reichsversicherungsordnung (RVO). Durch sie fanden, wie erwähnt, Arbeiterwitwen Zugang zum Sicherungssystem. Auf lange Sicht wichtiger war jedoch, daß die RVO das deutsche Sozialrecht bis weit ins 20. Jahrhundert hinein maßgeblich prägte und erst in den 1970er Jahren in großen Teilen durch das Sozialgesetzbuch ersetzt wurde; aber Spuren davon finden wir im Sozialrecht heute noch.

Die Sozialpolitik im Kaiserreich milderte soziale Mißstände und nahm den Risiken des Lebens in einer industriellen Gesellschaft immerhin etwas von ihrer Bedrohlichkeit, die bestehende soziale Ungleichheit beseitigte sie nicht. Nun ist es generell fraglich, ob dies überhaupt eine Aufgabe staatlicher Politik ist und sein kann; Liberale des 19. und 20. Jahrhunderts hätten diese Frage sicherlich abwehrend beantwortet. Sie hat enormen normativen Gehalt, weshalb man durchaus der Meinung sein kann, der Historiker möge sich ihrer Diskussion tunlichst enthalten. Aber man kann die Bedingungen thematisieren, unter denen sich die industrielle Gesellschaft entfaltete und auf welche der Staat ohne Zweifel großen Einfluß nahm. Schuf er eine Ordnung, die Selbsthilfe, Subsidiarität und Solidarität ermöglichte, vielleicht gar förderte, oder limitierte er den Einfluß gesellschaftlicher Gruppen und nahm ihnen den Raum, den sie brauchten, um überhaupt ihre Angelegenheiten selbst in die Hand nehmen zu können? Das lenkt unseren Blick auf die Arbeiterbewegung und Arbeitsbeziehungen. Ich habe bereits erwähnt, daß die Sozialgesetzgebung der 1880er Jahre untrennbar mit Bismarcks Kurs gegen die Sozialdemokratie verknüpft war. Erfolg war diesem freilich nicht beschieden, denn die entstehenden Selbstverwaltungsorgane der Sozialversicherungen gaben den Sozialdemokraten und Gewerkschaftern Raum zur (politischen) Entfaltung. So wurden zuerst die Hilfskassen, dann die Ortskrankenkassen vielfach zu Hochburgen der SPD, wie Florian Tennstedt gezeigt hat. Aber auch schon in den öffentlichen Diskussionen über die Versicherungsgesetze waren sie präsent gewesen und hatten ihren Standpunkt vertreten. Insofern ist es keineswegs überraschend, daß die SPD und die erstarkende Gewerkschaftsbewegung die Zeit des Sozialistengesetzes ohne anhaltende Beschädigung überstand und die SPD nach dessen Auslaufen 1890 rasch zur stärksten politischen Partei aufstieg, die 1912 schließlich die stärkste Fraktion im Reichstag stellte. Mit ihrer parlamentarischen Stärke ging indessen keine entsprechende Position im System der Arbeitsbeziehungen einher. Die rechtlich gewährte Koalitionsfreiheit stand nicht unter staatlichem Schutz, im Gegenteil: Allzuoft handelten Verwaltung und Justiz dieser Freiheit zuwider; ein reguläres Koalitionsrecht besaßen die Arbeiter im Kaiserreich nicht. Das schwächte ihre Position gegenüber den Arbeitgebern beträchtlich, zumal Streikende in aller Regel wenig Gnade vor den Gerichten fanden. Massive Polizeieinsätze gegen Streiks waren an der Tagesordnung. Erleichterungen in der politischen Organisation der Arbeiter brachte erst das Vereinsgesetz von 1908, da es den Gewerkschaften erlaubte, auch die bis dahin ausgeschlossenen Frauen und Jugendlichen aufzunehmen; zudem mußten sie ihre Mitgliedskarteien nun nicht mehr den örtlichen Polizeibehörden zur Kenntnis geben.

Die relative Schwäche der Gewerkschaften im Kaiserreich erklärt sich zum einen aus dem repressiven Charakter staatlicher Politik, zum anderen aus dem kollektiven Arbeitsrecht, das erst in Ansätzen ausgebildet war. Zwar brachte die novellierte Gewerbeordnung von 1891 so etwas wie Tarifverträge, doch waren diese längst nicht flächendeckend, und nur wenige Unternehmer ließen sich darauf ein, durch solche Verträge ihre Macht als »Herr im Haus« zu begrenzen. 1908 betrug der Anteil von Beschäftigten, die von Tarifverträgen erfaßt waren, in den meisten Branchen deutlich weniger als zehn Prozent. Ähnlich gestaltete sich die innerbetriebliche Machtbalance im Hinblick auf die gleichfalls 1891 beschlossenen Arbeiterausschüsse, die in den Fabriken und Bergwerken fakultativ (im Bergbau nach dem großen Streik seit 1905 obligatorisch) einzurichten waren. Sie durften die Interessen der Arbeiter artikulieren, wenn es um die Durchsetzung einer neuen Fabrikordnung ging, welche gleichfalls auf die neue Gewerbeordnung zurückzuführen war. Von einer Mitbestimmung der Arbeiter in den Betrieben konnte freilich keine Rede sein; noch war die Macht der Besitzer und Direktoren in den Unternehmen weitestgehend unbeschränkt.

Aber sie wurde zunehmend rechtlich eingehegt. Diesem Zweck dienten einerseits staatliche Regulierungen von Arbeitsschutz, Arbeitszeiten, von Frauen- und Kinderarbeit, andererseits die Verrechtlichung der Arbeitsbeziehungen als Teil des Modernisierungsprozesses, der um die Jahrhundertwende starke Impulse erhielt. Man kann hierzu die zivilrechtliche Regelung des Arbeitsverhältnisses im Bürgerlichen Gesetzbuch von 1900 zählen, vor allem aber auch die Einführung der Gewerbe- und Kaufmannsgerichte in den Jahren 1890 bzw. 1904. In Ansätzen hatte es so etwas schon in Gestalt der »Conseil des prud'hommes« der Rheinbundzeit und der aus ihnen hervorgegangenen Fabrikgerichte gegeben, nun wurden die Gewerbegerichte für alle Städte mit mehr als 20 000 Einwohnern verpflichtend vorgeschrieben. Als kommunale Einrichtungen standen sie außerhalb der ordentlichen Justiz; ihre Vorsitzenden wurden in der Regel aus der gemeindlichen Verwaltungsbeamtenschaft rekrutiert. Ihm zur Seite standen Laienbeisitzer, die von Arbeitgebern und Arbeitnehmern zu gleichen Anteilen gestellt wurden. Als Vermittlungsinstanzen bei Arbeitsstreitigkeiten – nur ein geringer Teil der Fälle mußte schließlich durch ein Gerichtsurteil entschieden werden – genossen sie gerade in der Arbeiterschaft hohes Ansehen, zumal obendrein die Gewerkschaften beachtlichen Einfluß bei den Gerichten besaßen (sie vertraten, wie die Arbeitgeberverbände, die Konfliktgegner vor Gericht). Fast alle Verfahren, rund neunzig Prozent, wurden von Arbeitnehmern angestrengt, die hier ein Forum für die Artikulation ihrer Beschwerden fanden.

Sechs von zehn Streitfällen vor den Gewerbe- und Kaufmannsgerichten wurden zugunsten der Arbeitgeber entschieden, was auf eine gewisse Bevorzugung im Verfahren deuten könnte. Dies und die starke Stellung der Unternehmer in den Betrieben mußte indessen nicht heißen, daß sie ausschließlich auf die Ausbeutung der Arbeitskraft ihrer Beschäftigten aus waren, wie es etwa die marxistische Lehre unermüdlich predigte. Vielmehr gab es in etlichen Unternehmen eine betriebliche Sozialpolitik, welche die staatlichen Maßnahmen zur Verbesserung der Lebenssituation von Arbeitern flankierte. Arbeitsschutz, medizinische Versorgung im Betrieb, der Bau von Wohnungen konnten in diesen Bereich gehören. Ohnehin beruhte der deutsche Sozialstaat in seinen Anfängen auf einem starken Fundament privaten und kommunalen Engagements, das staatliche Politik ergänzte.

Hier gilt es besonders die Rolle der Kommunen hervorzuheben. Ihnen oblag traditionell das Armenfürsorgewesen, das all jene auffing, die durch die noch weit gefaßten Maschen des sozialen Netzes fielen. Die »Wohlfahrtsstadt« orientierte sich dabei bis zur Jahrhundertwende weithin am sogenannten »Elberfelder System«, wie es in der Armenordnung der Stadt Elberfeld von 1853 entwickelt worden war. In ihr waren als Prinzipien für Unterstützungsleistungen festgelegt: die Individualisierung der Leistung, dezentrale Entscheidungskompetenzen, Ausführung von öffentlichen Verwaltungsaufgaben durch ehrenamtliche Helfer sowie die Zuständigkeitsregelung nach räumlichen Kriterien. Einen Anspruch auf Leistungen hatten die Armen nicht, vielmehr hatten sie ihre Bedürftigkeit in entwürdigenden Kontrollen erst nachzuweisen. Das Konzept einer Fürsorge von »Mensch zu Mensch«, in welcher der ehrenamtliche Helfer mit den Verhältnissen des Hilfsbedürftigen vertraut war, zerbrach freilich unter dem Druck der zunehmend dynamischen Industrialisierung. Die große Zahl von Wanderarbeitern, oftmals ohne Arbeit, stets dem Armutsrisiko ausgesetzt, manchmal bereit, die Rettung in der Kriminalität zu suchen, machte es schier unmöglich, ihnen individuell zu helfen. Ohnehin war die Fürsorge komplizierter geworden, vielfältige Materien waren zu regeln, die obendrein mit der staatlichen Arbeiterpolitik abzustimmen waren, so daß sich ehrenamtliche Fürsorger bald überfordert fühlen mußten. Ihre Tätigkeiten wurden professionalisiert: Sozialarbeit wurde zum Beruf, eine Entwicklung, die besonders die bürgerliche Frauenbewegung vorantrieb. Denn sie sah darin besonders für bürgerliche Frauen eine Chance, »Mütterlichkeit als Beruf« auszuüben (Christoph Sachße) und ihnen so den Eintritt in die in ihren Kreisen ansonsten eher verpönte Erwerbstätigkeit zu ermöglichen.

Die Abkehr vom »Elberfelder System«, wie sie im »Straßburger System« von 1905 vollzogen wurde, verband ehrenamtliche und professionelle Fürsorgearbeit und zentralisierte Entscheidungskompetenzen beim neu eingerichteten städtischen Armenamt. Nur so, dachte man, ließ sich die wachsende Komplexität und Differenzierung von Fürsorgeaufgaben bewältigen. In der Tat erweiterte sich ihr Kreis stetig und ging bald über die Versorgung von Armen mit dem Nötigsten hinaus. Die Wohnungsfürsorge etablierte sich, die zum einen um die Schaffung von Wohnraum bemüht war, zum anderen über den Zustand der bestehenden Wohnungen wachte, gegebenenfalls Sanierungsmaßnahmen einleitete. Auch hierfür entstanden bürokratische Institutionen, das erste Wohnungsamt richtete die Stadt Essen 1899 ein, weitere große Städte folgten in den nächsten Jahren. Die Wohnungsaufsicht entsprang nicht zuletzt dem Bemühen um die Gesundheit der Mieter, die durch schlechten Zustand ihrer Unterkunft häufig beeinträchtigt war. Nicht von ungefähr besaß die literarische Figur des schwindsüchtigen Mädchens im dunklen, feuchten und unbeheizten Hinterhauszimmer enorme Authentizität. Mangelnde Hygiene führte zu Cholera- und Thyphuswellen, die noch um die Jahrhundertwende durch die großen Städte rollten; Hamburg etwa wurde noch im Spätsommer 1892 von einer verheerenden Choleraepidemie heimgesucht, die mehr als 8 000 Menschen dahinraffte.

An diesen Problemen setzte die kommunale Gesundheitsfürsorge an, wobei man keinesfalls jene infrastrukturellen Verbesserungen vergessen darf, die erheblich zur Verbesserung der Lebenssituation in den Städten beitrugen. Man denke an Kanalisation, Abwasserreinigung oder Abfallbeseitigung, wodurch die Entstehung von Krankheitsherden eingedämmt wurde. Traditionell zählte die Seuchenbekämpfung oder die Behandlung von Armen durch bestellte Stadtärzte zu den Aufgaben der Armenfürsorge, was sich bis ins Mittelalter zurückverfolgen läßt. Nun aber, seit dem ausgehenden 19. Jahrhundert, differenzierte sich auch dieser Bereich weiter aus. Die Sorge um die Gesundheit der Bürger wurde von der Armenfürsorge allmählich abgekoppelt; Risiken für die Gesundheit nicht mehr allein als Problem der Armen gesehen. Und viele waren solchen Risiken ausgesetzt, die nicht von der staatlichen Krankenversicherung erfaßt waren, weil sie keiner regulären Erwerbswerbstätigkeit nachgehen konnten: Schwangere und Wöchnerinnen, Säuglinge und Kleinkinder, aber auch Tuberkulosekranke, Alkoholiker, Körperbehinderte, psychisch Erkrankte. Daß gerade die hier entstehenden Fürsorgeeinrichtungen neben beratenden und helfenden Funktionen beträchtlichen sozialdisziplinierenden Charakter hatten, sei an dieser Stelle nur erwähnt; es wird im nächsten Kapitel ausführlicher erörtert werden.

Die kommunalen Fürsorgeeinrichtungen nahmen sich nun verstärkt auch der Kinder und Jugendlichen an, deren Erziehung aus Sicht der Fürsorge gefährdet war. Drohender oder bereits erkennbarer »Verwahrlosung« wollte man entgegenwirken, indem die Fürsorgeerziehung systematisch ausgebaut wurde. Sie war in Ansätzen bereits 1871 (straf)rechtlich geregelt, mit dem BGB ging sie 1900 ins bürgerliche Recht über. Außerhalb der Armenfürsorge etablierte sich seit der Jahrhundertwende gerade die Jugendfürsorge als zunehmend professionalisiertes sozialpolitisches Feld.

Einer der Hauptgründe, weshalb Bürger der Armenfürsorge bedurften, war Arbeitslosigkeit. Sie zählte zu den größten Risiken, vor deren Folgen keine rechtliche Sicherungen (Kündigungsschutz) wirkungsvoll schützten; besonders saisonale Schwankungen auf dem Arbeitsmarkt waren gefürchtet, die einzelne Branchen, naturgemäß besonders die Bauwirtschaft, hart treffen konnten. Nun enthielt die Armenfürsorge in nuce bereits eine Art von Arbeitsvermittlung, denn um die kommunalen Kassen zu schonen, suchte man die Hilfsbedürftigen mit Erwerbsarbeit zu versorgen. Daß die Fürsorge damit überfordert war, wurde freilich bald offensichtlich, und so etablierten etliche Städte seit 1890 eigene kommunale Arbeitsnachweise oder verpflichteten die Erwerbslosen zu Notstandsarbeiten.

Die neue Arbeitsvermittlung siedelte sich außerhalb der Armenfürsorge an und etablierte sich in der Regel im Umfeld der Gewerbegerichte. Denn aus den Gewerbegerichten ließen sich paritätisch besetzte Aufsichtskommissionen für die städtischen Arbeitsnachweisstellen rekrutieren, die in wachsender Zahl eingerichtet wurden und bis 1914 in einigen Kommunen bereits in die Leistungsverwaltung übergingen. Das erste »städtische Arbeitsamt« entstand mit dieser Bezeichnung 1894 in Esslingen, im Jahr darauf folgten Stuttgart und Frankfurt am Main, weitere Städte schlossen sich bald an.

Wir können an dieser Stelle, gewissermaßen als Zwischenfazit, bereits ein Charakteristikum des deutschen Sozialstaates erkennen, das bis heute fortwirkt: Neben der (staatlichen) Vorsorge stand die (kommunale) Fürsorge, neben dem Rechtsanspruch auf soziale Leistungen stand das Almosen, das den Empfänger seiner staatsbürgerlichen Rechte verlustig gehen ließ. Dies war ein spezifisch deutsches Spannungsverhältnis zwischen einer sich entfaltenden Staatsbürgergesellschaft und des mit einer prekären sozialen Sicherung einhergehenden Gefährdung des Staatsbürgerstatus. Aufgehoben wurde diese Spannung im Kaiserreich nie.

Soziales Engagement war nicht bloß Sache von Staat und Kommunen. In der Tradition christlich-philanthropisch motivierten Handelns erhielt sich ein großer Sektor privater Wohltätigkeit, der gleichfalls bis zum heutigen Tage fortbesteht. Hier waren es zunächst, neben privaten Stiftungen, die beiden großen Kirchen, die sich der Armen und Bedürftigen annahmen, nicht zuletzt angetrieben von der Überzeugung, man müsse diese nur zu guten Christen erziehen, um ihre Not zu lindern. Doch im Laufe des 19. Jahrhunderts etablierten sich mehr und mehr bürgerliche Vereine auf lokaler Ebene, bald war ihre Zahl in manchen Städten nicht mehr zu übersehen, ihre Anliegen und Hilfsangebote auch nicht mehr. Die staatliche Sozialpolitik der 1880er Jahre brachte diese Vereine in eine schwierige Situation, denn nun wurde es notwendig, das eige-

ne Profil zu schärfen, von staatlichem Handeln abzugrenzen
und den eigenen Zuständigkeitsbereich präzise zu definieren.
Daß man nun, vor dem Hintergrund sich entfaltender Sozialstaatlichkeit, auf private Wohltätigkeit verzichten könne,
glaubte niemand. Und tatsächlich erwiesen sich die Vereine
oftmals als effizienter, flexibler und unbürokratischer als kommunale oder staatliche Institutionen, wenn es darum ging, soziale Notlagen zu lindern. Gleichwohl hatten sie sich untereinander zu vernetzen und ihre Arbeit zu koordinieren, damit sie
die komplexer werdenden Aufgaben weiterhin bewältigen
konnten. So entstanden in den 1890er Jahren vielfach kommunale Dachverbände, die Informationen an ihre Mitgliedsverei-
ne verteilten oder auch Hilfsbedürftige gezielt den zuständigen
Vereinen zuwiesen. Den sozialpolitischen Diskurs bestimmten
gleichfalls Vereine auf Reichsebene mit, sei es mit dem *Verein
für Socialpolitik*, sei es mit dem *Deutschen Verein für Armenpflege und Wohltätigkeit*, der 1880 gegründet und 1919 als
Deutscher Verein für öffentliche und private Fürsorge fortgeführt wurde. Die Erkenntnis, daß soziale Leistungen der kommunalen Ebene vernetzt werden mußten, teilten im übrigen
staatliche und städtische Behörden; sie gründeten 1891 die
preußische Zentralstelle für Arbeiter-Wohlfahrtseinrichtun-
gen, die 1906 in die Zentralstelle für Volkswohlfahrt überging.
Überlokal organisiert waren schon vor der Reichsgründung
die protestantischen Wohltätigkeitsvereine im 1848 gegründeten *Centralausschuß für die innere Mission*. Auf katholischer
Seite folgte erst 1897 der *Caritasverband für das katholische
Deutschland*. Aber dies waren vorerst weitgehend wirkungs-
lose Spitzenverbände, die eigentliche Fürsorgearbeit erbrachten auch die kirchlichen Vereine auf lokaler Ebene.

Wer glaubt, die vielfachen Fortschritte besonders der staatlichen Sozialpolitik wären im Kaiserreich auf ungeteilte Zustimmung gestoßen, täuscht sich. Im Gegenteil: Gerade die Bismarcksche Politik stand im Zentrum der Kritik, besonders bei
den Sozialdemokraten, welche die parteitaktischen Beweg-

gründe anprangerten und denen über allen Versicherungsgesetzen der Arbeitsschutz nicht weitgehend genug geregelt
wurde. Den Altkonservativen hingegen erschien die Hinwen-
dung zum Sozialstaat als eine Bedrohung ihrer überkommenen
Rechte, Privilegien und Pfründe, während es dem katholischen
Zentrum zutiefst widerstrebte, daß der Staat nun auf viele
kirchliche Einrichtungen zugriff oder neben diesen eigene sozialpolitische Institutionen etablierte. Den Linksliberalen ging
die staatliche Sozialpolitik, die sie als »Staatssocialismus«
schmähten, viel zu weit, wie ihr Reichstagsabgeordneter Ludwig Bamberger 1884 in einem Pamphlet behauptete: »So wird
das berühmte neue Ideal verwirklicht, das da lautet: der
Schwache muß geschützt, der Starke muß zerbrochen werden,
d. h. die wirtschaftlich Tüchtigen müssen herabgedrückt, die
Untüchtigen müssen gehätschelt werden. Auch die Sprache der
Sozialpolitik hat sich bereits diesem Gedanken angepaßt, denn
Dienste leisten, seinen Verstand, seine Tätigkeit, seine Erspar-
nis in die gemeinsame Arbeit einbringen, heißt ›ausbeuten‹.«[5]
Außerhalb des Parlaments war Max Weber einer der einfluß-
reichsten Wortführer im sozialpolitischen Diskurs, den von
Anbeginn die Sorge vor der Übermacht der (sozialstaatlichen)
Bürokratie umtrieb. Bei ihm können wir auch eine gedankliche
Verknüpfung von Sozial- und Außenpolitik erkennen: Denn
um nach außen Machtpolitik betreiben zu können, wie er es in
seiner berühmten Freiburger Antrittsvorlesung von 1895 forderte, bedurfte es eines starken Volkes und nicht eines Volkes,
das zum Objekt staatlicher Fürsorge und Vorsorge degradiert
worden war. Kaum überhörbar schwangen in solchen Äuße-
rungen sozialdarwinistische Untertöne mit; jene Arbeiterari-
stokratie, auf die Weber als legitime Nachfolgerin der überkommenen Eliten gehofft hatte, würde sich jedenfalls, so seine
nüchterne Bilanz rund zwanzig Jahre später, unter den Bedingungen des Sozialstaates nicht herausbilden. Es lassen sich im
Weberschen Oeuvre bereits Grundthemen identifizieren, die
uns bis zum heutigen Tage beschäftigen: Sollte an die Stelle

staatlicher Politik nicht eher der Gedanke der Selbsthilfe, etwa in Genossenschaften, treten? War die Staatsbürgergesellschaft tatsächlich vereinbar mit Sozialstaatlichkeit, welche den Bürger ja gerade zum Objekt staatlicher Politik machte?

Gleichwohl, trotz solch gewichtiger Einwände hatte sich Deutschland in der Kaiserzeit auf den Weg zum modernen Sozialstaat begeben. Dem Staat als Regulator und Gestalter gesellschaftlicher Verhältnisse, wie er sich im Kaiserreich in Konturen herausgebildet hatte, stand seine erste Bewährungsprobe bevor, als im Sommer 1914 der Krieg ausbrach.

Sozialpolitik im Ersten Weltkrieg

Was sich für die Miterlebenden hinter dem dürren historischen Datum »Kriegsausbruch 1914« verbarg, können wir allenfalls erahnen. Nach dem Stakkato der wechselseitigen Kriegserklärungen im September 1914 befanden sich bald alle europäischen Staaten miteinander im Krieg. Die Männer wurden eingezogen oder meldeten sich freiwillig zum Dienst an der Front, wo sie schon bald dem Grauen von Materialschlachten und schier endlosem Stellungskrieg ausgesetzt waren. Neue Waffen, besonders Panzerwagen und Giftgas, verliehen dem Kriegsgeschehen neue, bis dahin unbekannte und unerahnte Qualität; viele derjenigen, die in den schlammigen Schützengräben in Flandern und anderswo davonkamen, blieben von diesen Erfahrungen ihr Leben lang traumatisiert.

Doch auch für die Daheimgebliebenen veränderte sich der Alltag mit Beginn des Krieges oft einschneidend. Ehemänner und Väter waren an die Front gezogen, was für Frauen und Familien – neben der ständigen Angst um sie – in der Regel bedeutete, daß sie ohne den Ernährer auskommen mußten. Wenn Männer zum Kriegsdienst aufbrachen, hieß das aber auch, daß Werkstätten und Fabriken verwaisten, Amtsstuben sich leerten und viele öffentliche Dienste – Straßen- und Eisenbahnen,

Müllabfuhren und dergleichen – nicht mehr in vollem Umfang aufrechterhalten werden konnten. Kurz, die deutsche Gesellschaft, und nicht nur sie, mußte mit einer grundlegend neuen Situation fertig werden, und staatliches Handeln hatte sich darauf einzustellen.

Man hatte sich weithin auf einen kurzen Krieg vorbereitet. Damit, daß er schließlich vier lange Jahre dauern würde, hatte kaum jemand gerechnet, zu lebendig waren noch die Erinnerungen an die drei kurzen Waffengänge im Vorfeld der Reichsgründung von 1871. Damals waren die Kampagnen stets binnen weniger Wochen entschieden gewesen, und so zogen die deutschen Soldaten im Sommer 1914 aus mit dem sicheren Gefühl, zu Weihnachten wieder zu Hause zu sein. Weil auch die politische und militärische Führung davon überzeugt war, existierten keine Planungen für einen längeren Krieg; weder in Rüstungsdingen noch wirtschaftlich waren Vorkehrungen für den jahrelangen Ausnahmezustand getroffen. Es ist daher kaum überraschend, daß zunächst Chaos das Leben an der »Heimatfront« bestimmte. Der ungeordnete Abzug kriegsfähiger Männer führte dazu, daß ganze Fabriken und Betriebe geschlossen werden mußten; daß die Männer auch bei der anstehenden Ernte auf den Feldern fehlten, liegt auf der Hand. Die Zahl der erwerbslosen männlichen Arbeitskräfte stieg in den ersten Kriegsmonaten im Vergleich zum Vorkriegsstand auf das Siebeneinhalbfache. In manchen Städten wie Leipzig, Chemnitz oder Köln betrug der Anteil der Erwerbslosen an den männlichen Beschäftigten etwa ein Drittel, andernorts, beispielsweise in Fürth, belief er sich gar auf mehr als fünfzig Prozent. Doch von der rapide um sich greifenden Arbeitslosigkeit waren noch mehr als die Männer die Frauen betroffen, denn sie waren vornehmlich in jenen Branchen beschäftigt, die aufgrund der Kriegslage enorme Auftragsrückgänge zu verbuchen hatten, besonders die Konfektions- und Textilindustrie, die Nahrungs- und Genußmittelproduktion. Obendrein kündigten viele bürgerliche Familien ihren Hausangestellten, entweder weil sie sich Hauspersonal finanziell nicht mehr leisten konnten oder weil sie ihre Solidarität mit der nationalen Sache, für die Opfer zu bringen waren, demonstrieren wollten. Wie dem auch sei: Die ersten Monate des Krieges erschütterten den deutschen Arbeitsmarkt und brachten unzählige Familien an den Rand der Armut.

Wovon sollte man leben, wovon die Miete bezahlen, wo Arbeit finden? Antworten auf diese drängenden Fragen waren nur vom Staat zu erwarten, der in der Tat seine interventionistische Grundausrichtung während des Krieges erheblich ausweitete und intensivierte. Gleich nach Kriegsbeginn beschloß der Bundesrat den Ausbau des Mieterschutzes; wer seine Miete nicht mehr bezahlen konnte, durfte nun mit drei Monaten Aufschub bis zur Kündigung rechnen. Mieteinigungsämter wurden in den Kommunen eingerichtet, Mietbeihilfen gewährt, nur damit die Familien der Soldaten nicht unversehens in Obdachlosigkeit gerieten. Mit dem – vorerst – sicheren Dach über dem Kopf konnte man ruhiger über die Zukunft nachdenken. Und die würde nicht rosig, das konnten selbst größte Optimisten nicht verkennen.

Um der Arbeitslosigkeit Herr zu werden, wurden bestehende Arbeitsnachweisstellen ausgebaut und im Reichsamt des Innern eine »Zentralstelle für Arbeitsnachweise« eingerichtet. Einzelne Kommunen gewährten nun Arbeitslosenunterstützung und konnten dafür finanzielle Hilfen des Reiches in Anspruch nehmen. Darin schimmerte bereits das neue Element staatlicher Verantwortung für die Erwerbslosen auf, das schließlich zur Arbeitslosenversicherung von 1927 führen sollte; doch vorerst noch fielen die Erwerbslosen besonders den gewerkschaftlichen Unterstützungskassen sowie der städtischen Armenfürsorge zur Last. Die Lage auf dem Arbeitsmarkt entspannte sich nach einigen Monaten; die Arbeitslosigkeit ging bis April 1915 auf den Vorkriegsstand zurück. In einzelnen kriegswichtigen Produktionszweigen setzte bald darauf sogar Arbeitskräftemangel ein, der nur teilweise dadurch zu kompensieren war, daß ältere Arbeiter sowie Jugendliche und Frauen an die Werkbänke einrückten. In manchen Bereichen stieg der Frauenanteil an den Belegschaften bis 1918 auf ein reichliches Drittel, während er 1914 noch nicht einmal ein Viertel betragen hatte.

Daß mit der Erwerbstätigkeit enorme Belastungen gerade der Frauen einhergingen, versteht sich von selbst. Arbeitsschutzbestimmungen wurden mit Beginn des Krieges außer Kraft gesetzt, so daß die Arbeitsverhältnisse und -zeiten kräftezehrend und gesundheitsgefährdend waren. Die Sorge um Kinder und Haushalt wurde den Frauen freilich nicht abgenommen. Anfälligkeit für Krankheiten und Geburtenrückgang waren Folge der außergewöhnlichen Lebenssituation, chronische Unterernährung trieb die Frauen – und nicht nur sie – an die Grenzen ihrer Belastbarkeit. Aus einem Rüstungsbetrieb wurde 1917 berichtet, daß dort Nacht für Nacht Frauen an den Maschinen zusammenbrachen; »in der Kantine kam es fast täglich zu Schreianfällen von Frauen, manchmal auch zu deprimierenden Schlägereien untereinander, weil angeblich ›die Kelle nicht gefüllt‹ war«.[6]

In der Tat erwies sich als drängendstes Problem die Nahrungsmittelversorgung der Bevölkerung. Hier wirkte sich der Wirtschaftskrieg, der der Erste Weltkrieg immer auch war, dramatisch aus. Die Wirkung der alliierten Wirtschaftsblockade kann man sich vorstellen, wenn man sich vor Augen hält, daß das Deutsche Reich bereits vor dem Krieg Nettoimporteur von Lebens- und Futtermitteln war. Diese Importe – immerhin jährlich rund zwei Millionen Tonnen Weizen, eine Viertelmillion Tonnen Fleisch und Fette, weit über hunderttausend Tonnen Milch und Milchprodukte – blieben nun aus, während zugleich die einheimische landwirtschaftliche Produktion um dreißig bis vierzig Prozent, gemessen am Vorkriegsstand, sank. Um der drohenden Katastrophe gegenzusteuern, übernahmen die Kommunen die Lebensmittelfürsorge, zum Teil legten sie eigene Vorräte an. Durchschlagender Erfolg war der Lebensmittelfürsorge freilich nicht beschieden, sie war, ähnlich wie die bald eingerichteten Suppenküchen und Naturalabgaben von Lebensmitteln, der sprichwörtliche Tropfen auf dem heißen Stein. Um die Balance zwischen Angebot und Nachfrage zu halten, wurden noch 1914 Höchstpreise für Brotgetreide und Kartoffeln festgesetzt, die freilich dem drastischen Preisanstieg kaum entgegenwirkten; weitere Nahrungsmittel folgten bald. Schon 1915 begann die große Zeit der Ersatzstoffe, als das »K-Brot« (mit Zusatz von Kartoffeln) in die Geschäfte kam. Nachdem auch die vielfach etablierten »Preisprüfungsstellen« in kommunaler bzw. semiöffentlicher Hand nur wenig Erfolg hatten, wurde 1916 schließlich mit dem »Kriegsernährungsamt« eine zentrale Instanz geschaffen, welche die Verteilung der stetig knapper werdenden Lebensmittel zu organisieren hatte. Die Deutschen hatten sich mit dem System von Bezugskarten für Lebensmittel und Bekleidung vertraut zu machen. Mit der Rationierung seit 1916 wurde der Hunger für weite Bevölkerungskreise zum Dauerzustand; wie verzweifelt die Lage für viele nun war, läßt sich an der Rate der Frauenkriminalität ablesen, die ab 1916 nach oben schnellte, wobei vor allem einfache Diebstähle rasant zunahmen. Der berüchtigte »Steckrübenwinter« von 1916/17 ist schließlich im kollektiven Gedächtnis verhaftet geblieben. Wie drastisch die Folgen jahrelanger Unter- und Mangelernährung waren, belegen zeitgenössische Statistiken, denen zufolge die Erwachsenen im Durchschnitt zwanzig Prozent ihres Körpergewichts verloren.

Freilich betrafen Hunger und Armut nicht alle in gleichem Maße. Natürlich war die Landbevölkerung, besonders die produzierenden Bauern, in einem gewissen Vorteil bei der Ernährung, das war in allen Kriegen so. Aber auch bei den Städtern bestanden Unterschiede in den Lebenslagen. Wer es sich leisten konnte, hatte Zugang zum Schwarzmarkt. Die neue Armut betraf besonders den Mittelstand: Angestellte, Beamte, Kleinhändler, Handwerker, auch die freien Berufe. Allein von den Handwerkern waren 1917 fünfzig Prozent eingezogen, ein

Drittel aller Handwerksbetriebe mußte schließen. Das Einkommensniveau von Angestellten und Arbeitern näherte sich an, bisweilen verdienten Angestellte weniger als Arbeiter in der kriegswichtigen Industrie. Bei den Beamten waren vor allem jene der höheren Einkommensgruppen Verlierer. Große Teile des selbständigen Mittelstandes konnten ohne öffentliche Unterstützung ihren Lebensunterhalt nicht mehr bestreiten; bei den Schwarzmarktpreisen konnten diese Gruppen schon seit 1917 nicht mehr mithalten, während die vergleichsweise besser verdienenden Arbeiter der Rüstungsindustrie immerhin bis in den Sommer 1918 hinein ihre Lebensmittelversorgung auf diesem Wege aufbessern konnten. Die »Not des Mittelstandes« fand Eingang in den sozialpolitischen Diskurs. Wenn man zudem mit Gehaltsdifferenzen die Unterschiede von sozialem Status und Lebensstil in Verbindung setzt, kann man die bedeutenden sozialen Bruchlinien, welche die Weimarer Republik so sehr destabilisieren sollten, bereits in der Kriegsgesellschaft deutlich erkennen.

Vom kargen Sold der Männer an der Front konnte man keine Familie ernähren, in den Genuß von Gehaltsfortzahlungen kamen nur wenige, nämlich die Beamten von Reich, Ländern und Gemeinden, manchmal auch Angestellte der Kommunen. Materielle Entlastung sollten die vom Reich gewährten »Unterstützungen von Familien in den Dienst getretener Mannschaften« (so der Titel des einschlägigen Gesetzes von 1888, das am 4. August 1914 novelliert wurde) schaffen, aber die waren karg bemessen, und mit Fortdauer des Krieges ging die Schere zwischen den ausbezahlten Summen und den tatsächlichen Lebenshaltungskosten immer weiter auseinander. Daran änderte wenig, daß etliche Kommunen Zuschüsse – manchmal bis zu einhundert Prozent – zu den Unterstützungsleistungen gewährten, es reichte nur allzuoft vorne und hinten nicht.

Die Familienunterstützung ist in der Geschichte des deutschen Sozialstaates deshalb zwar keine materielle »Erfolgsgeschichte«, aber ein struktureller Entwicklungsfortschritt. Sie war ausdrücklich keine Armenhilfe. Vielmehr bestand ein Rechtsanspruch, auch wenn die Bedürftigkeit eingehend geprüft wurde; jedenfalls sollte dies seitens der Behörden wohlwollend erfolgen, denn, wie es in einem Erlaß vom September 1914 hieß, »von den Angehörigen der vor dem Feind stehenden Familienväter wird alles fernzuhalten sein, was niederdrückende Empfindungen in ihnen auszulösen geeignet ist«.[7] Die Moral an der Heimatfront durfte nicht gefährdet werden, zumal jede Mißstimmung zu Hause auch an der Front bemerkt worden wäre. Finanziert wurde die Unterstützung – ebenso wie die um die Jahreswende 1914/15 eingeführte Wochenhilfe für Wöchnerinnen unterhalb einer bestimmten Einkommensgrenze – durch das Reich, für die Organisation und Auszahlung waren die Stadt- und Landkreise zuständig. Damit wurde erstmals für die Fürsorge ein einheitliches Reichsrecht geschaffen, Ansprüche und Grundsätze der Durchführung vereinheitlicht.

Daneben blieb der Bereich kommunaler Fürsorge bestehen, ja er wurde noch ausgeweitet in der »Kriegswohlfahrtspflege«, welche die staatliche Fürsorge ergänzte. Auch sie sollte keine Armenfürsorge sein, die »dem Bedürftigen nur den absoluten Mindestlebensbedarf bieten [kann]. ... Die Kriegswohlfahrtspflege hingegen, von der Absicht geleitet, den Ausfall der Unterhaltsbeiträge der einberufenen Kriegsteilnehmer für ihre Angehörigen zu decken, kann nicht die Maßstäbe der öffentlichen Armenpflege anlegen. Sie muß vielmehr dem Unterstützungsberechtigten so viel an Hilfe gewähren, daß er sich *in seiner sozialen Schicht* halten kann.«[8] In Zeiten, in denen soziale Hierarchien verwirbelt wurden, ging es darum, den sozialen Status quo so lange wie möglich aufrechtzuerhalten.

Das galt auch für die Fürsorge für Kriegsbeschädigte und Hinterbliebene, deren Probleme sich mit fortschreitender Dauer des Krieges immer stärker in den Vordergrund schoben. Zwar bestanden für diese Gruppen gesetzliche Regelungen, die der Reichstag 1906 und 1907 verabschiedet hatte. Aber weder reichten die darauf basierenden Rentenzahlungen aus, um davon den Lebensunterhalt zu bestreiten, noch waren sie gar geeignet, den Kriegsbeschädigten einen Weg zurück ins Arbeits- und Berufsleben zu bahnen. Mit materieller Entschädigung allein war es nicht getan, weshalb sich unter dem Dach der Kriegswohlfahrtspflege ein neuer Bereich von Rehabilitation, Beratung und Vermittlung entfaltete, die »soziale Fürsorge«: »Die soziale Fürsorge«, so wurden ihre Aufgaben umschrieben, »will den Kriegsbeschädigten mit Rat und Tat behilflich sein, die wirtschaftlichen Folgen erlittener Dienstbeschädigung oder des Verlustes des Ernährers zu überwinden oder doch nach Möglichkeiten zu mildern. Vor allem ist ihr Ziel bei den Kriegsbeschädigten: sie, soweit es erreichbar ist, wieder erwerbsfähig zu machen und in das Wirtschaftsleben zurückzuführen; bei den Hinterbliebenen: den Witwen die Fortführung ihres Haushaltes sowie die Erziehung und Ausbildung ihrer Kinder tunlichst aus eigenen Kräften zu ermöglichen und den Waisen die Erlernung einer ihren Fähigkeiten angemessenen Lebensstellung zu erleichtern.«[9]

Die Aufgaben der Organisation übernahm der im September 1915 gegründete »Reichsausschuß für Kriegsbeschädigtenfürsorge« bzw. der einige Monate zuvor etablierte »Reichsausschuß für Kriegerwitwen- und Kriegerwaisenfürsorge«. In beiden bildete sich ein neuer Fürsorgezweig heraus, der an der Seite der traditionellen Armenfürsorge stand, von jener jedoch ausdrücklich separiert sein sollte. Denn den Kriegsbeschädigten und -hinterbliebenen sollte die entwürdigende Prozedur der Armenfürsorge erspart bleiben; ihr Einsatz für das Vaterland durfte nicht derart schäbig abgegolten werden, sondern sie bedurften, so die vorherrschende Meinung in Fürsorgekreisen, individueller und gesellschaftlich anerkannter Unterstützung.

Hilfe erfuhr die Kriegswohlfahrtspflege durch die bürgerliche Frauenbewegung, die sich unmittelbar nach Kriegsausbruch im »Nationalen Frauendienst« organisiert und zum Teil auch katholische und sozialdemokratische Frauenvereine inte-

griert oder assoziiert hatte. Ihre Hauptsorge galt der Lebensmittelversorgung, wo sie praktische Ratschläge für die Hausfrauen unter patriotischem Vorzeichen erteilte (»Auch mit dem
Kochlöffel kann man nationale Schlachten schlagen!«) und an
den kommunalen Preisprüfungsstellen mitwirkte. Familien-
und Arbeitslosenfürsorge bzw. Arbeitsvermittlung sowie Beratung in Fragen der Kriegsfürsorge ergänzten das Programm.
Oftmals wurden die Frauen mit der Durchführung von Maßnahmen der Kriegswohlfahrtspflege betraut und in die Kriegsfürsorge eingebunden, besonders in jenen Bereichen, in denen
die vermeintlichen Grundeigenschaften von Frauen als Mütter
zupaß kamen, so etwa bei der Säuglings- und Wöchnerinnen-
fürsorge.

Obwohl die Kriegswohlfahrtspflege Sache der Gemeinden
war, die obendrein von diesen auf freiwilliger Basis betrieben
wurde, gaben Länder und Reich finanzielle Zuschüsse zu den
Kosten. Das war ein Novum im deutschen Sozialstaat, denn
erstmals übernahmen damit Reich und Länder Verantwortung
in der Wohlfahrtspflege, die vor 1914 ausschließlich kommunale Angelegenheit gewesen war. Zudem wurden die Grenzen
zwischen öffentlicher und privater Fürsorge durchlässig, weil
durch die Kassen privater Organisationen, die Aufgaben in der
Kriegswohlfahrtspflege übernahmen, auch öffentliche Gelder
flossen.

Als Zwischenfazit läßt sich festhalten, daß das Deutsche
Reich als Sozialstaat den Anforderungen des ersten modernen
Krieges zunächst nahezu hilflos begegnete. Flickschusterei als
Prinzip bestimmte die Politik bis 1916, dann erst setzten Bemü-
hungen um eine systematischere Versorgungs- und Bewirt-
schaftungspolitik ein. Oberste Priorität hatten dabei stets die
Bedürfnisse der Kriegswirtschaft, denen sozialpolitische Maß-
nahmen nachgeordnet waren. Freilich mußte der Staat interve-
nieren, sollte nicht dem ohnehin bald labilen innenpolitischen
»Burgfrieden« seine materielle Basis entzogen werden; private
Organisationen und wohltätige Vereine, welche die Sozialpoli-

tik vor dem Krieg maßgeblich mitgetragen hatten, waren angesichts der überragenden neuen Notlagen überfordert. Das Reich entwickelte sich zum »autoritären Kriegswohlfahrtsstaat« (Jochen-Christoph Kaiser).

Die besondere Aufmerksamkeit von Militär und Reichspolitik galt den Arbeitsbeziehungen. In der Tat können wir in diesem Bereich den Ersten Weltkrieg als entscheidenden Schritt zum modernen System identifizieren, während es auf anderen Feldern, besonders im Sozialversicherungswesen, kaum nennenswerte qualitative Fortschritte gab. Zwar waren auch die Sozialversicherungen Gegenstand von fast einhundert Verordnungen, die freilich allesamt den Zweck hatten, das bestehende System an neue Gegebenheiten anzupassen, nicht aber, es entscheidend weiterzuentwickeln. Allenfalls die Herabsetzung der Altersgrenze in der Arbeiterrentenversicherung auf 65 Jahre und somit ihre Angleichung an diejenige der rentenversicherten Angestellten wies auf die Nivellierung statusorientierter Altersversorgung. Zum Hauptfeld staatlicher Aktivität während des Krieges aber wurden die Arbeitsbeziehungen. Das hatte vornehmlich innenpolitische Gründe. Denn um den Krieg effizient führen zu können und mögliche Opposition im Inneren unter Kontrolle zu halten, bedurfte die Reichsregierung der Unterstützung durch Sozialdemokratie und Gewerkschaften. Beide hatten im August 1914 Teil an dem breiten nationalen Konsens, den der Kriegsausbruch hervorrief: Arbeitskämpfe wurden eingestellt, die Gewerkschaften akzeptierten die Suspension von Arbeitsschutzbestimmungen und, deutlichstes und in der Erinnerung präsentes Signal für die nationale Solidarität der organisierten Arbeiterschaft, die SPD stimmte am 4. August 1914 im Reichstag mehrheitlich den Kriegskrediten sowie dem Kriegsermächtigungsgesetz zu. Damit erhielt der Bundesrat das Recht, wirtschaftliche Notverordnungen ohne Zustimmung des Reichstages für die Dauer des Krieges zu erlassen. Daß im August 1914 zudem in allen Armeekorpsbezirken des Reiches der Belagerungszustand verkündet wurde und somit die Aufgabe, für die Aufrechterhaltung der »öffentlichen Ordnung« zu sorgen, dem Militär zufiel, mag zu dem Argument verleiten, daß der Arbeiterbewegung keine andere Wahl blieb, als der Kriegspolitik zuzustimmen. Das mag so sein, aber sie tat es doch auch in der Hoffnung, daß ihr Eintreten für die nationale Sache später, wenn der Krieg erst einmal gewonnen war – davon ging man ja weithin aus –, mit politischen Rechten und Reformen entlohnt und insbesondere das verhaßte preußische Dreiklassenwahlrecht suspendiert würde.

Solche Hoffnungen entbehrten nicht völlig einer realistischen Einschätzung der Lage, denn erstmals wurden nun die Gewerkschaften von staatlichen Instanzen als legitime Vertretung der Arbeiterinteressen anerkannt; oftmals kam es zu Kooperationen in der Arbeiter- und Sozialpolitik. Die Unternehmer hatte die Arbeiterbewegung damit freilich noch nicht für sich gewonnen. Allenfalls in den Bereichen, in denen es auch vor dem Krieg bereits zum Abschluß freiwilliger Tarifverträge gekommen war, konnte sie weitere Fortschritte im Tarifvertragswesen verzeichnen. In Fragen der Lebensmittelversorgung, der Arbeitsvermittlung, der Kriegsfürsorge, bald auch der Unterbringung von Kriegsbeschädigten und, verstärkt seit 1916, der Lohnpolitik, verständigten sich Unternehmer und Arbeitervertreter in Arbeitsgemeinschaften, die vor allem in den kleineren und mittleren Betrieben entstanden. In der Großindustrie hingegen, namentlich bei den Schwerindustriellen in Oberschlesien und im Ruhrgebiet, stießen die Gewerkschaften nach wie vor auf schroffe Ablehnung.

Die entscheidende Weichenstellung in der Geschichte der deutschen Arbeitsbeziehungen erfolgte im Dezember 1916. Inzwischen war der Mangel an Arbeitskräften in der kriegswichtigen Industrie so groß geworden, daß sich die soeben ins Amt gekommene 3. Oberste Heeresleitung (OHL) mit den Generälen Hindenburg und Ludendorff an der Spitze veranlaßt sah, den Arbeitsmarkt strenger zu reglementieren. Als »einzige

Richtlinie« des sogenannten Hindenburg-Programms sollte gelten, »daß der Bedarf für unsere kämpfenden Truppen unter allen Umständen gedeckt werden müßte«.[10] Dafür wurde eine drastische Steigerung der Munitionsproduktion ins Auge gefaßt, wobei das gesamte Beschaffungswesen umorganisiert und ab November 1916 dem neugegründeten »Kriegsamt« unterstellt wurde. Geleitet wurde es von Generalleutnant Groener. Das Kriegsamt koordinierte besonders die kommunalen Arbeitsnachweise und richtete in seinen lokalen Zweigstellen eigene Frauenreferate ein. Um die Ziele des Hindenburg-Programms zu erreichen, verlangte die OHL, daß ein Arbeitszwang für alle Männer zwischen 15 und 60 Jahren sowie für Frauen eingeführt werden sollte. In einer Denkschrift der OHL vom September 1916 hieß es drastisch: »Der Grundsatz ›wer nicht arbeitet, soll auch nicht essen‹ ist in unserer jetzigen Lage mehr denn je berechtigt, *auch den Frauen gegenüber*.«[11] Das ließ sich gegenüber der zivilen Reichsregierung und dem Reichstag zwar nicht durchsetzen, wobei besonders die Verpflichtung von Frauen abgelehnt wurde, aber das »Gesetz über den Vaterländischen Hilfsdienst« vom 5. Dezember 1916 schuf eine Dienstpflicht für Männer zwischen 17 und 60 Jahren. Sie hatten nun in kriegswichtigen Betrieben zu arbeiten; wollten sie von einem Betrieb zu einem anderen wechseln, war dafür zudem eine Genehmigung ihres alten Arbeitsgebers in Form eines sogenannten »Abkehrscheins« notwendig, was die Mobilität der Arbeiter in Zeiten allgemeinen Arbeitskräftemangels erheblich einschränkte.

Auch die Mehrheit der Sozialdemokraten hatte dem Hilfsdienstgesetz zugestimmt, das mag auf den ersten Blick verwundern. Für das Gesetz sprach, daß die Hilfsdienstleistenden sozialversichert wurden und Hilfs- und Kriegsdienst in die Anwartschaftszeiten mit eingerechnet wurden. Vor allem aber war es den Sozialdemokraten zusammen mit den Linksliberalen, dem linken Flügel der Nationalliberalen sowie mit dem katholischen Zentrum gelungen, im Gegenzug zu den reglementierenden Teilen des Gesetzes neue Rechte für Arbeiter bzw. deren Vertretungen legislativ festzuschreiben. So verfügte das Hilfsdienstgesetz, daß in allen Betrieben mit mindestens fünfzig Beschäftigten Arbeiterausschüsse zu etablieren waren, unverkennbar Vorläufer der späteren Betriebsräte, und in jedem Wehrbezirk waren darüber hinaus Ausschüsse zu bilden, die, zu gleichen Teilen aus Vertretern von Arbeitgebern und Arbeitnehmern besetzt und von einem Offizier geleitet, Arbeitsstreitigkeiten und innerbetriebliche Konflikte über Löhne oder Arbeitszeiten zu schlichten hatten. Blieb das Hilfsdienstgesetz als Instrument praktischer Arbeitsmarktpolitik und als Hilfsmittel zur Steigerung der Rüstungsproduktion eher wirkungslos, können wir in ihm in langfristiger Perspektive doch einen Meilenstein in der Geschichte der Arbeitsbeziehungen erkennen. Denn nun wurden die Gewerkschaften als Interessenvertretung der Arbeiter gesetzlich anerkannt, während es bereits seit 1914 zu einer faktischen Aufwertung ihres Status gekommen war. Unter dem Druck des Krieges wurden die innenpolitischen Frontlinien aufgerissen, der Krieg erwies sich als »Schrittmacher der Sozialpolitik« (Ludwig Preller), auch wenn abzuwarten war, wieviel von den neuen Errungenschaften die Arbeiterbewegung in den Frieden würde hinüberretten können.

Denn daß die Reichsleitung jene Zugeständnisse nur unter ökonomisch-militärischem Zwang gemacht hatte, war offensichtlich, ob es zu weiteren Reformen zugunsten der Arbeiterschaft kommen würde, jedoch mehr als fraglich. Die lange geforderte Parlamentarisierung des Reiches wurde in der kaiserlichen Osterbotschaft von 1917 nur vage in Aussicht gestellt, verkündete Wilhelm II. doch bloß seine Absicht, »den Ausbau unseres inneren, politischen, wirtschaftlichen und sozialen Lebens, *so wie es die Kriegslage gestattet*, ins Werk zu setzen«[12]. Auch Fortschritte auf sozialpolitischem Gebiet waren kaum noch zu erkennen. Die Eingriffe in den Arbeitsmarkt, wie sie das Hilfsdienstgesetz festschrieb, stellten zudem weder Arbeiter noch Unternehmer zufrieden; jenen war das System der Abkehrscheine zuwider, weil es ihr Recht auf freie Arbeitsplatzwahl suspendierte, diesen wiederum ging es nicht weit genug.

Ohnehin mußte das Gesetz und die darin erreichte Aufwertung und Anerkennung ihrer organisierten Interessen den meisten Arbeitern bestenfalls als Sieg auf einem Nebenkriegsschauplatz erscheinen; ihr Alltagsleben verbesserte sich dadurch nicht. Auf dem drückte immer stärker die Last des Krieges, die Todesanzeigen füllten die Zeitungen, Mangelernährung und Hunger lenkten den Blick von der großen Politik auf die Sorge um die schiere Existenz. Noch länger unsagbare Opfer zu bringen für eine Sache, deren siegreicher Ausgang immer ungewisser wurde, war längst nicht mehr Konsens, die alle Gräben zudeckende Harmonie des Augusts 1914 war verflogen. Schon seit 1915 gingen die Leute, allen voran Frauen und Jugendliche, bald auch Arbeiter aus den Rüstungsbetrieben, auf die Straße, um gegen die schlechte Versorgung, gegen Wucherpreise und zu niedrige Löhne zu protestieren. 1916 brachen Streiks aus, gerade in den Rüstungsbetrieben. Immer wieder war es die Lebensmittelknappheit, die Anlaß zu Demonstrationen und Arbeitsniederlegungen gab, aber Sorge bereitete den Militärbehörden vor allem die im dritten Kriegsjahr nicht mehr zu übersehende Kriegsmüdigkeit weiter Kreise der Bevölkerung. So vermerkte das Preußische Kriegsministerium im September 1916, »daß in manchen Volksschichten, wie z. B. in den unteren Bürgerkreisen, die in engen Verhältnissen leben und von dem Ausgange des Krieges weder in der einen noch in der anderen Hinsicht einen Einfluß auf ihre Lebenslage kaum zu erwarten haben, eine betrübende Gleichgültigkeit zu finden ist. Man kann ohne Schwarzseher zu sein sagen, daß das Volk in seinem überwiegenden Teil kriegsmüde ist«[13].

Das brachte den Kundgebungen des linken Flügels der Sozialdemokraten, der sich bereits im April 1917 von der Mehr-

heitsfraktion abgespalten hatte, beträchtlichen Zulauf. Tau
sende fanden sich ein, wenn Karl Liebknecht für Frieden
sprach – und für die Revolution. Die Parole vom Generalstreik
ging um. Die desolate soziale Lage und die tiefe Niedergeschla-
genheit und Desillusionierung gerade in der Arbeiterschaft
heizte schon seit 1916/17 die revolutionäre Stimmung an. Ihr
entgegenzuwirken lag im Interesse von ziviler und militärischer
Führung, durchaus aber auch der Mehrheitssozialdemokratie,
die bis 1918 auf Reformen setzte. Freilich waren besondere
sozialpolitische Anstrengungen notwendig, um der grassieren-
den Not und Unzufriedenheit den Nährboden zu entziehen,
Anstrengungen, die finanziell zwar kaum noch zu erbringen
waren, aber in ihrer Intentionalität Wirkungen entfalteten. Auf
welchen Bereich des sozialen oder wirtschaftlichen Lebens wir
auch sehen, überall erkennen wir das Muster verstärkter staatlicher Interventionsbereitschaft. Die Gesetze des Marktes verdrängte der »Kriegssozialismus«. Ein gutes Beispiel ist, neben
dem Arbeitsmarkt, der Wohnungsmarkt, wo es gleichermaßen
zu empfindlichen Engpässen bei der Versorgung kam. Wohnungsbau wurde seit 1915 vom Staat gefördert, bis 1918 etablierte sich eine staatliche Zwangsbewirtschaftung von Wohnraum. Um die heimkehrenden Krieger mit einem Dach über
dem Kopf zu versorgen, beschloß der Reichstag 1916, den Bau
von Kriegerheimstätten und -siedlungen zu unterstützen. Auch
in Deutschland wollte man mit dem Ausbau des Sozialstaates
schaffen, was in Großbritannien während des Krieges propa-
giert wurde: »A home fit for heroes«.

Die Spannungen an der »Heimatfront« ließen nicht mehr
nach. Die russische Oktoberrevolution von 1917 gab der Spar-
takus-Bewegung in Deutschland Auftrieb, im Januar 1918 kam
es besonders in Berlin und Sachsen, aber auch an anderen Or-
ten des Reiches, zu Massenstreiks, an denen sich zwischen
500 000 und einer Million Arbeiter beteiligten. Selbst die Tatsache, daß seit Juli 1917 ein Sozialdemokrat der Reichsregierung unter Michaelis angehörte, konnte die sich zuspitzende

Lage kaum mehr entschärfen. Nachdem im Sommer 1918 die deutsche Offensive im Westen erkennbar gescheitert war, sehnten die Menschen nur noch das Ende des Krieges herbei. Ende September fand sich die OHL schließlich zu Verhandlungen über einen Waffenstillstand bereit, die sie freilich der neuen Regierung unter Prinz Max von Baden überantwortete – und sich damit aus der Verantwortung stahl. An der Regierung aus Linksliberalen, Zentrum und Sozialdemokraten war es nun, den Krieg zu liquidieren und eine bis in ihre Fundamente aufgewühlte Gesellschaft in den Frieden zu geleiten.

Das war nicht bloß mit außenpolitischen Mühen verbunden, sondern eine eminente innenpolitische und eine sozialpolitische Aufgabe. Mit längst überfälligen Reformen leitete die Regierung Ende Oktober 1918 den Übergang von der konstitutionellen zur parlamentarischen Monarchie ein und hoffte, dadurch den politischen Druck zu verringern und eine Revolution zu vermeiden. Nicht minder große Sorgen bereiteten den zuständigen Stellen die Probleme der Demobilmachung. Bereits im September hatte sich die Industrie – sehr zum Verdruß der noch durchhaltewilligen Militärs – darangemacht, Pläne für den Übergang zur Friedenswirtschaft zu entwerfen. Dabei war es den Unternehmern vor allem darum zu tun, den »Kriegssozialismus« aufzuheben und den aus ihrer Sicht übermäßig angestiegenen Einfluß des Staates auf die Wirtschaft wieder in bescheidenere Bahnen zurückzulenken. Für dieses Ziel suchten sie sogar in den Gewerkschaften einen starken Bündnispartner, der wiederum die Gunst des Augenblicks zu nutzen trachtete und von den Unternehmern die Anerkennung der organisierten Arbeiterinteressen, der Arbeiter- und Schlichtungsausschüsse, wie sie das Hilfsdienstgesetz proklamiert hatte, sowie des Koalitions- und Tarifrechts forderte. Einig war man sich in der Überzeugung, daß die Demobilmachung nicht vonstatten gehen konnte, ohne daß die Interessen von Arbeitgebern und Arbeitnehmern angemessen beteiligt wurden. Die neuen Verbündeten setzten Anfang November 1918 durch, daß anstelle des Reichwirtschaftsamtes ein Reichsamt für wirtschaftliche Demobilmachung mit der schwierigen Aufgabe betraut wurde, dem man paritätisch besetzte Fachkommissionen angliederte. Aber noch bevor das Demobilmachungsamt praktische Entscheidungen fällen konnte, überschlugen sich die Ereignisse.

Bereits seit Ende Oktober erodierte das militärische Befehlssystem bei der Flotte zusehends. Als nun, während die Reichstagsmehrheit bereits die Weichen auf Frieden gestellt hatte, ein erneutes Auslaufen vorbereitet wurde, kam es zur offenen Rebellion der Matrosen in Kiel. Die wirkte wie ein Zündfunke, der mit rasender Geschwindigkeit einen Flächenbrand entfachte: Binnen weniger Tage bildeten sich Arbeiter- und Soldatenräte und übernahmen die Macht in den Städten, keine Woche später verließ der erste deutsche Monarch – der bayerische König – Hals über Kopf unter dem Druck der Massendemonstrationen die Hauptstadt seines Landes, am 8. November erreichte die Revolution Berlin, tags darauf dankte der Kaiser ab, die Republik wurde ausgerufen. Das war das Ende des Kaiserreichs, keinesfalls aber das Ende schwerer innenpolitischer, ökonomischer und sozialer Krisen. Sie sollten den deutschen Sozialstaat der kommenden Jahre vor ungekannte Herausforderungen stellen; er hatte die verstörenden Hinterlassenschaften des Krieges zu bewältigen und zugleich mit dem während des Krieges teils offen, teils subkutan erfolgenden Strukturwandel des Staates (auch und gerade als Sozialstaat) fertig zu werden. Die mannigfaltigen Leistungen und Regulierungsversuche seitens staatlicher Instanzen hatten das Anspruchsprinzip fest im Sozialstaatsdenken verankert und damit eine innere Dynamik freigesetzt, die den weiteren Ausbau sozialer Leistungen unabwendbar erscheinen ließ. Zudem hatte der Krieg gezeigt, in welch hohem Maße die Legitimation des Staates von seiner sozialen und ökonomischen Leistungsfähigkeit abhing. Ob dies für die junge Republik ein gutes Omen oder eher eine Belastung war, würde die Zeit erweisen.

Der »überforderte Wohlfahrtsstaat«.

Sozialpolitik in der Weimarer Republik

Die ersten Jahre der Weimarer Republik, bis 1923, lassen sich am ehesten als eine Gründungskrise charakterisieren, die vielfältige Ursachen hatte. Es spricht vieles für die These, daß die Demobilmachung mit dem Abschluß der Entlassungen von Soldaten aus dem Militär noch längst nicht am Ende war; erst im Herbst 1923 bzw. im Frühjahr 1924 traten die letzten Demobilmachungsverordnungen außer Kraft. In jenen Jahren fielen sozialpolitische Grundsatzentscheidungen der Weimarer Republik, ja mehr als das: Eine neue politische Ordnung war zu etablieren, die sowohl für die treibenden Kräfte der Revolution als auch in konservativen Kreisen akzeptabel sein sollte, mit den Kriegsgegnern war ein Friedensvertrag auszuhandeln und dann innenpolitisch zu vermitteln. All dies hätte bereits in »normalen« Zeiten massive Probleme mit sich gebracht, doch nun, 1918/19, waren die Zeiten alles andere als »normal«. Der Krieg hatte in einem Desaster geendet, nicht allein politisch, sondern, für jedermann fühlbar, im Alltagsleben der Deutschen. Ein zeitgenössischer Beobachter notierte 1922: »Millionen blühender Menschen gefallen, Millionen verstümmelt und siech, die Heimgekehrten größtenteils verwildert, der Arbeit entwöhnt, an Stehlen und Plündern, an Verachtung des Menschenlebens gewöhnt. Dabei ... das Elend der städtischen Finanzen, der Krankenhäuser und Fürsorgeeinrichtungen, der Rückgang der Hygiene, der Müllabfuhr und Straßenreinigung, zunehmende Wohnungsnot und Verkehrsschwierigkeiten, Schließung der Volksbäder, Verschmutzung und Verlausung der Bevölkerung (ohne Wäsche und Seife, ohne Kleider und ohne Schuhwerk)«[14]. Die Lage der Wirtschaft war desolat, denn Rüstungsaufträge gab es nicht mehr, und der Übergang zur Friedensproduktion ließ sich nicht von heute auf morgen bewerkstelligen, zumal Deutschland zunächst von wichtigen Rohstoffquellen, aber auch von ausländischen

Märkten abgeschnitten war. Etwa drei Millionen Rüstungsarbeiter mußten neue Beschäftigungen finden. Zudem drängten rund sechs Millionen Soldaten zurück auf den heimischen Arbeitsmarkt oder mußten anderweitig mit dem Nötigsten versorgt werden; das Straßenbild bestimmten Kriegsbeschädigte, »Krüppel«, die ihre Gesundheit im Krieg gelassen hatten. Die Ernährungslage blieb für nahezu alle vorerst katastrophal, um so mehr, als mit der steigenden Inflation die Reichsmark zusehends an Wert verlor.

Den Jahren der Inflation kommt in der Tat die Bedeutung einer sozialhistorischen Epochenscheide zu. Die Geldentwertung war eine direkte Folge der Kriegsfinanzierung in Deutschland, wo man sich, im Gegensatz etwa zu Großbritannien und anderen Staaten, entschlossen hatte, die Kosten des Krieges nicht durch Steuererhöhungen zu decken, sondern durch staatliche Kriegsanleihen – und durch die Notenpresse. Das konnte eine Zeitlang gutgehen, aber sobald mehr Geld im Umlauf war, als Güter produziert werden konnten, war die Inflation nicht mehr aufzuhalten. Spätestens seit 1918 war dies der Fall. Die Reichsregierung unternahm zunächst nichts, um der Geldentwertung entgegenzuwirken, denn dadurch konnte die Verschuldung des Reiches im Inneren abgebaut werden, und auch reparationspolitisch kam die Inflation zunächst durchaus gelegen. Dem Schein nach blühte die Konjunktur auf. Lohnsteigerungen ließen sich finanzieren und führten zu einem Aufschwung der Gewerkschaften; soziale Leistungen schienen in der Zeit der schleichenden Inflation finanzierbar. Gerhard A. Ritter konstatiert gar, es habe einen »Inflationskonsens« in den ersten Jahren der Weimarer Republik gegeben. Doch dann geriet die Geldentwertung außer Kontrolle, steigerte sich von der galoppierenden zur Hyperinflation des Jahres 1923. Wer sein Vermögen in Pfandbriefen und als Sparguthaben angelegt oder, siegesgewiß, seit 1914 Kriegsanleihen gezeichnet hatte, verlor seine Ersparnisse. Das traf ein Heer von Kleinsparern, die sich mühselig einen »Notgroschen« beiseite gelegt hatten, und es traf vor allem den bürgerlichen Mittelstand, der verarmte, proletarisiert wurde; bei manchem genügte auch bereits die Angst vor dem sozialen Abstieg, um ihn zu radikalisieren. Gerade in diesen Schichten führten die Vermögensverluste durch die Inflation zu einem Legitimationsdefizit für die Republik, das sozialpolitisch kaum aufzufangen war.

Die Inflation war die Stunde der Schieber und Schwarzhändler, der großen und kleinen Kriminellen. Auf dem Schwarzmarkt konnte man Waren erstehen, gegen Geld oder im Tausch, die es in den Geschäften nicht mehr gab. Aber es war nur eine Frage der Zeit, bis immer weniger Menschen das Kapital oder Sachwerte für derlei Handel aufbringen konnten. Hunger bestimmte den Alltag weiter Bevölkerungskreise. Das lag nicht nur daran, daß das Geld an Wert verlor, sondern die schlechte Ernährungslage war auch Folge eines zusammengebrochenen Transportwesens; Revolution, Kapp-Putsch und Ruhrkampf sorgten bis 1923 für erhebliche Verteilungsprobleme. Die landwirtschaftliche Produktion lag darnieder, Einfuhren aus dem Ausland waren bis zum Ende der alliierten Blockade im Juli 1919 nicht möglich. Auch weiterhin dominierten Kohl und Kartoffeln in den Küchen; das »K-Brot«, das »Kriegs-Brot« mit Kartoffelanteil, kam auch im Frieden auf viele Tische. Die Qualität der Lebensmittel war schlecht, viele blieben zudem rationiert, wer konnte, versuchte sich in Subsistenzwirtschaft. Die nun seit Jahren anhaltende Mangelernährung hatte katastrophale Folgen für den Gesundheitszustand vieler Menschen; besonders Frauen, Kinder und Alte waren davon betroffen.

Die Unzufriedenheit, ja Verzweiflung vieler angesichts der katastrophalen Versorgungslage trug mit dazu bei, daß die Revolution bis weit ins Jahr 1920 hinein kaum an Schwung verlor. Sie einzudämmen war freilich nicht nur das Ziel der Konservativen, sondern auch der (Mehrheits-)Sozialdemokraten und der Gewerkschaften. Ihnen lag daran, die Errungenschaften für die Arbeiterbewegung aus der Kriegs- in die Friedenszeit zu retten und ihre Stellung weiter auszubauen im Rahmen einer parlamentarischen, demokratischen, rechts- und sozialstaatlichen Ordnung.

Um das erste Ziel zu erreichen, führten die freien Gewerkschaften ihre Bündnispolitik mit dem Unternehmerlager aus den letzten Kriegstagen fort. Jenen war es darum zu tun, den drohenden Umsturz der Produktions- und Eigentumsverhältnisse abzuwenden und die bestehende Wirtschaftsordnung zu erhalten. Dafür waren sie zu Zugeständnissen bereit. Die Übereinkunft zwischen dem Führer der Unternehmer, dem Großindustriellen Hugo Stinnes, und dem Gewerkschaftsführer Carl Legien (»Stinnes-Legien-Pakt«) vom 15. November 1918 brachte beiden Seiten einen Gewinn. Die Unternehmer durften darauf vertrauen, daß weitreichende Sozialisierungsforderungen bei den Gewerkschaften vom Tisch waren, wofür sie diese im Gegenzug als legitime Vertretung der Arbeiterinteressen anerkannten. Die wirtschaftsfreundlichen, »gelben« Werkvereine wollten sie künftig nicht mehr unterstützen. Die Koalitionsfreiheit durfte, auch darauf einigte man sich, nicht mehr beschränkt werden. Die Arbeiterausschüsse in Betrieben mit mehr als fünfzig Beschäftigten, die das Hilfsdienstgesetz vorgeschrieben hatte, sollten weiterhin bestehen; ihnen oblag es, die Umsetzung kollektiver, überbetrieblicher Vereinbarungen auf Betriebsebene zu kontrollieren. Sollte es zu Streitigkeiten zwischen den Tarifparteien kommen, sollten paritätisch besetzte Schlichtungsausschüsse Kompromisse formulieren. Gleichfalls paritätisch wollte man fortan die Arbeitsnachweise organisieren. Schließlich gelang es den Gewerkschaften, eine lange umkämpfte Frage in ihrem Interesse – vermeintlich dauerhaft – zu entscheiden: Das Stinnes-Legien-Abkommen legte den Achtstundentag als Normalarbeitstag fest, sofern, das hatten die Unternehmer noch hineingeschrieben, sich dieser auch international durchsetzte. Um die Regelung der drängendsten Probleme, wie sie sich aus Demobilisierung und Übergangswirtschaft ergaben, nicht mehr aus der Hand zu geben, verständigten sich

Unternehmer und Gewerkschaften darauf, einen eigenständigen »Zentralausschuß« mit diesen Fragen zu befassen. Daraus ging Anfang Dezember 1918 die »Zentralarbeitsgemeinschaft« (ZAG) hervor, die sich bis 1924, im ganzen mehr schlecht als recht, der schwierigen Aufgaben annahm. Wir können gleichwohl in der ZAG einen Versuch erkennen, die politisch-parlamentarische Ordnung sowie die marktwirtschaftliche Ordnung korporatistisch zu durchdringen und Entscheidungen zu fällen bzw. zu präjudizieren, die in Teilen durchaus einer breiteren Legitimationsgrundlage bedurft hätten.

Dies gilt bereits für den Stinnes-Legien-Pakt. Wesentliche Elemente daraus gingen bruchlos in die politische Ordnung der Weimarer Republik über und bestimmten deren Charakter als Sozialstaat. Freilich sorgte die Präsenz von Sozialdemokraten und Gewerkschaftern erst im Rat der Volksbeauftragten, dann, ab Januar 1919, in der ersten Reichsregierung der Republik dafür, daß ein Konsens zwischen organisierten Interessen und der Reichspolitik bestand. Hier kam es vor allem auf dem Gebiet der Arbeitsbeziehungen bis 1923 zu einer Reihe grundlegender und zukunftsweisender Entscheidungen. Nachdem der Rat der Volksbeauftragten am 12. November 1918 das Hilfsdienstgesetz außer Kraft gesetzt hatte, war eine bedeutende Leerstelle im arbeitsrechtlichen Regelungsgeflecht entstanden, die es zu füllen galt. Bereits einen Monat später, am 23. Dezember 1918, folgte die »Verordnung über Tarifverträge, Arbeiter- und Angestelltenausschüsse und Schlichtung von Arbeitsstreitigkeiten« (TVO), an deren Zustandekommen die künftigen Tarifparteien maßgeblich mitgewirkt hatten. Maßgeblich wurde nun der kollektive Tarifvertrag, der neu in die Rechtsordnung eingeführt wurde. Für ihn galt das Prinzip der Unabdingbarkeit; Verstöße gegen Tarifverträge waren nur rechtens, wenn der Arbeitnehmer davon profitierte, andernfalls waren sie rechtswidrig. Auf Antrag konnten die zuständigen Behörden Tarifverträge für allgemeinverbindlich erklären und somit auf Außenstehende ausdehnen, ein Recht auf eigenmächtige Eingriffe in die Arbeitsbeziehungen außerhalb von geltenden Tarifverträgen besaß der Staat nicht. Sollte es Schwierigkeiten geben, zum Abschluß eines Tarifvertrages zu gelangen, sah die TVO vor, daß die Schlichtungsausschüsse fortbestanden, so, wie sie das Hilfsdienstgesetz etabliert hatte, freilich nicht mehr unter militärischem Vorsitz, sondern von einem Unparteiischen geführt, den die Beisitzer zu wählen hatten. Das war ein bemerkenswerter Ansatz, Instrumentarien gesellschaftlicher Selbstregulierung zu schaffen, die im übrigen den bereits etablierten korporatistischen Elementen in der Wirtschaftsordnung entsprachen. Zentrale Bereiche des wirtschaftlichen und sozialen Lebens ohne Einmischung des Staates regeln zu lassen war ein ambitioniertes Programm, für das jedoch weder die eine noch die andere Seite zuvor Gelegenheit hatte, sich mit den neuen Beanspruchungen vertraut zu machen. So taten sich beide Seiten, die Tarifparteien und der Staat, beim Einüben in die neue Praxis schwer, und es kam keineswegs überraschend, daß in der ersten Belastungsprobe des eben erst etablierten Systems seine Form schon wieder in Frage gestellt wurde. Als im Januar 1919 die Streikbewegungen kein Ende nehmen wollten und beinahe zwei Millionen Arbeiter im Ausstand waren, versagten die noch unerprobten Schlichtungsmechanismen. Den Demobilmachungskommissaren wurde deshalb die Kompetenz übertragen, den Schiedsspruch der Schlichter für verbindlich zu erklären; anders, so fürchtete die Regierung, würden sich die Tarifparteien nicht einigen. In der Schlichtungsverordnung vom 30. Oktober 1923 wurden schließlich Reichsbeamte als Schlichter bestimmt, die dem Reichsarbeitsministerium unterstellt und deshalb nicht so unabhängig waren, wie es die Verordnung behauptete. Sie konnten in Tarifkämpfe eingreifen und einen verbindlichen Schiedsspruch fällen, so daß der Staat unmittelbar in Lohnauseinandersetzungen involviert wurde. Ob diese Regelung glücklich war, sei vorerst dahingestellt; wir wollen später darauf zurückkommen.

Mit dem Stinnes-Legien-Pakt und der TVO waren zentrale sozialpolitische Entscheidungen bereits gefällt, noch bevor der junge Staat eine Verfassung erhalten hatte. Besonders bei den Arbeitsbeziehungen wurde rasch gehandelt; manche der neuen Regelungen waren nur für eine Übergangszeit bestimmt, andere hingegen sollten den Charakter des Reiches als Sozialstaat auf Dauer bestimmen und fanden deshalb Eingang in die Erwägungen der verfassunggebenden Versammlung.

In der Reichsverfassung, welche die Nationalversammlung in Weimar im August 1919 verabschiedete, finden wir etliche Elemente aus dem Stinnes-Legien-Pakt und dem politischen Programm des Rates der Volksbeauftragten wieder. Abgesehen von der – nicht in Kraft getretenen – Paulskirchenverfassung von 1849 war die Weimarer Verfassung die erste deutsche Konstitution, die Grundrechte verbürgte. In dem umfangreichen Katalog waren nicht nur die »klassischen« liberalen Rechte der Bürger zur Abwehr staatlicher Eingriffe festgeschrieben, sondern er enthielt darüber hinaus auch eine Reihe sozialer und wirtschaftlicher Grundrechte. So garantierte Artikel 159 die uneingeschränkte Koalitionsfreiheit, die Mitbestimmung regelte Artikel 165, der zugleich Bezirksarbeiterräte und einen Reichsarbeiterrat sowie einen Reichswirtschaftsrat vorsah. Das Arbeitsrecht wurde unter den besonderen Schutz des Reiches gestellt, ein einheitliches Arbeitsrecht zu schaffen war Aufgabe des Gesetzgebers (Art. 157), eine Aufgabe, die er zu keinem Zeitpunkt erfüllte. Darüber hinaus dienten Sozialversicherungen der »Erhaltung der Gesundheit und Arbeitsfähigkeit, zum Schutz der Mutterschaft und zur Vorsorge gegen die wirtschaftlichen Folgen von Alter, Schwäche und Wechselfällen des Lebens«(Art. 161). Dadurch erhielt das Versicherungssystem Verfassungsrang. Dies galt auch für »die sittliche Pflicht« zur Arbeit bzw. das Recht, durch Arbeit seinen Lebensunterhalt zu verdienen; für jene, die keine Arbeit fanden, sollte gesorgt werden, wie, blieb vorerst offen (Art. 163).

Auch die betriebliche Mitbestimmung hatte die Nationalversammlung zu kodifizieren, und sie tat sich schwer damit. Denn das Betriebsrätegesetz, dessen Entwurf ihr die Reichsregierung im Sommer 1919 zuleitete, war heftig umstritten. Besonders der Linken, die darin den schmählichen Abgesang der Räteidee sah, ging das Gesetz längst nicht weit genug, während das Unternehmerlager darin schon die Vorhut der Sozialisierung erblickte. Monatelang zogen sich die Beratungen hin, überschattet von gewalttätigen Auseinandersetzungen auf der Straße, bei denen gar Tote und Verletzte zu beklagen waren. Am 4. Februar 1920 trat das Betriebsrätegesetz schließlich in Kraft, und in der Tat war vom Rätegedanken kaum mehr als der Name übriggeblieben. Mitsprache bei den betriebswirtschaftlichen Entscheidungen hatte der Betriebsrat nicht, allenfalls ein Recht auf Information über die ökonomische Lage des Betriebes. Bei betriebsbedingten Kündigungen war er anzuhören. Ansonsten aber hatte der Betriebsrat das Wohl des Betriebes stets im Blick zu behalten und für harmonische Arbeitsbeziehungen im Betrieb Sorge zu tragen; daß er obendrein in Verhältniswahl gewählt wurde, bereitete den Gewerkschaften Kopfzerbrechen, denn auf diese Weise war keineswegs sicher, daß sie in den Betrieben maßgeblichen Einfluß würden ausüben können. Ob dadurch eine »Lücke« zwischen kollektiven und innerbetrieblichen Arbeitsbeziehungen entstand, war nicht abzusehen. Daß der in der Verfassung vorgesehene Reichswirtschaftsrat, der sich im April 1920 konstituierte, nur vorläufigen Charakter hatte und zu keiner Zeit maßgeblichen Einfluß auf die Wirtschaftsordnung und -politik der Weimarer Republik gewann, sei hier bloß am Rande erwähnt; der Rätegedanke materialisierte sich in ihm nicht.

Überhaupt können wir für die erste Phase der Weimarer Sozialpolitik feststellen, daß sie nicht auf umstürzende Neugestaltung, sondern auf Reform des bestehenden Systems angelegt war. Das kollektive Arbeitsrecht wurde ausgebaut, die Sozialversicherungen erweitert. Zur Abkehr von ihnen und zur Einführung einer allgemeinen Volksfürsorge kam es nicht. Ob in der Revolution von 1918/19 eine Chance zur umfassenden Neuordnung vertan wurde, ist eine höchst spekulative Frage, die sich kaum beantworten läßt. In jedem Fall ist die überaus schwierige und verworrene Gesamtsituation mitzubedenken, in der es nicht nur um die künftige Gestaltung des deutschen Sozialstaates ging, sondern auch um Friedensschluß und Verfassungsgebung – und für zahllose Menschen um das nackte Überleben.

Zwar hatte die verfassunggebende Versammlung einen ambitionierten Katalog sozialer Grundrechte formuliert, doch deren materielle Basis war äußerst brüchig. Daß die Folgen von Krieg und Inflation die bestehenden sozialen Sicherungssysteme an die Grenzen ihrer Belastbarkeit brachten, zeigte sich nur allzurasch bei den Sozialversicherungen. Sehen wir auf die Alters- und Invalidenrenten, wo uns verläßliche Zahlen vorliegen: Aufgrund der Einberufungen zum Militärdienst waren den Versicherungsträgern seit 1914 Beiträge von etwa 250 Millionen Reichsmark verlorengegangen, während die Dienstzeiten den Soldaten jedoch als »Ausfallzeiten« anerkannt wurden. Sinkenden Einnahmen standen dramatisch wachsende Ausgaben gegenüber. Die Zahl der Waisenrenten stieg während des Krieges um das Sechseinhalbfache, diejenige der Witwen und Witwer hatte sich verdreifacht, um das Vierfache war die Zahl der krankheitsbedingten Renten gestiegen, während obendrein die Senkung der Altergrenze von 70 auf 65 Jahre, die seit Anfang 1917 wirksam war, auch die Zahl der Altersrentner beinahe verdreifacht hatte. Durch Beitragserhöhungen allein war dem explodierenden Finanzbedarf in Zeiten der Inflation nicht beizukommen; deshalb wurden Leistungen der Versicherungen drastisch reduziert und Wartezeiten verlängert. Gleichwohl verzehrte die Mitte 1922 einsetzende Hyperinflation immer größere Teile des Vermögens der Versicherungsträger, ohne daß sich die Lage der Versicherten spürbar besserte. Im Gegenteil: Trotz einer eilends eingerichteten Sonderfürsorge für Sozialrentner, getragen von den Kommunen und dem Staat, dürften die Inflationsjahre für die deutschen Rentner Jahre größter Not und Entbehrung gewesen sein. Die Fürsorgeleistungen reichten bei weitem nicht aus, wie man bei den zuständigen Stellen immer wieder bemerkte, um »auch nur den notwendigsten Lebensunterhalt [zu decken]«. Hilflos standen die Betroffenen der Geldentwertung gegenüber. So schrieben Mitglieder des Zentralvereins der Invaliden und Witwen 1923 an das zuständige preußische Ministerium: »Wir haben doch unsere Beiträge zur Invalidenversicherung früher in Gold gezahlt und daher auch berechtigten Anspruch auf Goldrente!«[15] Welche Konsequenzen dies für die innere Festigung der jungen Republik hatte, läßt sich leicht ermessen: Ihre Überforderung angesichts schier grenzenloser sozialer Probleme bei unkontrollierbarer Geldentwertung wurde nicht der Monarchie, die für Krieg und Inflation verantwortlich war, sondern der Republik ins Schuldbuch geschrieben.

Vergleichbare Schwierigkeiten bereitete der Arbeitsmarkt. Daß der Erwerbslosigkeit kein individuelles Verschulden voranging und sie somit nicht Risiko oder Schicksal des einzelnen war, hatte bereits die Kriegswirtschaft bewiesen, und man mußte kein Hellseher sein, um zu erkennen, daß die Demobilmachung das Problem weiter verschärfen würde. Für die zurückkehrenden Soldaten war deshalb Sorge zu tragen, nicht zuletzt auch, weil von ihnen radikale politische Umtriebe befürchtet wurden. Am einfachsten schien es, und so ging es in das Stinnes-Legien-Abkommen ein, wenn man Arbeitgeber verpflichtete, jedem aus dem Kriegsdienst entlassenen Arbeitnehmer seine angestammte Arbeitsstelle wiederzugeben. Natürlich wurden dadurch diejenigen freigesetzt, die während des Krieges auf diese Stellen nachgerückt waren. Das betraf vor allem die Frauen. Die historische Forschung hat lange argumentiert, daß die Frauenerwerbsquote im Krieg signifikant angestiegen sei und die Frauen in der Demobilmachung wieder vom Arbeitsmarkt verdrängt worden seien. In neueren Studien wurde dagegen geltend gemacht, daß die Entwicklung des Arbeitsmarktes nach 1914 längerfristigen Trends folgte, es also nicht zu einem sprunghaften Anstieg kam, sondern die These vom Krieg als Schrittmacher der Frauenerwerbstätigkeit vor allem den Wahrnehmungen der Zeitgenossen entsprang. Die hätten wohl die Frauen an den traditionellen Arbeitsplätzen der Schwerindustrie oder in den Verkehrsbetrieben und anderswo gesehen, nicht aber, daß Frauen ihrerseits aus ihren angestammten Branchen abwanderten. Kaum zu übersehen ist gleichwohl, daß Frauen nach 1918 auf dem Arbeitsmarkt diskriminiert wurden; ihr Arbeitsplatzrisiko war größer als das der Männer, denn von Aufschwüngen in einzelnen Branchen nach 1920 konnten sie nicht im gleichen Umfang wie ihre männlichen Kollegen profitieren, während der Rückgang traditioneller Frauenarbeitszweige und die Krise seit Sommer 1922 besonders zu ihren Lasten ging.

Aber auch längst nicht alle Männer konnten an ihre Arbeitsplätze zurückkehren; man hatte sich auf eine gewisse Zeit mit Arbeitslosigkeit zu arrangieren, bis, so dachte man, die Demobilmachung abgeschlossen war. Tatsächlich übertraf die Arbeitslosigkeit 1918/19 diejenige der Mobilisierungskrise von 1914 bei weitem. Um die sozialen Folgen abzumildern, wurde am 13. November 1918 die Erwerbslosenfürsorge eingeführt. Finanziert von Reich, Ländern und Gemeinden, war sie als Übergangsmaßnahme konzipiert; niemand rechnete damit, daß Arbeitslosigkeit zu einem Dauerproblem der Weimarer Republik würde. Die Erwerbslosenfürsorge wurde bewußt außerhalb der traditionellen Armenfürsorge angesiedelt und erhielt obendrein in Artikel 163 Verfassungsrang – was freilich nichts daran änderte, daß ihre Leistungen zunehmend hinter den Notwendigkeiten zurückblieben. Um überhaupt in den Genuß von Fürsorgeleistungen zu kommen, hatten Erwerbslose ihre Bedürftigkeit sowie ihre Arbeitswilligkeit nachzuweisen. Allem Anschein nach wurden die Bedürftigkeitskriterien im Laufe der Jahre immer weiter verschärft, je mehr Personen um Unterstützung nachsuchten. Seitdem die Behörden im Oktober 1919 zur sogenannten »produktiven Erwerbslosenfürsorge« übergingen, konnten Erwerbslose zu einfachen öffentlichen Arbeiten herangezogen werden, eine Maßnahme, die sich bald vielfach als Instrument entpuppte, mit dessen Hilfe die Arbeitswilligkeit überprüft und »Arbeitsunwillige« aus der Fürsorge ausgeschieden werden konnten. Daß dies nicht immer ohne Probleme und Widerstand durch die Betroffenen vonstatten ging, ist in den historischen Quellen mehrfach belegt. Mehr als einmal mußten die zuständigen Beamten davon Abstand nehmen, Erwerbslose von den Fürsorgeleistungen auszuschließen, weil sie fürchteten, »Unannehmlichkeiten von Seiten der in Betracht kommenden Arbeiter erdulden zu müssen«[16]; auch von »Gewalttätigkeiten und Ausschreitungen« war die Rede[17].

Wichtigstes Ziel der Erwerbslosenfürsorge war es, ihre Klientel wieder auf dem Arbeitsmarkt unterzubringen. Zu diesem Zweck wurde im Mai 1920 das Reichsamt für Arbeitsvermittlung gegründet, das die Tätigkeit der zahlreichen Arbeitsnachweise auf kommunaler und Länderebene koordinieren sollte. Wie erfolgreich die Arbeitsnachweise tatsächlich waren, ist ebenso kaum zu klären wie die Wirkungen des Versuches, durch Beschränkung der Leistungszeiten (seit 1920: auf 26 Wochen innerhalb eines Jahres) Anreize zur Aufnahme einer Erwerbstätigkeit zu schaffen. Ohnehin stehen einheitlich erhobene statistische Daten auf nationaler Ebene erst ab 1928 zur Verfügung; für die Jahre davor müssen wir uns mit Gewerkschafts- oder Krankenkassenstatistiken begnügen. Unter den Gewerkschaftsmitgliedern sank die Erwerbslosigkeit seit Frühjahr 1921 und erreichte in diesem Jahr wieder den Stand von 1913. Im Sommer 1922 herrschte nahezu Vollbeschäftigung, doch dann stieg die Arbeitslosigkeit unaufhaltsam wieder an und erreichte im Dezember 1923 mit über 28 Prozent der organisierten Arbeiter ihren vorläufigen Höhepunkt.

Erwerbslosigkeit bedeutete für die meisten Betroffenen bittere Armut. Selbst die häufige Anpassung der Unterstützungssätze an die Inflation konnte nicht verhindern, daß die Kaufkraft von Erwerbslosen kontinuierlich abnahm; die historische Forschung geht davon aus, daß im November 1923 beispielsweise nur noch zehn Prozent der Lebenshaltungskosten in Berlin durch die Erwerbslosenfürsorge gedeckt wurden. Wer nicht noch Hilfe von anderer Seite erfuhr, kam dem Verhungern sehr nahe. Ohnehin wurde der Kreis derer, die Unterstützungsleistungen in Anspruch nehmen konnten, stetig kleiner. Berechnungen für Hamburg belegen, daß dort in der zweiten Jahreshälfte 1922 nur noch zehn bis zwanzig Prozent der Erwerbslosen in den Genuß der Erwerbslosenfürsorge kamen. Angesichts der desaströsen Situation der öffentlichen Finanzen wurde zudem 1924 festgelegt, daß nur noch fürsorgeberechtigt war, wer in den vorangegangenen zwölf Monaten mindestens drei Monate lang krankenkassenpflichtig beschäftigt war. Das schied die Erwerbslosen in zwei Klassen; Selbständige und freiberuflich Tätige hatten auf die neue Arbeitslosenfürsorge keinen Anspruch mehr. Zugleich hatten nun Arbeitnehmer und Arbeitgeber eigene Beiträge zur Erwerbslosenfürsorge zu leisten, womit ein erster Schritt weg vom Fürsorge- und hin zum Versicherungsprinzip gemacht wurde.

Trotz solcher Tendenzen, gesellschaftliche Selbstregulierung zu fördern, wie sie auch im Arbeitsrecht in Teilen zum Ausdruck kamen, standen die ersten Jahre der Weimarer Republik unverkennbar im Zeichen sozialstaatlicher Expansion. Die Interventions- und gesellschaftlichen Gestaltungsansprüche des Staates stiegen weiter; die Entwicklung aus der Kriegszeit war unumkehrbar geworden. Fortgesetzt wurde auch der Trend zur Professionalisierung von Fürsorge und Wohlfahrt sowie zur Bürokratisierung. Die Verwaltungsapparate im Sozialbereich, sei es in den neu gegründeten Ministerien, bei Ländern und Gemeinden, sei es bei den Fürsorgeeinrichtungen und -vereinen, expandierten mit aller Macht. Vereine, die im Kaiserreich neben der staatlichen Sozialpolitik tätig gewesen waren, wurden nun zunehmend in die Sozialbürokratie integriert, vielfach kam es zu Überlagerungen. Ehrenämter wurden in reguläre Planstellen überführt. Die Weimarer Republik war die große Zeit der Sozialreformer, der (Sozial-)Pädagogen, der Sozialhygieniker, der Sexualforscher; im modernen Interventionsstaat, wie er sich nun vollends entfaltete, konnten sie soziale Aufstiegschancen wahrnehmen.

Aber die vermehrte Staatstätigkeit hatte ihre Ursachen natürlich auch darin, daß nunmehr – vorerst jedenfalls – politische Kräfte an der Regierung waren, die soziale Reformen, die Überwindung sozialer Ungleichheit, sozialen »Fortschritt« schon lange auf ihre Fahnen geschrieben hatten. Besonders den Sozialdemokraten war daran gelegen, auch private Fürsorge und Wohlfahrtspflege in die Zuständigkeit von Staat und Kommunen zu überführen, was jedoch am Widerspruch des Zentrums scheiterte. Die neue Sozialpolitik wertete die Position der Arbeiter auf und versuchte auf diese Weise, der Revolution ihre Substanz zu entziehen. Noch ganz in der Tradition des Kaiserreichs stand deshalb die Trennung zwischen erwerbstätiger Arbeits- und Armutsbevölkerung, welche dem Sozialstaatsdenken der Weimarer Republik zugrunde lag. Sie orientierte sich nach wie vor an der »Arbeiterfrage«; leitende Vorstellung war dabei, daß die Zahl der Arbeiter in der industriellen Produktion weiterhin anwachsen würde. Dagegen gerieten die Nöte des Mittelstandes, der Selbständigen, der Handwerker, der kleinen Gewerbetreibenden, aber auch der Angestellten und Beamten, vorerst kaum ins Blickfeld der Sozialpolitik, die gerade die Folgen der Inflation, die in jenen Schichten grundverstörend wirkte, unterschätzte.

Wir können hier in den 1920er Jahren einen Prozeß beobachten, der die Ambivalenz des modernen Sozialstaats grell ausleuchtete. Mit dem verstärkten Staatsinterventionismus korrespondierte der Wandel in der Haltung der Bürger gegenüber dem Sozialstaat. Waren Rechtsansprüche einmal formuliert, mußten sie auch eingelöst werden; zudem setzte sich die Tendenz durch, generell Anspruch auf soziale Leistungen zu erheben. Da Wohlfahrtspflege und Fürsorge zunehmend entprivatisiert wurden, lag es nahe, den Staat als Sozialstaat in die Pflicht zu nehmen, einen Staat zudem, der sich als demokratischer Volksstaat verstand und in dem die Beseitigung oder Reduzierung sozialer Ungleichheit als Staatsziel galt. Das allgemeine Wahlrecht, das seit 1918 bestand, sorgte obendrein dafür, daß alle sozialen Gruppen über politische Artikulations- und Machtzuteilungschancen verfügten, auch diejenigen, die als Klientel der Armenfürsorge bis dahin von der politischen Willensbildung ausgeschlossen gewesen waren. Sozial Benachteiligte begannen sich zu organisieren und schlossen sich zu teils mächtigen Interessenverbänden zusammen. Angesichts der mannigfaltigen, teils massiven sozialen Probleme konnte kaum eine Partei darauf verzichten, sozialstaatliche Projekte und Versprechen in ihr Wahlprogramm aufzunehmen, was den Anspruchsdruck weiter erhöhte. Auch aus diesem Grunde wurde der Sozialstaat in der Weimarer Republik (partei-)politisiert, was sich im übrigen in allen Verästelungen sozialer Daseinsvorsorge und Fürsorge niederschlug. Und er stand in der Gefahr, in gewissem Sinne fragmentiert zu werden, ging es doch darum, die Ansprüche einzelner Gruppen zu erfüllen, kaum aber, ein in sich geschlossenes, umfassendes Konzept von Sozialstaatlichkeit zu entwickeln.

Diese Überlegungen sind mit zu bedenken, wenn wir im folgenden auf den weiteren Ausbau des Weimarer Sozialstaats eingehen. Weithin assoziiert man mit der Weimarer Republik die »goldenen zwanziger Jahre«, die sie in kultureller Hinsicht zweifellos waren; kaum je hat eine Epoche so viel aufregend Neues in ihrer Kultur hervorgebracht. Gleichwohl, in wirtschaftlicher, sozialer, ja auch in politischer Beziehung zögern wir, die 1920er Jahre als »golden« zu bezeichnen. So brachte zwischen Inflation und Weltwirtschaftskrise allenfalls das Jahrfünft nach 1924 etwas Entspannung, die sich freilich bei näherem Besehen nur allzuoft als Scheinstabilisierung entpuppt. Immerhin fiel in diese Jahre die weitere Expansion staatlicher Sozialpolitik, was sich am Anteil der Sozialausgaben am Sozialprodukt unzweifelhaft ablesen läßt. Um den Geldwertverlust bereinigt, belief sich der Anteil, der vom Volkseinkommen für die gesamte soziale Sicherung aufgewandt wurde, 1929 auf mehr als elf Prozent; das Vierfache im Vergleich zum Vorkriegsstand. Sieht man allein auf die Staatsausgaben, so floß ungefähr ein Fünftel davon in das System sozialer Sicherung, bei den Ausgaben des Reichs war es ein Drittel. Bedenkt man, daß dieser Anteil vor dem Krieg zwischen einem und zwei Prozent gelegen haben dürfte, kann man ermessen, welchen Stellenwert Sozialstaatlichkeit in der Weimarer Republik erlangt hatte.

Die gestiegenen Kosten gingen zunächst auf vermehrte Leistungen zurück. Nach 1924 wurden gerade bei den Sozialversicherungen der Kreis der Anspruchsberechtigten ausgedehnt, Wartezeiten verringert sowie Anspruchsgrundlagen großzügiger gestaltet. So konnten etwa nun Leistungen der Unfallversicherung in Anspruch genommen werden, wenn sich der Unfall auf dem Weg zur oder von der Arbeitsstätte ereignete, die Krankenversicherungen kamen nicht mehr nur bei Verdienstausfällen an Arbeitstagen, sondern auch an Sonn- und Feiertagen auf. Die Witwen- und Waisenrenten wurden angehoben und betrugen nunmehr sechs Zehntel bzw. die Hälfte der rechnerisch ermittelten Rente des Versicherten. Waisenrenten wurden länger ausbezahlt und standen den Betroffenen seit 1923 bis zum 18. Geburtstag (statt wie bisher bloß zum 15.) zu; war ihre Ausbildung noch nicht abgeschlossen, durften sie sogar noch drei Jahre länger mit ihrer Waisenrente rechnen. Trotz allgemein steigender Renten blieben freilich noch immer große Teile der Invaliden- und Sozialrentner auf zusätzliche Unterstützung durch die Fürsorge angewiesen, um überhaupt ihren Lebensunterhalt – auf denkbar bescheidenem Niveau – bestreiten zu können.

All dies galt besonders für die Arbeiter. Die Renten für Angestellte lagen durchschnittlich um einhundert Prozent höher, davon ließ sich im Alter einigermaßen anständig leben. Während im Umgang mit den Risiken von Invalidität und Alter große soziale Diskrepanzen bestehen blieben, kam es im Gesundheitsbereich immerhin zu gewissen Annäherungen in der Versorgung. Der Kreis der Krankenversicherten wuchs beträchtlich; wir können davon ausgehen, daß am Ende der 1920er Jahre etwa neunzig Prozent der Familienangehörigen freiwillig mitversichert waren. Daß dem Ausbau der medizinischen Versorgung nicht bloß sozial-, sondern auch und gerade bevölkerungspolitische Motive zugrunde lagen, zeigt ein Blick auf die Versorgung schwangerer Frauen und junger Mütter. Ihnen stand nun ein »Wochengeld« zu, das erst für acht, seit 1927 für zehn Wochen an alle berechtigten Frauen ausbezahlt wurde, sowie Zuschüsse zu den Entbindungskosten, für Hebammen und gegebenenfalls Medikamente hatten sie gar nichts zu bezahlen. Dahinter stand ein ausgesprochen pronatalistischer Grundzug der Weimarer Politik, welche die Sorge um den anhaltenden Geburtenrückgang umtrieb. Gebärfähigkeit und -willigkeit zu erhöhen war deshalb ein besonderes sozial-, ja staatspolitisches Anliegen. Ob die Frauen davon profitierten oder ob dies ihnen eher zum Nachteil gereichte, wird im nächsten Kapitel eingehender unter der Frage nach der geschlechterpolitischen Bedeutung von Sozialpolitik zu diskutieren sein.

Während das bestehende Versicherungssystem kontinuierlich ausgeweitet wurde, blieb es in seinen organisatorischen Grundzügen unangetastet. Zu seiner tiefgreifenden Reform, wie sie etwa in Form einer allgemeinen Volksversicherung, einer »Staatsbürgerversorgung« auf der einen, einer Zerschlagung des bestehenden Versicherungssystems und seiner Ersetzung durch die Fürsorge auf der anderen Seite, bisweilen diskutiert wurde, kam es nicht. Separate Sicherungssysteme blieben bestehen, vor allem die Trennung zwischen Arbeiter- und Angestelltenrecht. Lediglich in einem Bereich kam es zu einer, zweifellos elementaren, Ergänzung des Systems sozialer

Sicherung: Mit der Arbeitslosenversicherung wurde gleichsam der vierte Pfeiler gesetzt, auf welchem das Gebäude des deutschen Sozialstaates ruht.

Die chaotischen Verhältnisse, die den deutschen Arbeitsmarkt während Krieg und Demobilmachung bestimmten, hatten dem Gedanken neue Nahrung gegeben, daß dieser ohne staatliche Regulierung nicht zu einem Gleichgewicht finden würde. Aus diesem Grund wurde seit 1919 darüber diskutiert, wie man die Arbeitsvermittlung effizienter gestalten könne und wie jene, die unverschuldet ihren Arbeitsplatz verloren hatten, wieder in Lohn und Brot zu bringen seien. Daß die bereits vorhandenen Ansätze einer Versicherung für den Fall von Erwerbslosigkeit nicht hinreichend waren, bewies die Inflationszeit nachdrücklich, als die zuvor einbezahlten und nun wiedererstatteten Beiträge wie der sprichwörtliche Schnee in der Sonne dahingeschmolzen waren. Die Mischung aus Versicherung und Erwerbslosenfürsorge, wie sie seit 1923 bestand, sollte nach der Währungsstabilisierung übergeleitet werden in eine reine Versicherung. Das zumindest hielten Reichsregierung und Gewerkschaften für sinnvoll, während die Arbeitgeber den Standpunkt vertraten, daß keinerlei Anreize geschaffen werden sollten, die möglicherweise Erwerbslose von der energischen Suche nach einer Beschäftigung abhalten mochten. Schrittweise Reformen wurden seit 1924 durchgeführt, ohne daß ein entscheidender Durchbruch erzielt werden konnte. Die Verhandlungen darüber zogen sich lange Jahre hin, erst im Juli 1927 fand sich im Reichstag eine Mehrheit für das »Gesetz über Arbeitsvermittlung und Arbeitslosenversicherung« (AVAVG). Sein Name wies darauf hin, daß es mittlerweile zu einem höchst bemerkenswerten Verbund von Arbeitsmarkt- und Arbeitslosenpolitik gekommen war. Die für kurze Zeit ansteigende Arbeitslosigkeit, die 1926 im Durchschnitt auf über zwei Millionen anwuchs, hatte diese Verbindung sehr gefördert; generell konnte man in den 1920er Jahren häufigere konjunkturelle Einbrüche beobachten, wobei sie auch zunehmend länger andauerten, als dies noch im Kaiserreich der Fall gewesen war. Um solchen konjunkturellen Schwankungen auf dem Arbeitsmarkt wirksam entgegenwirken zu können, verfügte das AVAVG, daß die Arbeitsnachweise von den Länder- und Kommunalverwaltungen abzukoppeln waren. Statt dessen wurden nun die beinahe 900 lokalen Arbeitsnachweisstellen reorganisiert und gingen in den 361 neu eingerichteten Arbeitsämtern auf. Diese unterstanden den Landesarbeitsämtern bzw. der Reichsanstalt für Arbeitsvermittlung und Arbeitslosenversicherung, die an die Stelle des bestehenden Reichsamtes für Arbeitsvermittlung trat. Ihnen oblag nicht bloß die Verwaltung der Arbeitsvermittlung, sondern sie hatten sich auch um Ausbildungs- und Fortbildungsfragen, um Berufsberatung und Lehrstellenvermittlung zu kümmern. Damit war der entscheidende Schritt getan, um staatliche Regulierungen auf dem Arbeitsmarkt durchzusetzen. Während dieser Teil des AVAVG heute beinahe in Vergessenheit geraten ist, blieben die Anfänge der Arbeitslosenversicherung als eine Geschichte des Scheiterns im historischen Gedächtnis präsent. Denn in der Massenarbeitslosigkeit, wie sie in der Folge der Weltwirtschaftskrise von 1929 einsetzte, erblicken wir zumeist einen der wichtigsten Gründe für das Scheitern der Weimarer Republik, der deshalb wirksam werden konnte, weil keine hinreichende soziale Sicherung für die Erwerbslosen verfügbar war. In der Tat war die Arbeitslosenversicherung nicht auf Massenarbeitslosigkeit ausgerichtet. Die Autoren des AVAVG gingen davon aus, daß man künftig mit 600 000 bis 700 000 Erwerbslosen zu rechnen hätte. Um diese zu versorgen, so errechnete man, müßten Versicherungsbeiträge in Höhe von maximal drei Prozent des Lohns erhoben werden; davon mochte die Reichsanstalt sogar noch Rücklagen bilden. Sollten diese nicht ausreichen, garantierte das Reich der Reichsanstalt unbegrenzte Darlehen. Die Beiträge waren zu gleichen Teilen von Arbeitgebern und Arbeitnehmern aufzubringen; Anspruch auf Leistungen aus der neuen

Versicherung hatte, wer im vorangegangenen Jahr wenigstens 26 Wochen lang einer versicherungspflichtigen Tätigkeit nachgegangen und nun länger als sieben Tage ohne Lohnarbeit war. Die Höhe der Unterstützung orientierte sich am zuvor verdienten Lohn sowie an den familiären Verhältnissen, wobei es hier zu einer bemerkenswerten Ausgleichsregulierung kam: Wer wenig verdiente und eine große Familie zu versorgen hatte, erhielt relativ mehr Arbeitslosenunterstützung ausbezahlt als Besserverdienende. Zudem wurden nun erstmals Arbeiter und Angestellte in einer gemeinsamen Sozialversicherung erfaßt. Üblicherweise hatte man 26 Wochen lang Anspruch auf Unterstützung; sollte man auch danach noch keinen neuen Arbeitsplatz gefunden haben, mußte man notgedrungen um Krisenunterstützung nachsuchen, die wiederum der Fürsorge zuzurechnen und deshalb an Bedürftigkeitsprüfungen gekoppelt war. Für sie kam finanziell zum größten Teil (achtzig Prozent) das Reich auf, den Rest trugen die Kommunen. Die Krisenunterstützung hatte den Zweck, die Sorge für arbeitsfähige Erwerbslose von der kommunalen Fürsorge zu trennen, wobei dies freilich bald nicht mehr aufrechtzuerhalten war. Denn schon im Frühjahr 1928 war absehbar, daß auf die Gemeinden neue Lasten zukamen, weil die Krisenunterstützung nur noch Angehörige bestimmter Berufsgruppen erfaßte und zudem die Unterstützungszeiten auf 39 Wochen bzw. für die über Vierzigjährigen auf 52 Wochen begrenzt wurden. Die Folgen von Dauerarbeitslosigkeit ließen sich dadurch kaum abfangen. Im Juni 1929 wurden die Anspruchsgruppen weiter spezifiziert und beispielsweise Saisonarbeiter und jüngere Arbeiter (unter 21 Jahren) ganz von der Krisenunterstützung ausgeschlossen. Große Teile der Arbeitnehmerschaft waren demnach von sozialen Sicherungen abgeschnitten oder konnten sich nur auf gänzlich unzureichende Hilfe verlassen, als im Oktober 1929 die Weltwirtschaftskrise einsetzte und bald mit aller Macht auf den Arbeitsmarkt durchschlug. Schon zu diesem Zeitpunkt befand sich die Reichsanstalt in einer ernsten finanziellen Krise, weil die vorkalkulierte Zahl von Unterstützungsbedürftigen schon längst, spätestens seit dem Winter 1928/29, weit überschritten war. Der Zusammenbruch von 1929 verschärfte bereits bestehende Probleme nochmals drastisch. Um die Arbeitslosenversicherung finanziell am Leben zu erhalten, wurden Leistungen beschnitten und die Beiträge erhöht, ohne daß dadurch eine Entspannung der Lage erreicht wurde, um so weniger, als das Reich im Juni 1931 seine Darlehenszusagen gegenüber der Reichsanstalt aufkündigte. Und die Massenarbeitslosigkeit erschütterte alle Ebenen des politischen Systems, denn die Erwerbslosen wurden quasi »nach unten« durchgereicht und fielen bald besonders den Kommunen zur Last, deren Fürsorgewesen völlig überfordert war. Die Zahl derer, die aufgrund ihrer Erwerbslosigkeit auf kommunale Wohlfahrtsunterstützung angewiesen waren, stieg von etwas mehr als 180 000 im Juli 1929 auf beinahe 2,5 Millionen Ende 1932; das heißt, mehr als die Hälfte aller unterstützten Arbeitslosen wurden von den Gemeinden, mehr schlecht als recht, am Leben erhalten. Noch aussichtsloser stellte sich die Lage für jene dar, die gar keine Unterstützung mehr erhielten, und das betraf im Januar 1933 jeden fünften Erwerbslosen. Die Bilder aus jenen Jahren haben sich eingeprägt: Ausgemergelte Gestalten mit leerem Blick, personifizierte Hoffnungslosigkeit, die in langen Schlangen vor öffentlichen Wärmestuben oder Suppenküchen anstehen. Welche dramatischen Folgen gerade länger andauernde Arbeitslosigkeit auf die Befindlichkeiten des einzelnen und auf das Zusammenleben einer Gemeinschaft hatte, läßt sich sehr eindrücklich in der zeitgenössischen Literatur nachlesen; sei es in den großen Romanen und Erzählungen jener Jahre (wie Erich Kästners »Fabian« oder Hans Falladas »Kleiner Mann, was nun?«), sei es in wissenschaftlichen Untersuchungen (wie besonders in der Arbeit von Marie Jahoda, Paul Lazarsfeld und Hans Zeisel über die »Arbeitslosen von Marienthal«, einer Pionierstudie der empirischen Sozialforschung). Aber die Arbeitslosigkeit hatte natürlich auch tiefgreifende

Folgen für das politische Gefüge; sie zerstörte die Macht der freien Gewerkschaften und beförderte die politischen Extreme. Wir wissen inzwischen aus der historischen Wahlforschung, daß die Erwerbslosen vor allem den Kommunisten zuneigten, während die Nationalsozialisten in der Hauptsache nicht von diesen gewählt wurden, sondern von all jenen, deren Verhalten durch die Furcht vor Arbeitslosigkeit und, damit verbunden, sozialer Deklassierung bestimmt wurde.

Obwohl die Arbeitslosenversicherung ganz offensichtlich dem Druck der großen Krise nicht gewachsen war, war sie dennoch im Urteil der Historiker »die bedeutsamste Errungenschaft der Weimarer Republik« (Volker Hentschel) im System der sozialen Sicherung. Daß es in Deutschland wie auch in anderen Ländern so lange dauerte, bis diese große Lücke im Versicherungssystem geschlossen wurde, hängt zweifellos mit der Marktnähe ihres Gegenstandes zusammen. Denn die Arbeitslosenversicherung regulierte nicht nur das Arbeitsplatzrisiko der Arbeitnehmer, sondern veränderte auch ihr Verhältnis untereinander, weil sich die Konkurrenz um Arbeitsplätze unter Versicherungsbedingungen tendenziell neu gestaltete. Obendrein kreierte das Gesetz einen einheitlichen nationalen Arbeitsmarkt, indem das zersplitterte Arbeitsnachweiswesen zentralisiert wurde. Der staatliche Anspruch auf Beeinflussung des Arbeitsmarktes manifestierte sich darin nachdrücklich, was freilich die Gefahr mit sich brachte, daß der Staat bei Marktversagen in die Pflicht genommen wurde. Nur vor diesem Hintergrund konnte der Kollaps des deutschen Arbeitsmarktes nach 1929 von den Zeitgenossen vorrangig als Staatsversagen und nicht als Versagen als Marktes interpretiert werden.

Die Auseinandersetzungen um die Zukunft des deutschen Sozialstaates in Zeiten der Krise waren so hochpolitisiert, daß über der Frage einer weiteren Beitragserhöhung zur Arbeitslosenversicherung – es ging um einen halben Prozentpunkt – die große Koalition unter dem sozialdemokratischen Reichs-

kanzler Müller im März 1930 zerbrach. Die Zeit der Präsidial-
kabinette und Notverordnungen, die Agonie der Republik
begann. Freilich ging es nur vordergründig um diesen halben
Prozentpunkt. Vielmehr kulminierten in dieser Frage alle anderen sozialpolitischen und sonstigen politischen Konflikte,
welche die Republik auszuhalten hatte. Gleichwohl war es
keineswegs zufällig, daß gerade ein sozialpolitisches Thema
der – wie sich erweisen sollte: letzten – demokratischen Regierung Weimars das Genick brach. Die Frage, wie weit der Ausbau des Sozialstaats voranzutreiben war, bildete seit 1918
einen wichtigen Teil des politischen Diskurses. Denn daran kri-
stallisierten sich allgemeine politische Ordnungsvorstellungen
an, in welche die Probleme sozialer Gerechtigkeit und sozialer
Ungleichheit eingingen. Sollte, durfte, ja mußte man sozialer
Umverteilung das Wort reden, oder mußte es in Zeiten politischer Wirren nicht eher darum gehen, den gesellschaftlichen
Status quo möglichst zu erhalten? Wie ließ sich die Wirtschaft
am besten, effizientesten oder auch: am gerechtesten gestalten?
Wie tief durften oder mußten die Einschnitte in die unterneh-
merische Freiheit gehen; wie weit durfte der Staat auf dem
Markt intervenieren, ihn gar seinen Regulierungs- und Gestal-
tungsansprüchen unterwerfen? Das waren die Fragen, über die
eigentlich gestritten wurde, nicht aber das vordergründige Problem, an dem die Regierung 1930 scheiterte.

Ob der Ausbau des Weimarer Sozialstaates mit einem zu
hohen Preis bezahlt wurde, ist seit einiger Zeit Gegenstand
geschichtswissenschaftlicher Debatten. In der Tat wäre zu fragen, ob die ohnehin labile Wirtschaft durch die hohen Bei-
tragssätze zu den Sozialversicherungen, durch die Lohnnebenkosten, wie wir heute sagen, nicht über Gebühr belastet wurde.
Denn immerhin lagen die Beiträge am Ende der 1920er Jahre
bei über 15 Prozent des Lohnes, acht Prozent trugen die Versicherten, auf einen halben Prozentpunkt weniger beliefen sich
die Verpflichtungen der Arbeitgeber. Auch wäre zu fragen, ob
das Wachstum der Staatsausgaben für soziale Leistungen poli-

tisch gerechtfertigt war; dafür wurde jede fünfte Reichsmark ausgegeben, was den Reichshaushalt außerordentlich belastete. Der Wirtschaftshistoriker Knut Borchardt hat argumentiert, die Löhne und die Kosten für die soziale Sicherung seien am Ende so hoch gewesen, daß die wirtschaftliche Basis der Republik wegbrechen mußte. Indessen sind solche Fragen schwer zu entscheiden, zumal binnen- und außenwirtschaftliche Faktoren ineinandergriffen, politische Belastungen mit in Rechnung zu stellen und nicht zuletzt die legitimierenden oder auch delegitimierenden Wirkungen sozialpolitischer Entscheidungen zu bedenken sind.

Wenn wir uns mit der Endphase der Weimarer Republik befassen, sollten wir nicht bloß auf die ökonomischen Probleme und das damit einhergehende sozialpolitische Desaster blicken, sondern unsere Perspektive etwas weiten. Denn zweifellos trug in erheblichem Maße zum Scheitern der Demokratie bei, daß der Gründungskonsens längst aufgekündigt war und nicht mehr rekonstituiert werden konnte. Dieser Gründungskonsens beruhte in seinem Kern auf der Kooperation der Sozialpartner, durch welche soziale Konflikte einer Regulierung zugänglich gemacht und somit entschärft wurden. Man darf die Bedeutung dieses Arrangements in Zeiten sozialer Umschichtung, noch vorhandenen Klassenbewußtseins und allgemeiner Unsicherheit nicht unterschätzen. Hinzu kam, daß der Kooperation von Arbeitgebern und Arbeitnehmern, wie sie sich in der Zentralarbeitsgemeinschaft am sinnfälligsten ausdrückte, enorme symbolische und den neuen Staat legitimierende Bedeutung zukam. Obendrein mochte sie durch Selbstregulierung die staatlichen Systeme sozialer Sicherung und Steuerung ergänzen und entlasten, wenn nicht kontrollieren und korrigieren, und dadurch ein notwendiges Element innerhalb der demokratischen Staatsbürgergesellschaft bilden.

Aber dieses System, sosehr es sich in der Gründungsphase der Republik aus der Sicht seiner Protagonisten bewährte, wurde rasch brüchig. Sobald die Inflation gestoppt und damit eine Steigerung von Löhnen und Sozialleistungen nicht mehr ohne weiteres möglich war, geriet es unter Druck. Alte Gräben wurden wieder aufgerissen, als die Arbeitgeber ihre Zusage über den Achtstundentag zurücknahmen, vorgeblich aus Gründen betrieblicher Rentabilität. Schon im Oktober 1923 setzten die Eisen- und Stahlindustriellen an der Ruhr längere Arbeitszeiten fest, die Arbeitszeitverordnung der Reichsregierung vom Dezember des Jahres schrieb dann zwar als Regel den Achtstundentag fest, sah aber so viele Ausnahmen vor, daß schon im Frühjahr 1924 mehr als die Hälfte der gewerkschaftlich Befragten Mehrarbeit leisteten. An der Frage der Arbeitszeit sowie den Kontroversen um das Schlichtungswesen zerbrach 1923 die Zentralarbeitsgemeinschaft. Die Tarifparteien gingen auf Konfrontationskurs. Zu einem harten Zusammenstoß, der zudem den Staat massiv schädigte, kam es im sogenannten »Ruhreisenstreit« von 1928. Anlaß war der Arbeitskampf in der Gruppe Nordwest der Eisen- und Stahlindustrie. Trotz eines vom Schlichter für verbindlich erklärten Schiedsspruches kam es zu Aussperrungen von mehr als 250 000 Metallarbeitern, womit die Arbeitgeber das bestehende Tarif- und Schlichtungsrecht grundsätzlich in Frage stellten. Die Sache beschäftigte alle Instanzen der Arbeitsgerichte, bis das Reichsarbeitsgericht im Januar 1929 den Arbeitgebern Recht gab. Freilich hatte die Reichsregierung bei den Konfliktparteien zu diesem Zeitpunkt bereits durchgesetzt, daß ein neuer Schlichter, Reichsinnenminister Carl Severing, bestellt werden konnte, der schließlich den Tarifkonflikt durch seinen Schiedsspruch beendete. Der Ausgang des »Ruhreisenstreits« wird in der Forschung vor allem als Niederlage der Reichsregierung interpretiert, die es nicht vermocht hatte, den ersten Schiedsspruch des Reichsarbeitsministeriums gegenüber den Arbeitgebern durchzusetzen. Damit war das Instrument staatlicher Schlichtung generell in Gefahr, wirkungslos zu werden, was die staatliche Autorität im Verhältnis zu den Tarifparteien massiv unterhöhlte. Ohnehin erwies sich die Entscheidung für die staatliche Zwangsschlichtung als unglücklich, denn die auf diesem Wege zustande gekommenen Lohnvereinbarungen waren hoch politisiert. Auch hier führte man deshalb weithin die Lohnentwicklung auf staatliches Handeln zurück, nicht auf das Zusammenspiel freier Marktkräfte, so daß der Staat zwangsläufig zwischen die Fronten der Tarifparteien geriet. Zu einer Steigerung seines Ansehens und seiner Legitimation hat die Zwangsschlichtung in keiner Weise beigetragen.

Ebensowenig war die Entwicklung des Arbeitsrechts dazu angetan, die Stellung des Staates im Wirtschaftsleben zu untermauern. Zwar hatte die Verfassung dem Gesetzgeber aufgetragen, ein einheitliches Arbeitsrecht zu schaffen (Artikel 157), doch kam es dazu nicht. Das Arbeitsrecht blieb zersplittert und wurde zudem vor allem durch Richterrecht fortentwickelt, nachdem mit dem Arbeitsgerichtsgesetz vom Dezember 1926 die Arbeitsgerichtsbarkeit ausgebaut wurde. An die Stelle der Gewerbe- und Kaufmannsgerichte aus dem Kaiserreich traten nun Arbeitsgerichte, die in der ersten Instanz und der ersten Revisionsinstanz jeweils aus einem hauptamtlichen Richter und zwei Laienbeisitzern bestanden; letztere wurden auf Vorschlag der Verbände ernannt, womit ein korporatistisches Element auch in das Rechtswesen eindrang. Auch in der obersten Instanz waren, erstmals bei einem Reichsgericht, Laien vertreten, das Verhältnis von ihnen zu den hauptberuflichen Richtern lag hier bei vier zu drei. Von Anfang an waren die Arbeitsgerichte von der Vielzahl der Verfahren überlastet, auch wenn es in der Regel zu Einigungen zwischen den Konfliktparteien kam und nur in einem Fünftel der Fälle Urteile ergingen. Besonders das Reichsarbeitsgericht, bei dem zweifellos die Berufsrichter den Ausschlag gaben, wirkte mit seinen Urteilen sowohl auf das kollektive Arbeitsrecht als auch auf die betrieblichen Arbeitsbeziehungen ein, wobei es dem Ideal harmonischer, möglichst konfliktfreier Beziehungen zwischen Arbeitergebern und Arbeitnehmern huldigte. Gerade im innerbetrieblichen Bereich sollte eine »Betriebsgemeinschaft« angestrebt werden, in welcher allein dem Unternehmer betriebliche Entscheidungen vorbehalten waren; seinen Arbeitern und Angestellten gegenüber hatte er eine besondere Fürsorgepflicht, die die Mitbestimmungsrechte der Arbeitnehmer quasi substituierte. Das Pathos der »Gemeinschaft«, wie es in seiner Rechtsprechung wiederholt zum Ausdruck kam, ließ der Erkenntnis von der Zwangsläufigkeit sozialer Konflikte und der Notwendigkeit effizienter Regulierungsmechanismen in modernen Industriegesellschaften keinen Raum. Insofern blieb gerade das Arbeitsrecht, so wichtige Fortschritte es in Teilbereichen zweifellos gab, im wesentlichen vorindustriellen Ordnungsvorstellungen verhaftet.

Die Weimarer Republik als Sozialstaat manifestierte sich nicht nur bei den Sozialversicherungen und im kollektiven Arbeitsrecht, sondern auch auf anderen Gebieten, die im Kaiserreich noch nicht als Bestandteile staatlicher Sozialpolitik gegolten hatten. Damit setzte sich der säkulare Trend zu einem immer weiteren Ausgreifen des Staates in wirtschaftliche und gesellschaftliche Teilbereiche mit aller Macht weiter fort. Das gilt besonders für das Wohnungswesen. Artikel 155 der Weimarer Verfassung versprach »allen deutschen Familien, besonders den kinderreichen, eine ihren Wohnbedürfnissen entsprechende Wohn- und Wirtschaftsheimstätte«. Untrennbar verbunden mit der Sorge um »Sittlichkeit« und »Volksgesundheit«, entwickelte sich die Wohnungsfrage zu einem Hauptfeld staatlicher Aktivität. Da kriegsbedingt obendrein ein enormer Nachfrageüberhang bestand – ungefähr eine Million Wohnungen fehlten am Kriegsende –, mußte das Engagement des Staates geradezu zwangsläufig erscheinen. Die staatlichen Regulierungen auf dem Wohnungsmarkt, die in der Kriegszeit eingesetzt hatten, wurden deshalb nach 1918 mit unvermindertem Anspruch fortgeführt und ausgebaut, sei es bei der Zwangsbewirtschaftung von Wohnraum, sei es bei der Festsetzung von Mietpreisen. Auch die Wohnungswirtschaft wurde nun vollends bürokratisiert, als nach 1918 allerorten kommunale Wohnungsämter entstanden, die es bis dahin nur in einigen Städten gegeben hatte. Nach dem Ende der Inflation wurden die Maßnahmen der Wohnraumbewirtschaftung etwas gelockert und durch ambitionierte Wohnungsbauprogramme von Staat und Kommunen ersetzt. Staatliche Gelder flossen den gemeinnützigen Wohnungsbaugenossenschaften zu, die bereits im Kaiserreich bestanden hatten und nun einen rasanten Aufstieg erlebten; wenn nicht öffentliche Bauvorhaben selbst durchgeführt wurden. Private Bauherren erhielten staatliche Kredite zu großzügigen Konditionen. Das war notwendig geworden, weil viele der traditionellen Hausbesitzer ihr Eigenkapital in der Inflation verloren hatten; die 1924 eingeführte Hauszinssteuer sollte zudem eine stabile Finanzierungsgrundlage für den Wohnungsbau schaffen. Insgesamt finanzierte der Weimarer Staat über achtzig Prozent der 2,8 Millionen neu gebauten Wohnungen mit. Neun Millionen Menschen, das waren rund 14 Prozent der Bevölkerung, bezogen zwischen 1918 und 1932 Neubauwohnungen, wodurch das Wohnungsproblem zwar nicht vollends gelöst, aber doch erheblich entschärft wurde.

Obendrein war der Wohnungsbau ein Experimentierfeld der Moderne. Architekten und Stadtplaner entwickelten kühne Projekte, die sich radikal von den Mietskasernen der Vergangenheit unterscheiden sollten. Neue Siedlungsformen, Gartenstädte, veränderte Konzepte bei Grundrissen und Wohnraumgestaltung – all das zeichnete die Moderne im Wohnungsbau aus. Damit ging freilich häufig der Anspruch der Wohnungsplaner und der zuständigen Behörden einher, die Mieter, soweit sie als Sozialmieter solchen Zugriffen zugänglich waren, zum »Neuen Wohnen« zu erziehen. Wohnungsfürsorgerinnen kamen ins Haus, gaben Ratschläge, übten jedoch vor allem soziale Kontrollfunktionen aus. In einem zeitgenössischen Zeitschriftenartikel über die Aufgaben der Wohnungspflege hieß es, man solle bei der Vergabe von Sozialwohnungen jene bevorzugen, »an deren Entwicklungsfähigkeit man glaubt. Jedenfalls haben wir uns in jedem einzelnen Falle, in dem eine Familie aus den elendsten Verhältnissen in eine Neubauwohnung verpflanzt wird, so einzustellen, als ob die guten Eigenschaften durch günstigere Lebensverhältnisse entscheidend beeinflußbar wären. Dazu bedarf es aber sehr zielbewußter Nachhilfe, sonst wird ein Teil der Wohnungen nach kurzer Zeit verwahrlost sein, und die potentiell günstige Wirkung bliebe für manche Familien unwirksam, weil sich die Hausfrau nicht schnell genug innerlich und äußerlich umzustellen vermag.«[18] Diese sozialdisziplinierenden Bemühungen sind von der Moderne nicht zu trennen; ich komme im nächsten Kapitel darauf zurück.

Gleiches wird auch vom Fürsorgewesen der Weimarer Republik zu konstatieren sein. Dieser Sektor expandierte erheblich, besonders auf kommunaler Ebene. Die Zuständigkeitsbereiche der Fürsorge wuchsen und gingen weit über die traditionelle Armenfürsorge hinaus. Kriegsopfer, aber auch die Opfer der Inflation, besonders die Sozial- und Kleinrentner, bedurften ebenso fürsorgerischer Unterstützung wie die Masse der Erwerbslosen. Besondere Ambitionen entfalteten die zuständigen Stellen in der Kinder- und Jugendfürsorge sowie im öffentlichen Gesundheitswesen. Beide Bereiche waren beherrscht von der schier übermächtigen Sorge um Geburtenrückgang und »Volksgesundheit«, die den sozialpolitischen Diskurs der Weimarer Republik dominierte. Deshalb wurden die Ansätze zu regulierenden, prophylaktischen und kurierenden Eingriffen des Staates, wie sie sich bereits im Kaiserreich herauskristallisiert hatten, aufgenommen und mit aller Entschiedenheit fortgeführt. Bei der Kinder- und Jugendfürsorge ging es vor allem darum, für sozial Benachteiligte, besonders die Waisen und Halbwaisen, zu sorgen sowie erzieherisch auf »schwierige« Heranwachsende einzuwirken. Diesen Anliegen trug zum einen der Ausbau des bestehenden Fürsorgewesens Rechnung, besonders aber der Erziehungsanstalten, zum anderen wurden die Interventionen von Staat und Kommunen gesetzlich sanktioniert. Das Reichsjugendwohlfahrtsgesetz, das 1924 in Kraft trat, bestimmte, daß alle nichtehelichen Kinder fortan unter der Aufsicht des Jugendamtes und unter genereller Amtsvormundschaft standen. Reformpädagogische Ideen und Konzepte, vor allem aus dem Umfeld der Jugendbewegung, fanden Eingang in die »offizielle« Anstaltspädagogik, auch wenn dies in der Praxis selten über ein Versuchsstadium hinausreichte. Unter dem wachsenden finanziellen Druck der späten 1920er Jahre ging man freilich 1932 dazu über, die »Unerziehbaren« von den noch »verbesserungsfähigen« Jugendlichen zu trennen und aus der Fürsorge auszusteuern. Der Weg zur Selektion »unwürdiger« oder »minderwertiger Elemente« war somit bereits vorgezeichnet, wie er sich im übrigen gleichermaßen in der »Gefährdetenfürsorge« (»Asoziale«, »Schwachsinnige« usw.) zeigte.

Auch in der Gesundheitsfürsorge können wir während der 1920er Jahre eine beachtliche Zunahme staatlicher Regelungsansprüche beobachten. Die Verwaltungsapparate expandierten und mit ihnen die Zuständigkeiten. Besonders das Gebiet der öffentlichen Gesundheitsfürsorge wurde ausgeweitet und ging über die bestehenden Programme der Seuchenbekämpfung weit hinaus. Natürlich sind die bevölkerungspolitischen Motive nicht zu übersehen, worauf ich bereits im Zusammenhang mit dem Wöchnerinnenschutz hingewiesen habe. Tatsächlich gelang es, durch verbesserte und intensivierte Säuglingsfürsorge die Säuglingssterblichkeit signifikant zu vermindern, wozu freilich die sinkende Kinderzahl der Frauen erheblich mit beigetragen haben dürfte. Um den »Volkskörper« gesund zu erhalten, setzte man besonders bei den Schulkindern an, um die sich nun verstärkt Schulärzte und -zahnärzte kümmerten. Die Rationalisierung, wie sie das wirtschaftliche Leben der 1920er Jahre prägte, machte auch vor dem Gesundheitswesen nicht halt: Weite Bevölkerungskreise wurden systematischen Reihenuntersuchungen unterzogen, Meldepflichten für ansteckende Krankheiten wurden verschärft. Insgesamt verbesserte sich die medizinische Versorgung aller Bevölkerungsschichten. Das hatte zu tun mit dem allgemeinen medizinischen Fortschritt, der nun die Behandlung und Heilung von Krankheiten ermöglichte, die zuvor als unheilbar hingenommen werden mußten; mit hygienischen Verbesserungen sowie mit dem Wandel der Krankenhäuser. Waren sie zuvor Stätten gewesen, die man nach Kräften zu meiden suchte, weil sie nicht Heilung versprachen, sondern eher Bewahranstalten für die Sterbenden waren, so entwickelten sie sich nun zu Heilanstalten, denen immer weitere Kreise der Bevölkerung ihre Gesundheit und ihr Leben anvertrauten. Davon profitierten auch die Behinderten, im zeitgenössischen Sprachgebrauch: die Krüppel, denen in wachsender Zahl wirksam geholfen werden konnte. Hier gab es also zweifellos wichtige Fortschritte, die sich nicht zuletzt der Expansion des deutschen Sozialstaates verdankten.

Für eine reichsweit einheitliche Regelung gemeindlicher Fürsorgeleistungen sorgte schließlich die Reichsverordnung über die Fürsorgepflicht von 1924 (RFV). Auch das war organisatorisch ein bedeutender Fortschritt, mit dem die bis dahin bestehenden Ungleichheiten zwischen einzelnen Kommunen ausgeglichen wurden. Zudem ließ die RFV der freien Wohlfahrtspflege hinreichend eigenständig gestaltbaren Raum neben der öffentlichen Fürsorge und zementierte dadurch das spezifisch deutsche duale System in der Wohlfahrtspflege. Man kann deshalb nicht von einer vollständigen Verstaatlichung des sozialen Sicherungssystems sprechen, weil nach wie vor nichtöffentliche Organisationen, teils in enger Kooperation, teils in Überschneidung mit der zuständigen Verwaltung, auf diesem Sektor tätig blieben. Gleichwohl waren die etatistischen Tendenzen, auch das ist nicht zu übersehen, stärker als jemals zuvor.

War die Weimarer Republik ein überforderter Wohlfahrtsstaat? Diese Frage treibt die Historiker seit geraumer Zeit um, und sie wird an dieser Stelle nicht abschließend beantwortet werden können. Die Expansion des deutschen Sozialstaates war keine »Erfindung« der Republik, sondern darin setzten sich säkulare Tendenzen fort, die durch den Ersten Weltkrieg außerordentlich bedeutsame, mächtige und zukunftsweisende Impulse erhalten hatten. Man kann wohl ohne weiteres die These wagen, daß der im Krieg konsequent einschlagene Kurs in Richtung eines intervenionistischen Wohlfahrtsstaates nach 1918 unumkehrbar war. Sozialstaatlichkeit gehörte zur Raison d'être der Republik. Ihre Verfassung garantierte soziale Grundrechte (bis hin zum Recht auf Arbeit) und machte damit sozialen Ausgleich und den Kampf gegen soziale Ungleichheit zum Staatsziel. Damit trugen die Väter (und wenigen Mütter) der Verfassung jenen negativen Nebeneffekten der Hochindustrialisierung und des kapitalistischen Wirtschaftssystems Rechnung, für deren Beseitigung man nicht mehr allein auf die Kräfte des freien Marktes vertrauen mochte. Sozialreform und politische Reform gingen Hand in Hand, ja im Verständnis gerade der anfangs besonders einflußreichen Sozialdemokratie bedingten sie sich einander. Das galt auch und gerade für die Arbeitsbeziehungen: Das Korrelat zur politischen Demokratie sollte die Wirtschaftsdemokratie sein, wie sie sich in den Betriebsräten sowie im Tarifrecht besonders ausdrückte. Daß dies bloß noch ein kümmerlicher Rest des Rätegedankens war, für welchen die linken Revolutionäre von 1918 auf die Barrikaden gegangen waren, trug bereits zur Schwächung dieses Konzepts bei.

Wir dürfen, wenn wir über Erfolge und Mißerfolge des Weimarer Sozialstaates urteilen, nicht die außerordentlich schwierige und konfliktbeladene Situation übersehen, in der sich die Republik stets befand. Zumeist galt es, mehrere, oftmals grundsätzliche Konflikte zugleich zu lösen; Konfliktlinien überlagerten und verstärkten sich, Konflikte um andere politische Fragen konnten sich an sozialpolitische Probleme anlagern und ihre Lösung dadurch erschweren oder gar verhindern. Wir haben das im Zusammenhang mit den Debatten über die Arbeitslosenversicherung gesehen. Ohnehin blieben der Republik nur fünf Jahre, die halbwegs stabil waren und die Entwicklung politischer Konzeptionen ohne den bedrückenden Schatten einer tiefen Krise erlaubten. Aber selbst in dieser Zeit fehlte der notwendige Konsens, den langfristig angelegte Arrangements unabdingbar voraussetzten; am Ende ging es nur noch darum, die schlimmsten Folgen der Wirtschaftskrise zu mildern. Konstruktive Neuansätze im sozialpolitischen Bereich hat es in der Ära Brüning sowie in den Kabinetten Papen und Schleicher nicht mehr gegeben, eher im Gegenteil. Wo der politische Wille fehlte, mußte der deutsche Sozialstaat unter dem Druck der ökonomischen Krise versagen; der strenge Deflationskurs war mit groß angelegten Programmen staatlicher Arbeitsbeschaffung und Konjunkturbelebung nicht vereinbar. Erst als 1932 die finanzielle Lage der Reichsanstalt völlig desolat war, trat das Kabinett Brüning der Idee von Arbeitsbeschaffungsprogrammen näher, wofür eine Summe von 135 Millionen Reichsmark veranschlagt wurde. Ohne Zweifel genoß jedoch die Lösung des Reparationsproblems bei Brüning weit höhere politische Priorität als die staatliche Belebung des Arbeitsmarktes. Erst unter Schleicher kam es zur Einrichtung einer Reichskommission für Arbeitsbeschaffung; am 28. Januar 1933 wurde schließlich eine Notverordnung erlassen, der zufolge die Reichsbank dem Reich 500 Millionen Reichsmark als Kredit für die Arbeitsbeschaffung zur Verfügung zu stellen hatte. Ausgeführt wurde dieses Konzept freilich erst von der Hitler-Regierung, die zwei Tage später ins Amt kam.

Vor dem Hintergrund der stets problematischen Lage sind die zweifellos erreichten sozialpolitischen Leistungen der Weimarer Republik um so mehr zu würdigen; man denke an die Arbeitslosenversicherung, die Arbeitsgerichtsbarkeit oder das Tarifrecht. Hier fanden Grundgedanken in das deutsche System sozialer Sicherung Eingang, die auch in der Zukunft bestimmend blieben – oder wiederbelebt wurden, nach der Diktatur.

II.

MODERNISIERUNG, STAATSBILDUNG, INTEGRATION: EINIGE ASPEKTE DES MODERNEN SOZIALSTAATS

Der moderne Sozialstaat hat sich in Deutschland in der Zeit vom Kaiserreich bis zum Ende der Weimarer Republik herausgebildet, mit der Einführung der Arbeitslosenversicherung 1927 erreichte diese erste Etappe ihren vorläufigen Abschluß. Ich habe das im vorigen Kapitel ausführlich beschrieben, aber bislang noch kaum erläutert, wodurch die Zäsurensetzung begründet ist. Denn wenn wir die Jahre von 1880 bis 1930 als eine Einheit betrachten, ist es zumindest erklärungsbedürftig, weshalb den tiefen politischen Umbrüchen durch den Ersten Weltkrieg und die Revolution von 1918 nicht eine solch große Bedeutung beigemessen wird, daß sie separat dargestellt werden. Ohne Zweifel spielten Krieg und Revolution eine wichtige Rolle, führten sie doch zum Wechsel der Staatsform und gaben der Entwicklung des Sozialstaats in Deutschland neue Impulse. Aber sie bewirkten keine grundlegende, die Strukturen verändernde Abkehr vom bis dahin bestehenden System, sondern dieses wurde vielmehr fortgeführt, ergänzt und erweitert. Eine Erklärung für die Kontinuität des Systems dürfte, so meine Hypothese, in der Kontinuität der Problemlagen zu finden sein, oder, um genauer zu sein: in der Wahrnehmung von Problemlagen durch die entscheidenden politischen Akteure. Um welche Probleme handelte es sich? Auf welche Herausforderungen sollte der Sozialstaat eine Antwort geben?

Diese Fragen werden uns im nun folgenden Kapitel beschäftigen. Die bisherigen Befunde sollen systematisiert, die Genese des deutschen Sozialstaates in den weiteren Kontext sozialer, politischer und kultureller Entwicklungen eingebettet, Zusammenhänge zu anderen, zeitlich parallel und doch mit dem Projekt des Sozialstaats untrennbar verbundenen historischen Prozessen hergestellt werden. Drei Aspekte sind hier deshalb nochmals aufzugreifen und in diesem Sinne zu vertiefen: Zunächst sind die Entstehungsbedingungen moderner Sozialstaaten zu diskutieren. Warum ist der deutsche Sozialstaat überhaupt entstanden, welche Erklärungen hat die historische und sozialwissenschaftliche Forschung anzubieten? Der zweite Aspekt gilt den angesprochenen Problemlagen. Der deutsche Sozialstaat hat sich, wie auch der Nationalstaat, in einem spezifischen Problemkontext herausgebildet, der seine Fortentwicklung bis weit ins 20. Jahrhundert hinein bestimmte. Hier geht es um Fragen sozialer Sicherung, gesellschaftlicher Integration und politischer Partizipation. Aus dieser Perspektive können wir den Sozialstaat, und dies wird der dritte hier zu behandelnde Aspekt sein, als Teil eines umfassenden Modernisierungsprozesses deuten, der ebenfalls vom 19. Jahrhundert ins darauffolgende hinüberwirkte. Wie drückte sich dieser Modernisierungsprozeß im Sozialstaat aus, welche Folgen hatte der Sozialstaat für die Formen gesellschaftlichen Lebens, ja sogar für das Leben der Bürger? Diese drei Themen werden im folgenden zu erörtern sein, und zwar aus einer Perspektive zwischen historischen und sozialwissenschaftlichen Deutungen. Dadurch und durch die systematisierende Diskussion soll sich unser Blick auf die Kontinuitäten und Brüche in der Geschichte des deutschen Sozialstaats im 20. Jahrhundert, die in den folgenden Kapiteln entfaltet wird, schärfen.

Warum entstehen Sozialstaaten?

Die Frage nach den Entstehungsgründen von Sozialstaaten hat in den vergangenen Jahrzehnten eine wahre, kaum mehr überschaubare Fülle an Erklärungen hervorgebracht. Dabei haben besonders international vergleichende Studien allen vereinfachenden Thesen – etwa in dem Sinne: der Sozialstaat ist auf den Druck der Arbeiterbewegung entstanden – weitestgehend den Boden entzogen. Im wesentlichen haben sich drei Argumentationsstränge herausgebildet: Ein erstes Erklärungsmuster hat sich aus der Frage nach den Funktionen des Sozialstaates entwickelt, es wird deshalb in der Literatur häufig als »funktionalistisch« bezeichnet. Seinen Ausgangspunkt nimmt es von der Genese der modernen Industriegesellschaft. Auch ich habe im vorigen Kapitel funktionalistisch argumentiert, als ich auf die »Freisetzungseffekte« der Industrialisierung verwiesen habe. In der Tat: Mit dem Übergang von der primär agrarisch bestimmten zur Industriegesellschaft wurden zahlreiche soziale Bindungen aufgelöst oder zerstört, in die das Leben der Menschen bis dahin eingewoben war. Der Lebenszusammenhang der dörflich-kleinstädtischen Welt verlor angesichts des Städtewachstums und der Abwanderung der Menschen vom Land in die Städte, besonders in die großen Städte, an Bedeutung. Außerhäusliche Erwerbstätigkeit veränderte das Familienleben grundlegend. Die Arbeit in den Fabriken brachte Risiken und Gefahren mit sich, die jenen der Landarbeit nicht mehr vergleichbar waren. So wuchs der Bedarf an staatlichen Regulierungen, ja an staatlichem Schutz vor Risiken stetig an, den sozialpolitische Interventionen zu befriedigen suchten.

Ich habe bei der Darstellung der sozialpolitischen Anfänge des Kaiserreichs bereits darauf hingewiesen, daß diese These im deutschen Fall nicht alles erklärt. Denn wenn vorrangig der Stand der industriellen Entwicklung – und damit der Grad der daraus entstehenden Verwerfungen und Probleme – ausschlaggebend sein sollte für die Genese von Sozialstaaten, dann wäre zweifellos anderen europäischen Staaten jene Vorreiterrolle zugefallen, die das Deutsche Reich ausfüllte. Andere Faktoren müssen also noch hinzugekommen sein, damit funktionalistische Erklärungen an Plausibilität gewinnen. So wurde etwa

89

darauf verwiesen, daß man die Entwicklung des Sozialstaats nur im weiteren Kontext der Modernisierung verstehen kann, in dem neben ökonomischen und sozialen auch politischen und kulturellen Umbrüchen entscheidende Bedeutung zukam. Tatsächlich spricht vieles dafür, besonders den Prozeß der Säkularisierung mit zu bedenken, in welchem Sozialpolitik von der kirchlichen Mildtätigkeit auf den Staat verlagert wurde bzw. der Staat an die Seite der Kirchen trat, wenn es darum ging, sozialer Probleme und Notstände Herr zu werden.

Eine zweite Deutungslinie hat sich darauf konzentriert zu klären, welche Interessen bei der Formierung des Sozialstaates ihr Gewicht geltend machen konnten und welche Konflikte bei der Entscheidung für eine aktive staatliche Sozialpolitik den Ausschlag gaben. Hier hat vor allem eine sozialdemokratische Sicht der Geschichte lange Zeit das Bild beherrscht. Die Macht der organisierten Arbeiterbewegung, verstärkt durch das seit 1871 bei den Reichstagswahlen geltende allgemeine Wahlrecht (für Männer), hat dazu geführt, daß nach Wegen gesucht wurde, um die Arbeiterschaft enger an den Staat zu binden. Im deutschen Fall spricht einige historische Evidenz für diese These. So nahmen beispielsweise die Diskussionen über die Einführung von Sozialversicherungen nicht zuletzt von einer deutsch-österreichischen Konferenz 1871 ihren Ausgang, die sich mit dem »gefährlichen Einfluß« der I. Internationale »auf die arbeitenden Klassen und gegen die heutigen Grundlagen der Gesellschaft« befaßte.[19] Eine allgemeinere, über Deutschland hinaus gültige Regel wird man daraus freilich nicht ableiten können, denn Sozialstaaten entstanden auch in Ländern, in denen eine organisierte Arbeiterbewegung noch gar nicht bestand oder der Organisationsgrad nur gering war (beispielsweise in Belgien, Finnland oder Italien).

Indessen vermag die klassenfixierte Erklärung auch für den deutschen Fall nicht vollends zu befriedigen, besonders dann nicht, wenn man davon ausgeht, daß das Ziel von Sozialstaatlichkeit nicht primär die Herstellung sozialer Gleichheit, sondern die Umverteilung sozialer Risiken war. Deshalb dürfte der Druck, der von Sozialdemokratie und Gewerkschaften ausging, nicht hinreichend gewesen sein, um die Weichen in Richtung Sozialstaat zu stellen. Vielmehr war daneben eine neuartige Risikokoalition entstanden, die herkömmliche Klassengrenzen transzendierte und auch die Mittelschichten mit einschloß. Darauf hat insbesondere Peter Baldwin hingewiesen und betont, daß wir es eben nicht mit einem einfachen Konflikt zwischen Arbeiterklasse und Mittelschichten, zwischen Arm und Reich zu tun haben, sondern daß das jeweilige Risikopotential über das Verhalten einer sozialen Gruppe gegenüber dem Sozialstaat bestimmte. Deshalb ist die Entwicklung des Sozialstaates nicht statisch – etwa in dem Sinne, daß er immer nur auf die Probleme der Arbeiterschaft fokussiert gewesen wäre –, sondern folgte dem Wandel von Risikolagen und -koalitionen.

Ich komme damit zu einer dritten Linie von Erklärungen. In ihrem Zentrum steht der Staat. In dieser Perspektive kann zum einen Sozialpolitik als ein Faktor in der internationalen Staatenkonkurrenz gesehen werden, wofür wir allerdings in der Entstehungszeit des deutschen Sozialstaates nur wenig Anhaltspunkte finden. Natürlich fiel hier oder da gelegentlich das Argument, andere Staaten würden über fortschrittlichere Systeme sozialer Sicherung verfügen (beispielsweise die Regelungen der Haftpflicht in Frankreich und England); doch von einem Transfer sozialpolitischer Modelle oder der »Verwertung« von Sozialpolitik als Argument im internationalen Systemwettbewerb kann für diese Zeit noch nicht die Rede sein. Erst vor dem Hintergrund des Kalten Krieges gewinnt diese These an Plausibilität. Zum anderen läßt sich, ausgehend vom Staat, allerdings durchaus argumentieren, daß der Sozialstaat den modernen Staat voraussetzt und aus ihm hervorgegangen ist. Ohne eine effizient arbeitende Bürokratie, ohne einen professionellen öffentlichen Dienst und ohne eine gewisse Zentralisierung der Herrschaftsorganisation ist der Sozialstaat in der Tat nicht denkbar. Insofern setzte er die bereits in vollem Gange befindliche Entwicklung des modernen Staates bruchlos fort. In Deutschland fielen obendrein zwei historische Prozesse zusammen, die nicht nur zeitlich parallel verliefen, sondern eben auch miteinander verknüpft waren: die Genese des Sozialstaates und die »innere Reichsgründung«. Denn mit der Proklamation des Deutschen Kaiserreichs 1871 war die Nationalstaatsgründung noch nicht vollzogen, sondern fand lediglich ihren politischen und symbolischen Ausdruck. Von einem homogenen Staatsgebilde war das Kaiserreich weit entfernt; nationale Minoritäten im Norden, Westen und Osten des Reiches waren erst noch zu integrieren. Das galt auch und besonders für diejenigen, die nicht im Lager der Sieger von 1871 standen und dem Generalverdacht ausgesetzt waren, »Reichsfeinde« zu sein. Als solche waren im preußisch-protestantisch dominierten Kaiserreich die Katholiken rasch identifiziert, die sich bald nach 1871 einem mit großer Härte geführten »Kulturkampf« ausgesetzt fanden; und zu den »Reichsfeinden« zählten gleichermaßen die Sozialdemokraten, die im Ruche standen, »vaterlandslose Gesellen« zu sein und den Umsturz vorzubereiten. Gegenüber beiden Gruppen verfolgte die Regierung zunächst einen Kurs der Repression, dessen Erfolge indessen zweifelhaft waren. Entsprechend wurde er flankiert von sozialpolitischen Maßnahmen, um den Prozeß der »inneren Reichsgründung« voranzutreiben.

Die Entscheidung für staatliche Interventionen war freilich nur möglich, weil das liberale Paradigma maßgeblich geschwächt worden war. Denn eigentlich, so hatten die Liberalen stets argumentiert, sei zu erwarten, daß ein von Restriktionen möglichst freier Markt und Handel allen das größtmögliche Maß an Wohlstand bringen würde. Diese Laissez-faire-Sicht der Dinge war durch den Einbruch der Weltwirtschaftskrise, der »Gründerkrise« nach dem Boom der »Gründerzeit«, 1873 in massive Erklärungsnöte geraten. Verstärktes staatliches Engagement in der Wirtschafts- und Handelspolitik schien vor diesem Hintergrund weitaus besser geeignet zu sein als das blinde Vertrauen auf die Kräfte des Marktes, um die Folgen der Krise zu bewältigen und künftige Krisen möglichst schon in einem frühen Stadium zu bekämpfen. In diesen Horizont paßten sich Erwägungen, durch staatliche Interventionen auch gesellschaftliche Probleme zu lösen, bestens ein.

Wir sind an diesem Punkt bereits bei der Frage angelangt, welche Konflikte eigentlich mit Hilfe sozialpolitischer Maßnahmen bekämpft oder befriedet werden sollten, eine Frage, der wir uns sogleich ausführlich zuwenden werden. Der knappe Überblick über die verschiedenen Erklärungen, weshalb Sozialstaaten entstanden, dürfte gezeigt haben, daß sich nicht eine einzelne, entscheidende Ursache identifizieren läßt, sondern daß ein ganzes Bündel von Gründen dafür anzuführen ist. Obendrein sollte deutlich geworden sein, daß man nicht ein Modell konstruieren kann, aus dem sich allgemein die Genese von Sozialstaaten erklären läßt. Vielmehr sind die jeweiligen Bedingungsfaktoren präzise zu klären und immer wieder zu darauf zu überprüfen, ob sie auch für die Folgeentwicklungen ausschlaggebend waren. Hier dürfte insbesondere das Konzept von den »Risikokoalitionen« Aufschluß geben.

Der deutsche Sozialstaat in den Problemlagen der »klassischen Moderne«

In diesem Abschnitt geht es darum, die Zeit näher zu beleuchten, in der der Sozialstaat entstand und sich entfaltete. Das kann kaum anders als stichwortartig geschehen, weil jeder Versuch einer detaillierteren und differenzierteren Betrachtungsweise Themen und Fragen aufwerfen würde, die Gegenstände eigener, ausführlicher Untersuchungen wären und uns von unserem eigentlichen Thema zu weit entfernen würden. Deshalb beschränke ich mich im folgenden auf jene Aspekte, die für unsere Geschichte des deutschen Sozialstaates unmittelbar relevant sind oder aber seine spezifische Form der Entfaltung besonders erhellen können.

Ich habe für das erste Kapitel den Zeitabschnitt von etwa 1880 bis etwa 1930 gewählt und deute diesen als einheitliche Epoche, eine Epoche dynamischer Modernisierung, in ökonomischer, technischer und sozialer wie auch in politischer und kultureller Hinsicht. Durch die Hochindustrialisierung veränderten sich Lebensweisen und Lebenswelten der Menschen nachhaltig. Das läßt sich nicht nur im Hinblick auf die Urbanisierung oder den Wandel familialer Strukturen behaupten, sondern es galt auch für Arbeitserfahrungen und die Einbindung in neue Arbeitsregimes. Arbeit wurde ein zunehmend mobiles Gut. Das Problem der Wanderarbeiter beschäftigte bald die Armenverwaltungen noch intensiver als zuvor, Arbeitslosigkeit wurde, auch wenn ihre Raten im Kaiserreich aus heutiger Sicht nicht allzu drastisch erscheinen mögen, zu einer immer wiederkehrenden Sorge, die Arbeiter und ihre Familien in ihrer Existenz bedrohen konnte. Die Arbeit an den Maschinen und Hochöfen barg enorme Gefahren; schon allein das auf Gewinn orientierte Kalkül des Unternehmers und sein Interesse an gesunden, leistungsfähigen Arbeitskräften mochten da hinreichen, um Arbeitsschutzmaßnahmen zu ergreifen.

Wenn die Menschen in wachsender Zahl freigesetzt wurden aus sozialen Bindungen, wenn diese nicht mehr hielten: Wer mochte dann für sie sorgen, wenn sie krank wurden und ihr Lohn ausblieb? Diese und andere Unsicherheiten prägten die Existenz in der industriellen Gesellschaft; nicht, daß das Leben in der agrarischen Welt und der alten ständisch-feudalen Ordnung per se sicherer gewesen wäre, aber es verlief doch im Rahmen übersichtlicher, vertrauter Ordnungen, und die verloren nun zusehends an Verbindlichkeit. Die Frage *sozialer Sicherung* stellte sich deshalb als vorrangiges Problem der modernen Gesellschaft.

Was aber konnte »Gesellschaft« überhaupt bedeuten angesichts einer vermeintlich unkontrollierbaren Dynamik der Entwicklung, angesichts einer, wie es schien, stetig tiefer werdenden Kluft zwischen den sozialen Gruppen, welche die Gesellschaft gar vor eine innere Zerreißprobe stellen mochte? Die Sorge um den inneren Zusammenhalt beschäftigte zeitgenössische Beobachter in der Tat, und nicht zuletzt die entstehenden modernen Sozialwissenschaften hatten daran ihren Anteil. In welche Richtung sich das Denken bewegte, läßt sich exemplarisch am Werk des Soziologen Ferdinand Tönnies ablesen, der 1887 mit einer wirkungsmächtigen Deutung gegenwärtiger Entwicklungen an die Öffentlichkeit trat. Er unterschied zwischen »Gemeinschaft« und »Gesellschaft«, was den deutschen Gesellschaftsdiskurs nachhaltig bestimmen sollte. »Gemeinschaft« war aus der Sicht Tönnies' organisch gewachsen und bestand in übersichtlichen Zusammenhängen, so etwa, in idealer Form, in der Familie, aber auch in der Dorfgemeinschaft. »Gesellschaft« hingegen, und hier schwangen unüberhörbar kulturkritische Untertöne mit, war ein künstliches Gebilde, basierte nicht auf gewachsenen, sondern bloß auf konstruierten Bindungen. Man konnte sie sich, auch wenn Tönnies sich nicht zu dieser Schlußfolgerung verstieg, entsprechend labil denken. Die Suche nach der vermeintlich verlorenen »Gemeinschaft« prägte das politische Denken in Deutschland wie in kaum einem anderen Land, und wenn man die politische Sprache, wie sie bis zur Mitte des 20. Jahrhunderts gesprochen wurde, auf Begriffe wie »Volksgemeinschaft« und deren immense symbolische Bedeutung abhört, kann man das ohne weiteres nachvollziehen. Als Ideal galt eine konfliktfreie, harmonische und stabile Ordnung, in der jeder Platz und Rang fand. Gerade dieses Ideal ließ sich indessen kaum erreichen angesichts der Verwerfungen, welche der industrielle und technische Fortschritt mit sich brachte, die Spannungen zwischen Ideal und Realität wuchsen. Das war ein Signum des Kaiserreichs und, mit Abstrichen, auch noch der Weimarer Republik. Was hielt die Gesellschaft zusammen, was trieb sie auseinander? Neben sozialer Sicherung war gesellschaftliche *Integration* ein beherrschendes Thema der modernen deutschen Gesellschaft.

Wenn sich gesellschaftliche Strukturen wandelten, stellte sich auch die Frage nach Herrschaft neu, und zwar in zweifacher Hinsicht. Zum einen ging es um den Vorrang bestimmter Deutungsmuster, gewissermaßen also um kulturelle Herrschaft. Wir können den Aufbruch in Kunst und Wissenschaft, wie er seit den 1880er Jahren zu beobachten war, als Konflikt um die Deutung der neuen Zeit interpretieren, denn was sich in bildender Kunst oder Literatur niederschlug, war schließlich die Frage nach der Existenz des Menschen in einer dramatisch sich wandelnden Umwelt. Um sie zu beantworten, reichten für viele der Künstler die ästhetischen Kriterien vergangener Zeit nicht mehr aus, sie suchten nach neuen Formen der Darstellung und Deutung. Dieser Suche eignete zweifellos ein subversives Element, hatte doch bisher die »herrschende Klasse« für sich in Anspruch genommen, auch über Geschmack und Deutung zu entscheiden. Die Antworten auf die eben genannte Frage pluralisierten sich, fächerten sich auf, was freilich für viele Zeitgenossen neue Unsicherheiten mit sich brachte. Woran sollte man denn noch glauben, was war das »Schöne, Gute, Wahre«?

Zum anderen, und das ist für unseren Zusammenhang weit wichtiger, stellte sich die Frage nach Herrschaft in politischer Hinsicht. Auch hier war das Machtmonopol der traditionellen, vormodernen Eliten durch die Einführung des allgemeinen Wahlrechts für Männer zwar noch nicht vollends gebrochen, aber doch in Frage gestellt. Demokratisches Wahlrecht und die entstehenden Massenparteien und -verbände mobilisierten und politisierten die Gesellschaft, neue Formen der Kommunikation taten ihr übriges, um Prozesse der politischen Willensbildung und die großen Themen der Politik zu verändern. In gewissem Sinne wirkte die Politisierung der sozialen Frage als Katalysator, der die aufkommende Arbeiterbewegung beflügelte. Gewiß, die politischen Institutionen, besonders Regierung, Verwaltung und Militär, beherrschten die alten Eliten nach wie vor, aber das Problem, wie man den Bürgern den Zugang zum politischen Prozeß öffnen könne, rückte in den Vordergrund. Besonders von seiten der organisierten Arbeiterbewegung, von sozialdemokratischer Partei und Gewerkschaften, wurde es thematisiert: das Problem politischer *Partizipation*, die dritte große Frage moderner Gesellschaften.

Aus diesen drei Problemlagen entwickelte sich der deutsche Sozialstaat. Sein offenkundiger Hauptzweck war es, neue Mechanismen sozialer Sicherung zu schaffen, die an die Stelle der überkommenen Sicherungssysteme treten konnten. Freilich verfolgten diejenigen, die dafür verantwortlich zeichneten, keineswegs altruistische oder bloß vordergründige Motive. Ihnen ging es auch und vor allem darum, auf diese Weise die in ihrer Wahrnehmung auseinanderfallende Gesellschaft zu integrieren, Konflikte zu entschärfen, zu befrieden, auch der Frage nach politischer Partizipation ihre Spitze zu nehmen. Hier wird nochmals deutlich, daß der Sozialstaat eben auch zur Abwehr der Begehrlichkeiten – so sahen es die politischen Eliten des Kaiserreichs – der Arbeiterklasse konzipiert war. Gleichwohl trug er das Partizipationsproblem verschlüsselt in sich. Schon kurzfristig erwies sich, daß der Sozialstaat gerade nicht geeignet war, die Arbeiterbewegung aus dem politischen Prozeß auszuschalten, weil sie trotz des geltenden Sozialistengesetzes im entstehenden Sozialstaat Ersatzorganisationen schaffen und sich aktiv an sozialpolitischen Diskussionen beteiligen konnte. Und wenn wir den Sozialstaatsdiskurs à la longue betrachten, können wir schon am Ende des Ersten Weltkriegs und dann vor allem in der Weimarer Republik das Thema sozialer Grundrechte, sozialer Bürgerrechte ausmachen, das den Diskurs in der zweiten Hälfte des 20. Jahrhunderts schließlich maßgeblich bestimmen und den Übergang vom Sozialstaat zum Wohlfahrtsstaat herbeiführen sollte.

Der Sozialstaat im Modernisierungsprozeß.
Ambivalenzen eines historischen Projekts

Als wir uns in diesem Kapitel eingangs mit einigen Thesen beschäftigt haben, die das Entstehen von Sozialstaaten zu erklären versuchten, wurde eine Linie nur knapp angedeutet. Auf ihr erscheint der Sozialstaat als elementarer Bestandteil eines weit umfassenderen Modernisierungsprozesses. In der Tat war er nicht bloß Folge von Modernisierung, sondern in ihm drückten sich Spezifika der Moderne in besonderer Form aus. Diesem Zusammenhang wenden wir uns nun nochmals zu, weil er wie kein anderer die Ambivalenzen des historischen Projekts Sozialstaat beleuchtet und verdeutlicht.

Was ist das überhaupt, »Modernisierung«? Der Begriff ist schillernd und besagt, für sich allein genommen, zunächst nicht viel. Obendrein hat »modern« zu unterschiedlichen Zeiten immer Unterschiedliches bedeutet, in der Antike etwas anderes als im 19. Jahrhundert. Unser heutiges Bild von Modernisierung war lange mit einem positiven Vorzeichen versehen: Modernisierung hieß dann, daß es immer mehr Menschen immer besser ging. Daran konnte Sozialstaatlichkeit gewiß ihren Anteil haben, sorgte sie doch dafür, daß für die Risiken des (modernen) Lebens besser vorgesorgt war. Aber mit dieser allzu schlichten Sicht der Dinge sollten wir uns nicht begnügen. Wir gehen statt dessen von »Modernisierung« als einem Prozeß aus, in dem sich ganz unterschiedliche historische Entwicklungen bündelten. Ich nenne einige davon, um sie in diesem Teilabschnitt dann zu vertiefen: Verwissenschaftlichung, Rationalisierung und Disziplinierung. Anhand dieser Begriffe läßt sich nachvollziehen, an welche Voraussetzungen der Sozialstaat geknüpft war und welche Folgen er zeitigte.

Die Geschichte der Moderne ist vom Aufstieg der Wissenschaften zur Deutungsmacht geprägt und ohne diese nicht denkbar. Die Wissenschaften brachten neue Weltbilder hervor, die an die Stelle der überkommenen, vorwiegend religiös geprägten Sichten auf die Welt traten, sie »entzauberten« die Welt, wie der Soziologe Max Weber einmal schrieb. In die Epoche der »klassischen Moderne«, die wir hier betrachten, fielen die Anfänge dessen, was die Soziologen heute als »Wissensgesellschaft« beschreiben. Wissen – und zwar wissenschaftlich fundiertes und nicht bloß Alltagswissen – wurde in dieser Zeit zu einer unabdingbaren Voraussetzung technischen und industriellen Fortschritts. Aber nicht nur die Natur- und Technikwissenschaften gewannen bedeutend an Einfluß, sondern auch die Sozialwissenschaften, die sich nun überhaupt erst als professionell betriebene Disziplinen etablierten. Das gilt in besonderer Weise für die Soziologie. In ihren Forschungen gaben Soziologen der »sozialen Frage« bislang ungekannte Tiefenschärfe, sie verliehen ihr durch unzählige Enqueten quantitative Dimensionen und verdeutlichten so ihre Dringlichkeit. Andererseits bestand freilich auch eine Nachfrage nach solchen Forschungsergebnissen; sie wurden von staatlichen Instanzen zur Kenntnis genommen, weitere Forschungen gefördert. Darüber hinaus entstand vor diesem Hintergrund der Typus des »politischen Wissenschaftlers«, der seinerseits die soziale Frage zu seinem Thema machte. Wir finden solche Professoren während des Kaiserreichs besonders im 1872 gegründeten *Verein für Socialpolitik*, in dem sie, bisweilen als »Kathedersozialisten« mildem Spott ausgesetzt, nach Antworten auf die soziale Frage suchten. Dieser Verein war Teil einer bürgerlichen Bewegung, die Sozialreformen auf ihre Banner geschrieben hatte und die sich in ihren Forderungen auf die Ergebnisse der Wissenschaften berufen konnte.

Staatliche Sozialpolitik war deshalb ein Politikfeld, für das seine Protagonisten Wissenschaftlichkeit beanspruchten. Sozialpolitische Entscheidungen beruhten auf der Kenntnis vermeintlich objektiver, wissenschaftlich erbrachter Daten (weil sie aus wissenschaftlichen Untersuchungen stammten, hielt man sie für objektiv und wahr), und die Folgen solcher Entscheidungen waren wiederum in aller Regel wissenschaftlich meßbar. Aber nicht nur die Handlungs-, sondern auch die Deutungsmuster erhielten zunehmend eine wissenschaftliche Grundlage. Das verstärkte die seit der Aufklärung bestehende Fiktion, Gesellschaft sei gestaltbar, gesellschaftliche Prozesse ließen sich vorhersehen und planen.

Die Zukunft selbst erhielt auf diese Weise ein neues Gesicht. Sie war nicht einfach die, gewissermaßen als Schicksal hinzunehmende, Verlängerung der Gegenwart, sondern ein von Menschenhand gestaltbarer Raum. Deshalb boomte um die Jahrhundertwende das Genre der Zukunftsromane, der Science-fiction-Literatur. Aber es blieb nicht bei literarischen, künstlerischen Zukunftsentwürfen. Vielmehr begaben sich die Menschen auf die Suche nach »konkreten Utopien«, wovon die bunte Vielfalt von Reformbewegungen in der wilhelminischen Zeit Zeugnis gibt. Den Sozialstaat konnte man als eine dieser Utopien verstehen, gab er doch der festen Zuversicht Nahrung, ein besseres Leben nicht erst im Jenseits, so die christliche, besonders die katholische Vorstellung, oder nach einer in der Zukunft liegenden sozialen Revolution, so die Hoffnungen der Sozialdemokraten und Kommunisten, zu erlangen. Im Sozialstaatsdiskurs verkürzte sich der Weg zum besseren Leben in größerer Sicherheit; beides war, so die Erwartung, in absehbarer Zeit zu erreichen. Der Historiker Reinhard Koselleck hat gezeigt, wie sich mit den »Erfahrungsräumen« der Menschen auch deren »Erwartungshorizonte« veränderten. Genau das läßt sich in der Geschichte des deutschen Sozialstaates beobachten, die auf diese Weise die oft beschriebene »Eigendynamik« erhielt. Dem Sozialstaat war, wie anderen Projekten der Zeit auch, ein hohes Maß an utopischer Energie eigen, das das Zeitbewußtsein der Menschen mit prägte.

Aus dem Geiste des Sozialstaates entwickelte sich sozialtechnologische Ambitionen. Vorangetrieben wurden sie von jenen, die Sozialpolitik als Beruf verstanden und ausübten, den Experten in den Bürokratien, den Sozialreformern, den Leitern und Mitarbeitern sozialer Einrichtungen. Sozialreform als Sozialtechnologie bildete einen Teil der spezifischen Kultur der Weimarer Republik, in der Sozialstaatlichkeit die Staatsräson mit konstituierte. Eine schier unübersehbare Fülle reformerischer Projekte floß nun zusammen; noch in der Architektur der Zeit können wir den Traum vom modernen, vom besseren Leben erkennen. »Sachlichkeit« bezeichnete nicht nur einen künstlerischen Stil der Zeit, sondern wurde auch zum Leitbild sozialpolitischen Handelns erhoben, in welchem soziale Hilfe noch weiter bürokratisiert und entpersonalisiert wurde. Das Ideal der Sozialtechnologen begegnet uns im Nationalsozialismus wieder, auch in seinen gestalterischen Inhalten.

Denn zum utopischen Gehalt des Sozialstaatsdiskurses zählte auch, daß man immer mehr davon ausging, unerwünschte Entwicklungen ausschalten zu können, eine Vorstellung, die die Geschichte des Sozialstaates maßgeblich beeinflußte und ihn schließlich in die Ambivalenz von Inklusion und Exklusion, von sozialer Sicherung und Vernichtung führte. Denn was wir gemeinhin als Spezifikum des nationalsozialistischen Terrorregimes nach 1933 ansehen, hatte Wurzeln, die tief in die Geschichte des Kaiserreichs zurückreichten und aus denen auch dem Sozialstaat eigene dunkle Triebe erwuchsen. Wir sollten deshalb nicht der Versuchung erliegen, Modernisierung und Sozialstaatlichkeit als durchweg positive Entwicklung – im oben erwähnten Sinne eines besseren Lebens für alle – zu werten. Diese These läßt sich am Beispiel der Rassenhygiene, als die die Eugenik in Deutschland zumeist thematisiert wurde, und der Euthanasie präzisieren.

Die Debatten über Eugenik, verstanden als Wissenschaft vom »guten Erbgut«, nahmen während der Hochindustrialisierung in Deutschland einen bis dahin ungekannten Aufschwung. Denn die problematischen Begleiterscheinungen des industriellen Modernisierungsschubes erzeugten bei vielen Beobachtern Degenerationsängste, die sich in biologistischen Argumenten aktualisierten. Das führte dazu, daß beispielsweise der Begriff der »Euthanasie«, der sich bereits im antiken

Sprachgebrauch nachweisen läßt, in der uns hier interessierenden Zeit einen bemerkenswerten Bedeutungswandel erfuhr. Während er zunächst nur schmerzloses Sterben meinte bzw., besonders seit dem 19. Jahrhundert, die ärztlichen Pflichten gegenüber Sterbenden umfaßte, ging sein semantischer Gehalt gegen Ende des 19. und zu Beginn des 20. Jahrhunderts in aktive Sterbehilfe über. Solche Euthanasie mochte aufgrund eines Verlangens des Sterbenden erfolgen, aber dabei blieb es nicht. Denn Euthanasie griff zur gleichen Zeit über auf die »Vernichtung unwerten Lebens«, das besonders in den 1920er Jahren thematisiert wurde. Zuvor schon waren rassenhygienische Erwägungen aus dem Geiste des Sozialdarwinismus in die Wissenschaften eingedrungen und hatten besonders bei Psychiatern und Medizinern Anklang gefunden.

Der Darwinismus galt ohnehin vielen im letzten Drittel des 19. Jahrhunderts als – wiederum wissenschaftlich fundiert scheinende – neue Lehre, und seine inhaltliche Unbestimmtheit verschaffte ihm Popularität bei Parteigängern ganz unterschiedlicher Couleur: »Auf den Sozialdarwinismus beriefen sich Sozialdemokraten und ›Sozialaristokraten‹, Anhänger des Manchesterliberalismus und Verfechter des modernen Interventionsstaats, Protagonisten einer altruistischen Ethik auf der Basis ›sozialer Instinkte‹ und Apologeten einer das Recht des Stärkeren, ›Herrenmenschenmoral‹, Militaristen und Pazifisten.«[20] In der Tat ließen sich aus seinen zwei konstitutiven Elementen der Evolution und der Selektion ganz unterschiedliche Schlüsse ziehen. In der sozialistischen Bewegung fanden sozialdarwinistische und eugenische Thesen Anklang, weil zum einen ihre »Wissenschaftlichkeit« überzeugte, zum anderen aber durchaus auch inhaltliche Übereinstimmungen bestanden. Nicht wenige der tonangebenden Sozialisten teilten die evolutionistische Überzeugung, daß sich die Menschheit sowohl in ihren sozialen Verhältnissen als auch in ihren biologischen Anlagen zum Besseren entwickeln würde, wobei sich der sozialistische Mensch schließlich durch besondere Kraft und Größe auszeichnen würde. Bald jedoch wurden solche evolutionistische Gesellschaftsdeutungen, die gleichermaßen bei den Laissez-faire-Liberalen zu finden waren, in die Defensive gedrängt, die Idee der Selektion gewann die Oberhand, der eugenische Diskurs wurde unter völkischen Vorzeichen fortgeführt. Soziale Ungleichheiten erklärten sich aus dieser Sicht durch ungleiche Kräfteverhältnisse, die auch durch staatliche Eingriffe nicht zu korrigieren waren; aus dieser Perspektive waren auch die Anliegen der Arbeiterbewegung gleichsam widernatürlich, weil sie nicht den obwaltenden Stärkeverhältnissen entsprachen. Es war nur konsequent, daß die Anhänger solchen Denkens Kritik am entstehenden Sozialstaat übten, der für sie natürliche Selektionsmechanismen auszuhebeln drohte. Da die sozialpolitischen Maßnahmen der Bismarck-Zeit obendrein darauf zielten, jenen Hilfe zu geben, die nicht mehr selbst im Erwerbsleben bestehen konnten – Alte und Kranke –, bestätigten sie das Urteil, nichts zur »Hebung des Volkskörpers« beizutragen.

Aber aus dem selektionistischen Denken ließen sich durchaus auch Argumente ableiten, die für sozialstaatliche Interventionen sprachen, und in der Tat können wir beobachten, daß sie sozialstaatliches Handeln begründeten. Das gilt besonders für das Gesundheitswesen, dessen sozialpolitisch abgesicherte Leistungen nun nicht nur den Kranken zugute kamen, deren Gesundheit in den Krankenhäusern und durch verbesserte medizinische Leistungen wiederhergestellt werden sollte. Sondern das Gesundheitswesen, wie es sich im modernen Sozialstaat entfaltete, hatte auch und gerade ausgrenzende und differenzierende Funktionen. All jene, von denen nicht erwartet wurde, daß man sie heilen und in den Arbeitsprozeß wieder eingliedern könne, wurden segregiert: beispielsweise in Irrenanstalten oder Altersheimen. Insofern war dem modernen Sozialstaat von seinen Anfängen ein exkludierendes Element eigen, das unter den spezifischen Bedingungen des Nationalsozialismus nur noch verschärft wurde.

Das gilt auch für die »Vernichtung lebensunwerten Lebens«, die ich oben bereits angesprochen habe. Hier dürften die Erfahrungen des Ersten Weltkriegs den Diskussionen, die längst im Gange waren, erheblichen Auftrieb gegeben haben. Der Krieg führte in vielerlei Hinsicht zu einer Enthemmung und schleifte zivilisatorische Schwellen ab. Die Brutalität des Krieges, die in neue Dimensionen der Kriegsführung vorstieß, sowie die enormen Verluste an Menschenleben gaben aus der Sicht vieler der Frage ihre Berechtigung, ob man »lebensunwertes Leben« in den Kranken- und Heilanstalten am Leben erhalten solle, wo doch die Blüte der Nation in den Schützengräben ihr Leben gelassen habe. Und sollte man obendrein Geisteskranke und körperlich Behinderte weiter »durchfüttern«, wenn es im Krieg und den Nachkriegsjahren schon am Nötigsten fehlte, um die Gesunden, die »Leistungsstarken« zu ernähren, zu kleiden, in Lohn und Brot zu bringen? Daß solche Ideen auch bei den politischen Akteuren zunehmend Zuspruch fanden, lag nicht nur an ihrer einfachen und kurzschlüssigen Argumentationsweise, sondern auch daran, daß die Apologeten einer aktiven Rassenhygiene in wachsender Zahl als Berater für sozial- und bevölkerungspolitische Instanzen tätig wurden und ihre Vorstellungen dort einspeisen konnten.

Zwar ließen sich gezielte Tötungen von unheilbar Kranken und Behinderten während des Kaiserreichs und der Weimarer Republik nicht durchsetzen und blieben Straftatbestände im Sinne des Strafgesetzbuches, aber über Sterilisationen wurde bereits ernsthaft diskutiert, gegen Ende der 1920er Jahre wurden sie praktiziert, ihre Legalisierung stand 1932 an. Rassenhygienische Ideen hatten sich, unter ökonomischen Vorzeichen, durchgesetzt. Der Preußische Staatsrat, der sich Anfang 1932 mit Fragen der »Erbpflege« befaßte, ging überzeugt von der »Erkenntnis« aus, »daß der Geburtenrückgang in der erbgesunden ... Bevölkerung sich besonders stark auswirkt und daß die Aufwendungen für Menschen mit erbbedingten, körperlichen oder geistigen Schäden schon jetzt eine für unsere

Wirtschaft untragbare Höhe erreicht haben.[21]« So dachte man im übrigen nicht nur in Deutschland, auch in den Vereinigten Staaten gab es eine starke eugenische Bewegung sowie eine beachtliche – und verglichen mit Deutschland vor 1933 höhere – Zahl an (Zwangs-)Sterilisierungen. Das ökonomische Argument verlieh eugenischen Bestrebungen in den Augen vieler Zeitgenossen ein hohes Maß an Plausibilität, nahm doch auch die »Menschenökonomie« – so der Titel einer 1908 vom österreichischen Soziologen Rudolf Goldscheid begründeten neuen Forschungsrichtung – für sich Wissenschaftlichkeit in Anspruch. Mit großer Unbefangenheit und ebenso großem wissenschaftlichen Interesse hatte man sich daran gemacht, die Frage zu erörtern, die eine populärwissenschaftliche Zeitschrift 1911 als Preisaufgabe formuliert hatte: »Was kosten die schlechten Rassenelemente den Staat und die Gesellschaft?« Im sozialtechnokratischen Klima der Weimarer Republik und vor dem Hintergrund der virulenten Finanzkrise des Sozial- und Gesundheitswesens fielen solche Fragen auf fruchtbaren Boden und verliehen dem Weimarer Sozialstaat seine ganz spezifische Prägung.

Im Reden über den Sozialstaat und das Gesundheitswesen nahmen schon seit der Jahrhundertwende die Topoi »Volksgesundheit« bzw. »Volkskörper« eine prominente Stellung ein. Daraus ließ sich ableiten, daß Gesundheit nicht allein ein individuelles Gut, sondern der einzelne gleichsam Teil eines kollektiven Körpers war, der pathologischer Beobachtung unterlag. Vor dem Hintergrund des Geburtenrückgangs und der Sorge um ein »hochwertiges« Arbeitskräftepotential in der Weimarer Zeit fanden solche Erwägungen besonders Eingang in die Bevölkerungspolitik, in der die Notwendigkeit der »Volksaufartung« wiederholt thematisiert wurde. Daraus und aus dem Begriff der »Volksgesundheit« konnte man eine Pflicht des einzelnen zur Gesundheit und zur »Erbpflege« konstruieren, wie sie sich in der nationalsozialistischen Gesundheits- und Sozialpolitik dann explizit und an zentraler Stelle ausdrücken sollte. Auch hier gilt, daß die Grundlagen für die NS-Politik schon lange vor 1933 vorhanden waren. Natürlich war der »Volkskörper« nichts anderes als ein symbolisches Konstrukt, aus dem sich keinerlei Verbindlichkeiten herleiten ließen; aber auch in Symbolen drücken sich soziale Normen aus und finden Normalitätserwartungen ihren Ausdruck.

Deshalb waren Denken und Handeln im Sozialstaat darauf ausgerichtet, »Unnormales«, Abweichungen von der »Normalität« auszugrenzen, zu ahnden, vielleicht auch zwangsweise zum »Normalen« zu führen. Seine prägnanteste Form fand dieser Zusammenhang in der Jugendfürsorge. In ihr verbanden sich die aufklärerische Überzeugung von der Erziehbarkeit des Menschen mit einer spezifischen Krisendiagnostik, die Erziehung als Pflicht erscheinen ließ. Denn, so die weitverbreitete Vorstellung, Kinder und Jugendliche waren in besonderem Maße den Verführungen und Gefährdungen der modernen industriellen Gesellschaft ausgesetzt, zumal wenn sie unehelich geboren, Halb- oder Vollwaisen waren, jedenfalls nicht aus »geordneten Familienverhältnissen« stammten. Wollte man sie davor bewahren, in die Kriminalität, die Prostitution oder sonstwie von der bürgerlichen Wertewelt abweichenden Lebensführung abzugleiten, mußte man sie disziplinierender Erziehung und Kontrolle unterwerfen. Die Jugendlichen in ein geordnetes Erwerbsleben zu führen war entsprechend das Ziel der staatlichen und kommunalen Fürsorge, wie sie sich im Kaiserreich und dann besonders in den Weimarer Jahren neben den weiterhin bestehenden kirchlichen Fürsorgeeinrichtungen etablierte. Doch was als emanzipatorisches Projekt begonnen hatte, gemäß dem aufklärerischen Ideal des Ausgangs aus der »selbstverschuldeten Unmündigkeit«, führte in ein straffes Lebensregime, dem sich die Fürsorgezöglinge unterzuordnen hatten. Widerspruch, Protest, ja Aufstände von ihrer Seite blieben nicht aus, hatten in der Regel jedoch bloß eine Verschärfung des Regimes zur Folge. Als sich obendrein am Ende der 1920er Jahre die materiellen Voraussetzungen jeglichen sozialpolitischen Handelns drastisch verschlechterten, führte dies dazu, daß im Diskurs über die Ziele und »Objekte« der Jugendfürsorge sozialdarwinistische und rassenhygienische Erwägungen die Oberhand gewannen. Abweichendes Verhalten, wie es die entweder einer Familie zugewiesenen oder in einer Anstalt untergebrachten Jugendlichen an den Tag legten – wobei bereits »Umhertreiben« oder »Widersetzlichkeit« als eindeutige Merkmale von »Verwahrlosung« galten – erklärten die tonangebenden Pädagogen, Praktiker und Vordenker der Fürsorge nicht als Folge einer bestimmten Sozialisation oder der Herkunft aus einem bestimmten sozialen Milieu. Vielmehr gingen sie in ihrer Mehrzahl davon aus, daß es biologische Ursachen dafür gab, »Verwahrlosung« also gewissermaßen eine genetisch bedingte Veranlagung war, gegen die auch beste Erziehung nichts auszurichten vermochte. Daß in solchen Thesen die überkommene Lehre von der »Erbsünde« gleichsam im Gewande wissenschaftlicher Erkenntnis wiederauferstand, dürfen wir als eine der Ironien des Modernisierungsprozesses betrachten. Gleichwohl, für die von solchen Diagnosen betroffenen Jugendlichen hatte dies teils desaströse Folgen: Sie wurden aus Fürsorgeprogrammen als »unerziehbar« ausgeschlossen, und von dort war es nur noch ein kleiner Schritt zur »Ausmerze«. In jedem Fall zählten sie zu den großen Verlierern der Weltwirtschaftskrise.

Im disziplinierenden Anspruch der Jugendfürsorge fand eine Grundtendenz sozialstaatlichen Wirkens ihren Ausdruck, die, in abgeschwächter Form, indessen auch die Biographien jener berührte, die nicht zur Klientel der Fürsorge zählten: Sozialpolitische Interventionen haben Auswirkungen auf individuelle Lebensverläufe. Freilich waren solche Effekte kein Spezifikum des modernen Sozialstaates, sondern sie waren in der Entwicklung von Staatlichkeit generell bereits angelegt. Der moderne Staat entstand aus der Absicht von Herrschern, ihr Territorium zu stabilisieren, nach außen abzuschließen und nach innen zu integrieren. Diesem Zweck dienten staatliche

Steuerhoheit und stehendes Heer, dann aber auch die Definition von Regeln zur Ausübung von Herrschaft, der Aufbau von Bürokratien, die Setzung von Recht, die Differenzierung des politischen Systems. Auf die Lebenswelten der Staatsbürger, die zunächst in aller Regel freilich nicht mehr als Untertanen waren, wirkten sich rechtliche Regulierungen unmittelbar aus, sei es beispielsweise in Form von Eigentumsrechten, sei es in Arbeitsverträgen. Der Markt, dessen Existenz auf solchen rechtlichen Regulierungen selbst in liberalen Zeiten beruhte, veränderte den Charakter von Austauschbeziehungen. Der entstehende Sozialstaat verstärkte diese Tendenzen nachdrücklich und machte sie unumkehrbar. Neben der Kontrolle des Marktes bzw. seiner Wirkungsweise übernahm der Staat nun als Sozialstaat Wohlfahrtsaufgaben von anderen Institutionen, von Familien oder von den Kirchen. Er tat dies, wie Jens Alber gezeigt hat, in einer historischen Abfolge von sozialer Absicherung: von Invalidität und Krankheit über Alter bis zur Arbeitslosigkeit. Mit den Sozialversicherungen fand versicherungsmathematisch fundierte Rationalität Eingang in die sozialen Beziehungen, der staatliche Zugriff auf diese Beziehungen wurde intensiviert.

Sozialstaatliche Interventionen rationalisierten gesellschaftliche Beziehungen, indem sie dem einzelnen überhaupt erst eine Chance eröffneten, die Folgen des vielfältigen »Freisetzungs«-Prozesses aufzufangen und zu verarbeiten. Dadurch wurde eine Entwicklung in Gang gesetzt, welche die Sozialgeschichte des 20. Jahrhunderts maßgeblich mit prägte und die unter dem Etikett »Individualisierung« nur annähernd zu fassen ist. Wohlgemerkt haben wir es nicht mit einem abrupt erfolgenden Umbruch zu tun, sondern mit einem ausgesprochen langsam verlaufenden Prozeß, dem mal beschleunigende, mal wieder verzögernde Momente eigen waren. Seine Anfänge jedenfalls decken sich mit dem Beginn moderner Sozialstaatlichkeit, weil seitdem das Netz geknüpft wurde, das all jene einmal auffangen sollte, die traditionelle (besonders familiäre) Bindungen nicht mehr hielten. Dem Versicherungssystem kam in diesem Prozeß zweifache Bedeutung zu: Der Anspruch auf Leistungen, den man durch eigene Beitragszahlungen erwirkte, legitimierte – je länger das System Bestand hatte, desto stärker – individuelle Lebensplanungen. Diese wiederum wurden durch die langfristige Erwartbarkeit sozialer Leistungen fundiert: Auch unter den Bedingungen der Individualisierung durfte man sich auf soziale Sicherung verlassen. Beides zusammengenommen stützte den Prozeß der Modernisierung: So urteilt der Soziologe Martin Kohli schließlich mit Blick auf den vollentwickelten Sozialstaat: »Die Sozialversicherung schafft eine neue Moralökonomie, in der das Empfangen legitim ist, weil es als verdienter Ausgleich für frühere Arbeitsleistungen gilt. Es handelt sich also um eine Struktur, die einer individualisierten Gesellschaft angemessen ist und zugleich die Individualisierung stützt. Sie bedeutet neue soziale Kontrolle ebenso wie mehr Ressourcen, sozialer Kontrolle zu widerstehen.«[22]

Wirkungen von Sozialstaatlichkeit lassen sich darüber hinaus in individuellen Lebenszusammenhängen nachweisen: Sozialstaatliche Interventionen betonten die Sequenzierung von Lebensläufen. Man muß sich, um diesem Befund zu folgen, vergegenwärtigen, daß die uns so vertraute Abfolge des Lebenslaufes in Kindheit und Jugend, Erwachsenenalter als Familien- und Erwerbsphase und schließlich Alter und Ruhestand eine gesellschaftliche Konstruktion darstellt, die keineswegs naturgegeben ist. Vielmehr ist insbesondere der Ruhestand als eigenständige, in sich abgeschlossene und von anderen unterscheidbare Lebensphase eine sozialpolitische »Erfindung« par excellence, denn ohne materielle Absicherung war es nicht denkbar, aus dem Erwerbsleben vollständig auszuscheiden. Natürlich bewirkte noch nicht die Rentenversicherung der 1880er Jahre diesen Umschwung, dafür waren ihre Leistungen zu niedrig und der Kreis der Anspruchsberechtigten zu klein. Aber sie setzte doch einen Prozeß in Gang, der schließlich in der Bundesrepublik vollends zum Durchbruch gelangen sollte, indem die Rente seit der Reform von 1957 voll und ganz als Lohnersatzleistung konzipiert war.

Ähnliches ließe sich über die Konstruktion von Kindheit und Jugend sagen. Eine eigenständige und von der Erwerbsphase deutlich getrennte Lebensphase ist das erst, seit Kinderarbeit gesetzlich reglementiert bzw. unter einer bestimmten Altersgrenze ganz verboten und der Schulbesuch zur allgemeinen Pflicht gemacht worden sind. Beide Bestimmungen fallen zeitlich vor die hier betrachtete Epoche, wurden dann jedoch zunehmend ausdifferenziert und mit neuen Verbindlichkeiten versehen.

Besonders biographische Übergänge wurden durch staatliche Eingriffe deutlich akzentuiert. Der Eintritt ins Erwerbsleben, der Austritt aus der aktiven Erwerbsarbeit und der Übergang in den Ruhestand: All dies wurde durch staatliche Reglementierungen gestaltet. Geburten wurden durch die Kreation von Mutterschutzregelungen, von Mutterschafts- und Kindergeldzahlungen, aber auch durch die sozialpolitisch angestoßene Medikalisierung von Schwangerschaft und Geburt zu einer von anderen differenzierten Lebensphase. Mehr Beispiele ließen sich anführen, doch sollte bereits aus den genannten der Einfluß von Sozialstaatlichkeit auf individuelle Lebensverläufe deutlich erkennbar geworden sein.

Alles in allem können wir im Zeitraum, den wir hier und im vorigen Kapitel betrachten, der Hauptsache nach Ansätze zu Entwicklungen ausmachen, die erst Jahre, wenn nicht Jahrzehnte später ihre Wirkung ganz entfalteten. Insofern bildeten diese Jahre der »klassischen Moderne« den Nukleus der modernen deutschen Gesellschaft des 20. Jahrhunderts, sie waren deren formative Phase. Ob im deutschen Sozialstaat, wie er sich in jener Zeit herausbildete, bereits der Keim für seine gegenwärtige Krise gesät war, soll an dieser Stelle nicht entschieden werden. Gleichwohl dürften spezifische, dieser Form von Sozialstaatlichkeit immanente Problemlagen nicht zu übersehen sein, sei es hinsichtlich ihrer Finanzierung, sei es in

Anbetracht des Spannungsverhältnisses zwischen Freiheit und Sicherheit. Daß die Freiheit allzusehr in Gefahr stand, dem Bedürfnis nach Sicherheit rücksichtslos untergeordnet zu werden, belegt die Geschichte des deutschen Sozialstaats im Nationalsozialismus, der wir uns im folgenden zuwenden wollen.

III.
SOZIALPOLITIK IM ZEICHEN DER »VOLKSGEMEINSCHAFT«.
DER DEUTSCHE SOZIALSTAAT IN DER NS-ZEIT

Die Ernennung Hitlers zum Reichskanzler und der Machtantritt der Nationalsozialisten am 30. Januar 1933 gilt zumeist als tiefe Zäsur in der deutschen Geschichte, auch den Zeitgenossen mochte dies so scheinen. Dazu trug zweifellos die NS-Propaganda bei, die unermüdlich die Parole vom Anbruch einer neuen Zeit unter das Volk brachte und die Regierung als Ausdruck einer »nationalen Erhebung« präsentierte. In der Tat gab es gleich in den ersten Wochen teils erhebliche Eingriffe in die bestehende Ordnung, von denen auch sozialpolitische Institutionen und Leitvorstellungen nicht verschont blieben.

Freilich sollten wir uns davor hüten, der NS-Zeit in jeder Hinsicht den Charakter eines tiefen Einschnittes oder gar einer völligen Abkehr vom Bestehenden in der Geschichte des deutschen Sozialstaates beizumessen. Das war sie auf manchen Gebieten zweifellos, aber in vielem überwogen zunächst, bis in den Krieg hinein, die Kontinuitäten, zumal ein rigider Sparkurs und Ansätze zur Reorganisation bereits seit 1930 von den Weimarer Präsidialkabinetten verfolgt wurden. Dies setzte sich nach 1933 fort, aber das institutionelle Gefüge wurde in mancher Hinsicht sogar die gesamte NS-Zeit hindurch nicht wesentlich angetastet.

Ein grundsätzlich neues, in sich geschlossenes Konzept zur Ausgestaltung von Sozialstaatlichkeit besaß der Nationalsozialismus nicht. Wohl gab es hier und da Ansätze zur konzeptionellen Neugestaltung, die sich aber entweder nicht durchsetzen ließen oder nur in Teilen verwirklicht wurden. In ihrer Programmatik blieb die NS-Bewegung vor 1933 vage, und auch für die Zeit danach sollte man sorgfältig zwischen Ideologie und Praxis unterscheiden. Das vorige Kapitel sollte zudem deutlich gemacht haben, daß die Wege zu dem, was wir üblicherweise als nationalsozialistisches Spezifikum deuten – also besonders die diskriminierenden, exkludierenden, exterministischen Elemente in der Sozialpolitik –, 1933 längst angelegt waren und von den neuen Machthabern nun bloß noch, wenngleich mit mörderischer Konsequenz, beschritten wurden. Bestanden demnach unübersehbare Kontinuitätslinien zur Vorgeschichte, so besaß die NS-Sozialpolitik durchaus auch Ansätze, die über das Jahr 1945 hinaus in die Zukunft wiesen. Die Historiker haben diese in den vergangenen Jahren kontrovers unter der Leitfrage nach den modernisierenden Potentialen und Wirkungen des Nationalsozialismus diskutiert, eine Frage, die am Ende dieses Kapitels eingehender zu erörtern ist.

Der Einzug der Nationalsozialisten in die Reichskanzlei stand ganz im Zeichen der wirtschaftlichen Krise und der Massenarbeitslosigkeit. Zwar war der Höhepunkt der Krise bereits überschritten, doch die soziale Lage breiter Bevölkerungskreise war nach wie vor desolat. Die neuen Machthaber mußten, um Legitimation zu gewinnen, besonders den Arbeitslosen wieder zu Lohn und Brot verhelfen, und in der Tat gelang es ihnen, die Erwerbslosigkeit systematisch abzubauen, bis 1936 sogar Vollbeschäftigung herrschte. Das »Beschäftigungswunder«, als welches die Arbeitsmarktpolitik nach 1933 oftmals wahrgenommen wurde und sich so auch im kollektiven Gedächtnis der Deutschen festgesetzt hat, hatte mehrere Ursachen. Zum einen besserten sich, wie erwähnt, die ökonomischen Indikatoren bereits ohnehin; zum anderen scheuten die Nationalsozialisten, im Gegensatz zu ihren Vorgängern seit 1930, nicht vor umfassenden staatlichen Beschäftigungsprogrammen zurück. Aus Mitteln der Arbeitslosenversicherung wurden Arbeitsbeschaffungsprogramme finanziert, was die

Kommunen erheblich entlastete. Für die Notstandsarbeiter selbst besserte sich ihre Lebenslage kaum, wurden sie doch lediglich auf der niedrigsten Lohnstufe, derjenigen für ungelernte Arbeiter, eingestuft. Die Arbeiten hingegen waren aufgrund ihrer Betonung manueller Arbeit sehr arbeitsintensiv (man wird auf den bekannten Fotos vom Autobahnbau etwa kaum Nachweise für umfangreichen Maschineneinsatz finden), wobei die Notstandsarbeiten statistisch, besonders bei Landmeliorationen, im Landhilfeprogramm oder eben im Tiefbau, vor allem zwischen Juni 1933 und Juni 1934 ins Gewicht fielen. Danach schuf besonders der rasch angekurbelte und von umfangreichen staatlichen Investitionen profitierende Rüstungssektor in erheblichem Maße neue Arbeitsplätze. Als 1935 die allgemeine Wehrpflicht und die Reichsarbeitsdienstpflicht eingeführt wurden, diente dies bereits nicht mehr vorrangig beschäftigungspolitischen, sondern militärischen Zwecken.

Der Primat der Aufrüstung bestimmte die NS-Politik von Anfang an, und ihm wurden systematisch andere Politikbereiche untergeordnet. Um die ambitionierten Ziele der Aufrüstung zu erreichen, waren aus Sicht der Regierung massive Eingriffe in den Arbeitsmarkt und in die Arbeitsbeziehungen erforderlich. Daß sie damit nicht lange warten würde, zeigte sich bereits Anfang Mai 1933, als, einen Tag nachdem erstmals der »Tag der Arbeit« als offizieller Feiertag begangen worden war, die Gewerkschaftshäuser besetzt und sowohl die freien Gewerkschaften als auch die unternehmerfreundlichen Werkvereine aufgelöst und verboten wurden. Damit wurde ein Prozeß in Gang gesetzt, in welchem die Arbeitsbeziehungen grundlegend neu geordnet wurden und der mit dem »Gesetz über die Ordnung der nationalen Arbeit« vom 20. Januar 1934, dem »Grundgesetz« der NS-Sozialverfassung (Timothy Mason), seinen vorläufigen Abschluß fand. Maßgebliche Rechte, die sich die Arbeiterbewegung seit dem 19. Jahrhundert erkämpft hatte, wurden nun zurückgenommen und von einer gleichgeschalteten Justiz – mithin auch Arbeitsgerichtsbarkeit – nicht restituiert. Betriebsräte wurden abgeschafft und durch »Vertrauensräte« ersetzt, in denen Arbeiter und Angestellte gemeinsam vertreten waren. Diese Entdifferenzierung der Belegschaft ging einher mit einer geradezu vollständigen Machtlosigkeit der neuen Räte; nicht einmal besonderen Kündigungsschutz genossen seine Mitglieder. Ohnehin wurde die Belegschaft nun als »Gefolgschaft« definiert, die mit dem Unternehmer zusammen die »Betriebsgemeinschaft« bildete. Die tarifrechtlichen Bestimmungen der Weimarer Republik, an erster Stelle die Tarifautonomie und das Schlichtungswesen, wurden suspendiert; statt rechtlicher Vereinbarungen sollten fortan »Ehre, Treue und Fürsorge« das Verhältnis zwischen Arbeitgebern und Arbeitnehmern bestimmen. Das mutet im Grunde sehr anachronistisch an, wenn solche archaischen Vorstellungen nun in hochmodernen Industriebetrieben Einzug halten sollten. Faktisch verlieh in den Betrieben das Führerprinzip den Arbeitgebern als »Betriebsführern« neue Macht, die freilich nicht unumschränkt war, denn über die Lohn- und Tarifgestaltung wachten die »Treuhänder der Arbeit«. So wurden die niedrigen Löhne der Krisenjahre zunächst einmal beibehalten. Der Arbeitsmarkt wurde reglementiert, indem die Freizügigkeit der Arbeitnehmer und ihr Recht auf freie Berufswahl beschränkt wurden. An die Stelle der Gewerkschaften trat seit dem 10. Mai 1933 die »Deutsche Arbeitsfront« (DAF), eine Gliederung der NSDAP, die freilich etwas ganz anderes als eine Organisation der Arbeiterschaft war. Unter dem Dach der DAF waren sämtliche Gruppen vereint, die am Wirtschaftsleben beteiligt waren; Partikularinteressen gingen, so die NS-Ideologie, in einem Gesamtinteresse auf, das sich in der DAF für den industriellen und gewerblichen Sektor und bald im Reichsnährstand für den agrarischen Bereich institutionalisierte. Die DAF war zum einen nach Branchen organisiert, zum anderen aber auch analog zur Organisation der NSDAP in vertikalen Gliederungen von der Zentrale bis hin zum Straßenblockwart, so daß sie im Alltagsleben der Deutschen überaus präsent war und mit mehr als zwanzig Millionen Mitgliedern die stärkste Einzelorganisation des Nationalsozialismus. Der DAF hatten sich auch die Nationalsozialistischen Betriebszellen-Organisationen (NSBO) unterzuordnen, die noch eine Zeitlang einen eigenständigen Kurs für die Betriebsbelegschaften verfolgten. Ihr Anspruch aber, die alleinige Zuständigkeit für alle Aspekte des Arbeitslebens und des Arbeitsmarktes zugesprochen zu bekommen, ließ sich nicht einlösen, denn nach wie vor behielt das Reichsarbeitsministerium wichtige Kompetenzen und stand für Kontinuität, die sich schon darin zeigte, daß Franz Seldte als zuständiger Minister ununterbrochen bis 1945 im Amt blieb. Wir können hier jene für das NS-System so überaus charakteristische Überlagerung von Kompetenzen zwischen mehreren Institutionen erkennen, oftmals zwischen staatlichen und parteieigenen, die das polykratische Herrschaftsgefüge des Nationalsozialismus konstituierten. Auch innerhalb der Partei rangen häufig unterschiedliche Ebenen und Machtzentren um entscheidenden Einfluß, wobei das Kompetenzwirrwarr verschärft wurde durch die Neigung Hitlers, politische Fragen durch die Kreation neuer Sonderbehörden zu lösen, ohne freilich bestehende und bislang zuständige Institutionen aufzulösen, wie es sich dann auch im Fürsorgebereich zeigte.

Aber bleiben wir zunächst bei der Arbeitswelt. Die Nationalsozialisten hatten aus den Erfahrungen des Ersten Weltkriegs die Lehre gezogen, daß moderne Kriege immer auch Wirtschaftskriege waren und deshalb umfangreicher ökonomischer Vorbereitung bedurften. Diesem Zweck diente ihr Aufrüstungsprogramm und der damit verbundene Vierjahresplan, der 1936 mit der Maßgabe verkündet wurde, wie es in einer geheimen Denkschrift Hitlers dazu hieß, daß die deutsche Wirtschaft binnen einer Frist von vier Jahren kriegsbereit zu sein hatte. Schon im Februar 1935 war die Arbeitsbuchpflicht eingeführt worden; ohne ein Arbeitsbuch vorzulegen, in das alle Angaben über Ausbildung, Beschäftigung, Qualifikationen,

aber auch Familienstand und dergleichen mehr von Erwerbstätigen eingetragen werden mußten, durfte fortan niemand
mehr angestellt werden. Die Daten wurden zudem bei den
Arbeitsämtern in Kopien hinterlegt, so daß diese über hinreichende Angaben verfügten, um Arbeitskräfte gezielt bestimmten (Rüstungs-)Betrieben zuweisen zu können, eine
Möglichkeit, von der seit 1938 verstärkt Gebrauch gemacht
wurde. Der Zwangscharakter der Arbeitsmarktpolitik offenbarte sich deutlich in der 1937/38 durchgeführten Aktion »Arbeitsscheu Reich«, in deren Verlauf seien, wie aus dem Stab
Himmlers stolz verlautete, »alle Personen, die sich dem Arbeitsleben der Nation nicht einpassen wollten und als Arbeits-
scheue und Asoziale dahinvegetierten und die Großstädte und
Landstraßen unsicher machten, auf dem Zwangswege zu erfassen und zur Arbeit anzuhalten. Hier wurde auf Anregung
der Dienststelle ›Vierjahresplan‹ seitens der Geheimen Staats-
polizei mit aller Energie durchgegriffen. ... Weit über 10 000
derartige asozialer Kräfte [darunter auch »Landstreicher, Bett-
ler, Zigeuner und Zuhälter«] machen laufend eine Erziehungs-
kur zur Arbeit in den hierzu hervorragend geeigneten Konzentrationslagern durch.«[23]
Daß das Arbeitsbuch unverkennbar dem Wehrpaß nach-
empfunden war, belegt die Militarisierung von Arbeitsrecht
und Arbeitsbeziehungen, die sich lange vor Kriegsausbruch
vollzog. Monate vor dem deutschen Überfall auf Polen wurden Maßnahmen zur »Sicherstellung des Kräftebedarfs für
Aufgaben von besonderer staatspolitischer Bedeutung« getroffen, welche Kündigungen und Arbeitsplatzwechsel in bestimmten Branchen, d. h. solchen der Wehrwirtschaft, von der
Zustimmung des jeweils zuständigen Arbeitsamtes abhängig
machten, ab 1. September 1939 galten sie für die gesamte
Kriegswirtschaft. Lohn- und Arbeitsmarktpolitik wurden in
wachsendem Maße koordiniert, zunächst unter dem Dach
der Vierjahresplan-Behörde, dann, seit Anfang 1939, beim
Reichsarbeitsministerium, dem die Reichsanstalt als Abteilung

»Arbeitseinsatz« eingegliedert wurde. Mit der Reichskriegswirtschaftsverordnung vom 4. September 1939 erhielten die Treuhänder (inzwischen: Reichstreuhänder) der Arbeit das Recht zugesprochen, Ober- und Untergrenzen der Löhne festzusetzen, im darauffolgenden Monat trat ein allgemeiner Lohnstopp ein. Allerdings wurde diese Vorschrift in der Praxis bald wieder modifiziert, indem einzelne Betriebe Zulagen gewährten oder betriebliche Sozialleistungen ausgebaut wurden, um die Beschäftigten an ihre Arbeitsplätze zu binden. Daß die Bruttoarbeitslöhne während der Kriegsjahre anstiegen, lag freilich weniger an tatsächlichen Lohnerhöhungen als an den steigenden Arbeitszeiten; die Realstundenlöhne blieben angesichts des Lohn- und Preisstopps annähernd stabil.

Vor einer vollständigen Regulierung des Arbeitsmarktes und einer offenen Zwangsrekrutierung von einheimischen Arbeitskräften während des Krieges schreckte das NS-Regime lange Zeit zurück. Es dauerte auch eine gewisse Zeit, bis der Arbeitseinsatz an einer zentralen Stelle koordiniert wurde: Erst Anfang 1942 wurde das Amt des »Generalbevollmächtigten für den Arbeitseinsatz« eingerichtet. Bis zu einem gewissen Grade konnte der Bedarf an Arbeitskräften im Krieg durch Kriegsgefangene und Zwangsarbeiter gedeckt werden, ehe durch die militärischen Entwicklungen – den Vormarsch der sowjetischen Truppen und die alliierte Landung in der Normandie – die Wege zu diesen »Quellen« versperrt wurden. Erst 1943/44 ging man zum systematischen Arbeitseinsatz der deutschen Bevölkerung über, wobei es insbesondere schwierig war, die Frauen in großer Zahl zu rekrutieren, weil die gewährten Kriegsunterstützungen die Aufnahme einer Erwerbsarbeit für die meisten Frauen, im Gegensatz zum Ersten Weltkrieg, nicht zwingend erforderlich machten. Nicht auf lohnpolitische Anreize, die bis 1941 durchaus viele Arbeiter zur Abwanderung von nichtkriegswichtigen Betrieben in die Rüstungsindustrie veranlaßt hatten, sondern auf offenen Zwang setzte Hitler schließlich, als er im Juli 1944 Goebbels zum »Reichsbevollmächtigten für den totalen Kriegseinsatz« ernannte. Arbeitszeiten wurden nochmals verlängert und die Kontrollen innerhalb der Betriebe sowie der Druck auf »Bummelanten« verstärkt, der vom Entzug von Lebensmittelkarten bis zur Einweisung in ein Konzentrationslager reichen konnte. Doch letztlich konnte auch dieses letzte Anziehen der Zwangsschrauben auf dem Arbeitsmarkt den Kollaps der deutschen Kriegswirtschaft nicht mehr verhindern.

Während Arbeitsrecht und Arbeitsbeziehungen unter dem Primat von Militär und Krieg grundlegend umgestaltet wurden, blieb bei den Sozialversicherungen das organisatorische Grundgerüst, wie es in der Bismarck-Zeit errichtet worden war, weiterhin erkennbar. Allerdings kam es auch hier zu Eingriffen durch die Nationalsozialisten. Die Selbstverwaltung der Sozialkassen wurde durch das Führerprinzip ersetzt, wodurch die Arbeiterbewegung aus diesem Feld der Sozialpolitik herausgedrängt wurde. Personell verloren die bestehenden Selbstverwaltungsorgane den Boden unter den Füßen, weil mit den beiden Gesetzen »zur Wiederherstellung des Berufsbeamtentums« und »über Ehrenämter in der Sozialversicherung und der Reichsversorgung« vom April bzw. Mai 1933 »nichtarische« und »politisch unzuverlässige« Mitglieder ihre Ämter verloren. Vollends beseitigt wurde die Selbstverwaltung im Juli 1934. Tendenzen, die Sozialversicherungen unter verstärkte staatliche Kontrolle zu bekommen, hatte es bereits in der Endphase der Weimarer Republik gegeben, und sie wurden nun mit aller Macht fortgesetzt. Das gilt auch für die Politik der Leistungsbegrenzung. Bereits unter den Kabinetten Brüning und Schleicher war der Leistungsumfang der Sozialversicherungen verringert worden, was besonders für die Arbeitslosenversicherung galt. Nicht nur verwendeten die Nationalsozialisten nun die Mittel der Reichsanstalt zur Finanzierung der Aufrüstung bzw. leiteten sie in die Rentenversicherung um, sondern sie bestritten den Rechtsanspruch auf Versicherungsleistungen und ersetzten diesen durch eine strenge Bedürftigkeitsprüfung, was den Kreis der Unterstützungsempfänger merklich verkleinerte. Da die Unterstützungssätze nicht mit den steigenden Lebenshaltungskosten Schritt hielten, blieb die Lage der Betroffenen nach wie vor desolat. Auch nach der »Sanierung« des Arbeitsmarktes durch Arbeitsbeschaffungsprogramme und verstärkte Nachfrage blieben die Leistungen auf diesem niedrigen Stand.

Dies wirkte sich auch für die Empfänger von Leistungen aus der Invalidenversicherung negativ aus. Die Absicherung dieses Risikos verschlechterte sich deutlich; anders, so dachten die Nationalsozialisten, war das riesige Defizit dieser Versicherung nicht in den Griff zu bekommen. Wer nun eine Rente neu bezog, mußte mit geringeren Bezügen rechnen, die wieder entfielen, wenn, was regelmäßig überprüft wurde, der Rentenempfänger doch wieder erwerbsfähig wurde, wie das »Sanierungsgesetz« vom Dezember 1933 bestimmte. Daß dieses Gesetz zum fünfzigsten Jahrestag des Bismarckschen Krankenversicherungsgesetzes verabschiedet wurde, war im übrigen kein Zufall, denn die Nationalsozialisten gaben sich propagandistisch gerne als die einzig legitimen Nachfolger des »eisernen Kanzlers«. Gerade bei den Sozialversicherungen, dem Kernstück der Bismarckschen Sozialpolitik, mußte es darum gehen, so ihr Argument, den organisatorischen Aufbau zu retten, den Versicherungsgedanken wieder von den Wucherungen der vergangenen Jahrzehnte, besonders der verhaßten Weimarer »Systemzeit«, zu befreien und seinen wahren Kern freizulegen. Das zeigte sich auch in der Kriegsopferfürsorge, wo, wie schon vor 1918, gesetzliche Regelungen 1938 Versorgungsleistungen wieder nach militärischen Diensträngen abstuften und damit hinter das Weimarer Prinzip einer Orientierung am Zivilberuf zurückgingen. Seinen Ausdruck fand die vermeintliche Rückbesinnung auf das Kaiserreich obendrein in der Verdrängung der Arbeiterbewegung ebenso wie im generell niedrigen Leistungsniveau – bei gleichbleibenden Beiträgen – auf jenes Minimum, das zur Sicherung der Existenz notwendig war. Hentschel schätzt, daß die Sozialrentner nach 1933 etwa zehn bis zwölf Prozent ihrer Kaufkraft gegenüber den Jahren der Weltwirtschaftskrise einbüßten.

Gleichwohl waren während der NS-Zeit auch Tendenzen zum Ausbau des bestehenden Versicherungssystems zu verzeichnen. Der Schutz der gesetzlichen Krankenversicherung wurde auf die Rentner ausgedehnt, und in wachsendem Maße fanden nun auch Selbständige Zugang zum Versicherungssystem. So galt ab 1938 erstmals für die Handwerker eine Versicherungspflicht für die staatliche Rentenversicherung, während schon ein Jahr zuvor allen nichtversicherungspflichtigen deutschen Staatsbürgern das Recht zugestanden wurde, sich freiwillig in die Rentenversicherung aufnehmen zu lassen. Ob man darin eine besondere Leistung der Nationalsozialisten sehen darf, wird von der historischen Forschung bisweilen mit guten Gründen bezweifelt. So hat Volker Hentschel etwa darauf hingewiesen, daß die Erfassung der Selbständigen in die Sozialversicherungen einem gleichsam zwangsläufigen Entwicklungsprozeß folgte und es auch unter einem anderen als dem NS-Regime in Deutschland dazu gekommen wäre.

Neben dem Altersrisiko wurde das Risiko von Unfällen besser abgesichert. Mehr Unternehmen wurden von der Unfallversicherung erfaßt, eine höhere Zahl von Krankheiten als Berufskrankheiten anerkannt. Allerdings darf man nicht übersehen, daß auch die Zahl der Anträge auf Entschädigung, die bei den Versicherungsträgern eingingen, stetig wuchs; das hatte einerseits natürlich mit den steigenden Beschäftigtenzahlen zu tun, andererseits aber wohl vor allem damit, daß Arbeitsschutzbestimmungen sukzessive aufgeweicht wurden und dann besonders während des Krieges nachgerade Raubbau an menschlicher Arbeitskraft getrieben wurde. Trotz der höheren Zahl von Anträgen sanken unter diesen Bedingungen die Ziffern der tatsächlich entschädigten Arbeitnehmer. War dies 1932 noch bei mehr als drei Viertel der gemeldeten Unfälle der

Fall gewesen, so 1938 bloß noch bei einem knappen Drittel. Analog dazu fiel insgesamt der Anteil der Aufwendungen für die Sozialversicherungen am Nettosozialprodukt, der während der Weltwirtschaftskrise von 5,3 auf 6,5 Prozent angewachsen war, in der NS-Zeit auf 4,3 Prozent.

Trotz institutioneller Kontinuität und sektoralem Ausbau war im Bereich der Sozialversicherungen die rassistisch-ideologische Überformung des deutschen Sozialstaates nicht zu verkennen. Jene, die den rassischen Auswahlkriterien der Nationalsozialisten nicht entsprachen oder sich »staatsfeindlicher« Betätigung verdächtig machten, verloren ihre erworbenen Ansprüche parallel zum Verlust ihrer Bürgerrechte. Ohne das Sozialrecht in seinen Grundsätzen anzutasten, verletzten es die Nationalsozialisten auf diese Weise eklatant und zwangen ihm ihre ideologischen Vorgaben auf.

Pläne zu einer Neuordnung des Sozialversicherungswesens existierten zwar, setzten sich jedoch nicht durch. Zu erwähnen wären hier besonders jene Konzepte, wie sie die DAF bzw. ihre Unterorganisationen zu einem einheitlichen »Sozialwerk« bzw. »Alterswerk des deutschen Volkes« entwickelten. Neben Vollbeschäftigung und einem gerechten Lohnsystem wurde darin besonders ein Sozialversicherungswesen angestrebt, unter dessen Dach Arbeiter und Angestellte einheitlich gegen die gängigen Risiken des Lebens abgesichert sein sollten. Ihnen war eine steuerfinanzierte Altersrente zugedacht, die zwischen 50 und 250 Reichsmark – je nach vorigem Durchschnittseinkommen – gestaffelt sein sollte; wer über die festgelegte Altersgrenze hinaus erwerbstätig bleiben wollte, hätte mit einer Zulage aus der Rentenversicherung zu einem Erwerbslohn rechnen dürfen. Diese Pläne trugen keynesianische Züge, indem in ihnen etwa die Bedeutung der Vollbeschäftigung und des Massenkonsums akzentuiert wurden, und sie wiesen unverkennbare Analogien zu zeitgenössischen Entwürfen in anderen Staaten auf, besonders zum britischen Beveridge-Plan. Doch stets blieben die NS-Planungen eingebettet in die repressive Politik des Regimes und dienten immer auch militarischen Zwecken. Verwirklicht wurden sie nicht.

Anstatt das Versicherungswesen auszubauen, veranlaßten arbeitsmarktpolitische Motive die Nationalsozialisten dazu, Präventionsprogramme zu forcieren. Nicht Versorgung von jenen, die aus Krankheitsgründen aus dem Erwerbsleben ausschieden, war das Ziel ihrer Politik, sondern die Erwerbstätigen als Arbeitskräfte gesund und leistungsfähig zu erhalten. Daß dies keineswegs humanitären oder philanthropischen Erwägungen entsprang, ist ebenso offensichtlich wie die Tatsache, daß der Nationalsozialismus auch auf diesem Gebiet bereits vorhandene Entwicklungen aufgriff und mit aller Macht fortsetzte. Das gilt besonders für den Bereich der Arbeitsmedizin, der sich bereits in den 1920er Jahren als eigenständiges medizinisches Fachgebiet voll etabliert hatte. Inspiriert von sozialdarwinistischem Gedankengut, war es den Arbeitsmedizinern der Weimarer Republik darum gegangen, neben die technische Rationalisierung die Rationalisierung des »Faktors Mensch« im Betriebsablauf treten zu lassen und dadurch optimale Produktionsergebnisse zu ermöglichen. Psychologen und Physiologen hatten getestet, wie sich die Leistung von Arbeitern steigern ließe, etwa durch sportliche Betätigung, durch UV-Bestrahlung oder durch Einsatz von Kokain und Weckaminen. Die Grenze zur Rassenhygiene war ebenfalls bereits durchbrochen, seit ein führender deutscher Gewerbehygieniker, Franz Koelsch, 1925 auf die Bedeutung von Erbfaktoren für die Leistungskraft von Arbeitern hingewiesen hatte.

Daran konnten die Nationalsozialisten bruchlos anknüpfen. Sie bauten das betriebliche Gesundheitswesen aus und unterstellten es dem Hauptamt für Volksgesundheit sowie dem DAF-Amt für Volksgesundheit. Ihr Interesse galt zunächst einer möglichst lückenlosen Erfassung des Gesundheitszustandes der Arbeiterschaft. Zu diesem Zweck wurden umfangreiche Reihenuntersuchungen durchgeführt, an denen Millionen von Erwerbstätigen beteiligt waren. 1936 führte man ein sogenanntes Gesundheitsstammbuch ein, dessen Analogien zu Arbeitsbuch und Wehrpaß unverkennbar sind. Hier wurden alle medizinisch relevanten Daten eingetragen, angefangen von den Aufzeichnungen von Hebammen und Schulärzten über diejenigen der Ärzte von Arbeitsdienst und Wehrmacht bis hin zu Fachärzten. Erste Ansätze zu einer systematischen Auswertung dieser Daten gab es bereits; die Jahrgangsuntersuchungen der 1910 und 1911 Geborenen sowie die Vier-Gau-Untersuchungen wurden maschinell ausgewertet und statistisch aufbereitet. Seit 1936 Arbeitskräftemangel eintrat, verschärfte sich der gesundheitspolitische Kurs der Nationalsozialisten deutlich, zumal die Ergebnisse der genannten Untersuchungen zum Teil besorgniserregend waren: Mehr als einem Drittel der Untersuchten wurde »sofortige Behandlungsbedürftigkeit« attestiert, allen übrigen »Frühschäden« bescheinigt. In Reaktion auf diese Konstellation – zuwenig Arbeitskräfte bei gleichzeitig schlechtem Gesundheitszustand der vorhandenen Belegschaften – wurde seit 1936/37 das Personal der Betriebsärzte erheblich ausgeweitet, ebenso der Kreis der im Dienst der »Volksgesundheit« stehenden Ärzte, der schließlich beinahe die Hälfte der gesamten Ärzteschaft erfaßte. Ihnen oblag die Aufgabe, den »Leistungswillen« der Erwerbstätigen zu steigern und rigoros gegen »Leistungsverweigerer« vorzugehen; der Preis, die Gesundheit von Individuen dadurch nachhaltig zu schädigen, war dabei in Kauf zu nehmen. Sport wurde als Mittel zur Abhärtung gepriesen, wobei der Betriebssport durchaus wehrpolitische Interessen beinhaltete. Der stellvertretende Leiter der beiden Ämter für Volksgesundheit formulierte 1938 unverblümt: »Wir verlangen [für den Betriebssport] nicht schöne Aschenbahnen und ein planiertes Gelände als Sportplatz. Je unzugänglicher und je unebener das Gelände ist, um so besser für den Betriebsausgleichs-Sport. ... Wir brauchen Männer, die in jedem Gelände sich bewegen können. Die Franzosen und Russen bauen für uns im Kriegsfall ja keine Aschenbahnen.«[24]

Der Sozialstaat im Dienst von Kriegsvorbereitung und Produktivitätssteigerung: So läßt sich die Bedeutung solcher Maßnahmen wohl am ehesten charakterisieren. Das gilt gleichermaßen für die psychologische Seite der Gesundheitsfürsorge in den Betrieben, denn sie diente stets der Erhöhung und Kräftigung des »Leistungswillens« des einzelnen Arbeiters. Höchstleistungen, ganz gleich, auf welchem Gebiet, wurden zu einer Sache des Willens erklärt, und zufrieden wollten sich die zuständigen Stellen erst geben, wenn die »Leistungsfreude des nordischen Menschen [aus den Arbeitern] herausquillt«[25]. Wer nicht arbeiten wolle oder könne, ließ sich daraus mühelos schließen, sei willensschwach; dieser Konnex bezog sich selbst auf die Opfer von Unfällen, deren Rehabilitation vor allem darauf zielte, sie wieder »willensstark« zu machen und in den Arbeitsprozeß erneut einzugliedern. Auch die Bemühungen, das Rentenalter wieder auf siebzig Jahre hinaufzusetzen und die Arbeiter so lange im Produktionsprozeß zu behalten, gehören in diesen Kontext.

Für solche Ziele bedurften die Nationalsozialisten einer Ärzteschaft, die zu großen Teilen bereit war, sich dem NS-Staat unterzuordnen. Tatsächlich waren die deutschen Ärzte beinahe zur Hälfte (rund 45 Prozent) Mitglieder der NSDAP, während auf der anderen Seite schon 1933 alle beamteten Ärzte und Mediziner »nichtarischer« Abstammung ihre Anstellung und ihre kassenärztliche Zulassung verloren. 1938 wurde ihnen vollends das Recht abgesprochen, als niedergelassene Ärzte zu arbeiten; nur etwa 700 jüdische Ärzte durften danach noch als »Krankenbehandler« jüdische Patienten behandeln. Man schätzt, daß jeder fünfte Arzt und Mediziner seine Arbeitsstelle verlor. Tausende von Ärzten mußten emigrieren oder fanden in den Konzentrationslagern den Tod. Das gehört ebenso zur Geschichte des deutschen Sozialstaates wie die Beteiligung von Ärzten an den Selektionen und Menschenversuchen des Nationalsozialismus. Gleichwohl bescheinigt die historische Forschung der überwiegenden Mehrzahl der in

Deutschland verbliebenen Mediziner und Ärzte (deren Zahl im übrigen trotz Vertreibung und Ermordung von Kollegen zwischen 1934 und 1943 um die Hälfte anstieg), ihre Patienten nach den Regeln ärztlicher Kunst fürsorglich behandelt und bis weit in die Kriegszeit hinein auch die Krankschreibungspraxis zumeist kulant gehandhabt zu haben.

Im Sozialstaat der NS-Zeit verschärften sich die schon vorher angelegten Tendenzen zu Aussonderung und Exklusion zu Fragen von Leben oder Tod. Leistungen des Sozialstaates waren den »Volksgenossen« vorbehalten, all jenen also, die weder nach rassischen noch sozialen Kriterien von der »Volksgemeinschaft« ausgegrenzt waren. Einer Definition dieser Kriterien dienten die Nürnberger Gesetze von 1935, nach denen sowohl »Nicht-Arier« als auch »Erbkranke« von der deutschen Staatsbürgerschaft ausgeschlossen wurden. Und die »Volksgemeinschaft« brauchte Nachwuchs. Die bereits in den Weimarer Jahren geführte Diskussion über den Geburtenrückgang mündete nun in politische Maßnahmen. Die lagen zum einen auf propagandistisch-symbolischem Gebiet, indem das Ideal der »deutschen Mutter« unablässig gepredigt und mit der Einführung von Muttertag und »Mutterkreuz« symbolhaften Ausdruck fand. Zum anderen versuchten die NS-Machthaber, durch materielle Anreize das reproduktive Verhalten in positivem Sinne zu beeinflussen. Dazu führten sie im Juni 1933 Ehestandsdarlehen ein, die Paare zu möglichst früher Eheschließung und Familiengründung animieren sollten. Die Rückzahlungsbeträge konnten dann durch Geburten bis zum vierten Kind, im Volksmund: durch »Abkindern«, vermindert werden. Wie bei den Sozialversicherungen konnten auch hier nur »arische« Staatsbürger Leistungen in Anspruch nehmen, die obendrein den Nachweis ihrer politischen Systemtreue sowie ein Gesundheitszeugnis erbringen mußten.

Im übrigen sollte das Ehestandsdarlehen den »positiven« Nebeneffekt haben, daß die Frauen durch ihre Heirat den Arbeitsmarkt entlasteten. Denn wollten sie ein solches Darlehen erhalten, mußten sie mit der Hochzeit ihre Stellen aufgeben; ein Arrangement, mit dem die Privatwirtschaft (aufgrund der niedrigeren Frauenlöhne) nie recht glücklich war und das deshalb 1937 wieder aufgehoben wurde. Beschäftigungspolitisch liefen die Ehestandsdarlehen ins Leere: Die Zahl der erwerbstätigen Frauen stieg bis 1939 sogar noch um rund 1,3 Millionen, und auch was ihre familienpolitischen Effekte anging, darf man an einem durchschlagenden Erfolg zweifeln. Zwar stieg die Zahl der Eheschließungen vorübergehend deutlich an, doch dürfen wir wohl davon ausgehen, daß es sich dabei um Hochzeiten handelte, die während der Krisenjahre aufgeschoben und nun nachgeholt wurden. Der Steigerung der Geburtenraten sollte auch die Einführung des Kindergeldes dienen, das seit September 1936 ab dem fünften Kind unter 16 Jahren gewährt wurde und das Familien unterhalb einer bestimmten Einkommensgrenze erhielten. Diese Regelungen wurden in den folgenden Jahren Schritt für Schritt erweitert, bis im Dezember 1940 das Kindergeld ab dem dritten Kind unter 21 Jahren an alle Familien ausbezahlt wurde. Ob solche materiellen Anreize tatsächlich den gewünschten Erfolg hatten, darf man bezweifeln. Zwar stieg, wie von den NS-Sozialpolitikern beabsichtigt, die Zahl der Dritt- und Viertgeburten an, blieb jedoch hinter den Erwartungen stets zurück. Zu Viert- und Fünftgeburten kam es zumeist in jenen Ehen, die bereits vor 1933 geschlossen worden waren, und bei der Zunahme von Drittgeburten war der Gipfel schon 1937 überschritten.

Noch deutlicher als beim Kindergeld kam der dezidiert pronatalistische Charakter der NS-Sozialpolitik auf dem Gebiet der Fürsorge zum Ausdruck, ging es doch darum, den Sozialtyp der kinderreichen Familie als Existenzform der Ehe möglichst durchgängig zu etablieren. Stärker als je zuvor wurde deshalb Frau-Sein politisiert und Mutterschaft als vornehmste und politisch wichtigste Aufgabe der Frauen thematisiert. Für die Frauen war dies kaum zu umgehen, entstand nun doch ein dichtgewobenes Netz von Fürsorge-, Beratungs- und Kontrollstellen, sei es bei der NS-Frauenschaft und dem Deutschen Frauenwerk (NSF, DFW), unter deren Dach das »Reichsmütterwerk« angesiedelt war, sei es bei der Nationalsozialistischen Volkswohlfahrt (NSV), bei den bereits erwähnten Ämtern für Volksgesundheit oder beim öffentlichen Gesundheitswesen. Ihnen, besonders NSF und DSW, oblag die ideologische Schulung von Frauen, welche diesen die eminent staatspolitische Bedeutung von Mutterschaft zu vermitteln suchten. Auf praktische Unterstützung waren die anderen Organisationen ausgerichtet; sie offerierten Kurse zur Säuglingspflege, Kinder- und Krankenpflege, allgemeinen Gesundheitsfragen und Fragen der Haushaltsführung. Als vorrangige Aufgabe galt die »Belehrung über die richtige Pflege und Wartung [sic!] des Kindes«, hieß es 1935 in einer Beschreibung des NS-Gesundheitswesens[26]; denn bereits im Kleinkindalter werde »vielfach der Grund zu chronisch krankhaften Störungen gelegt, die die Leistungs- und Erwerbsfähigkeit in den späteren Jahren stark beeinflussen«[27]. Auch hier tritt uns wieder das Motiv der Produktivitätssteigerung unverhohlen entgegen, in dem das Individuum in seiner Rolle als Arbeitskraft vollständig aufging, aber darüber hinaus ist noch etwas anderes erkennbar. Das gesamte Vokabular der NS-Gesundheitspolitik, sofern es sich auf Fragen der Reproduktion bezog, drückte ein durchweg rationalisiertes Verständnis von Mutterschaft aus. Nicht die emotionale Beziehung der Mütter zu ihren Kindern war wichtig, sondern allein der medizinisch und hygienisch korrekte Umgang mit ihnen: »Wartung« und »Pflege« eben. Derselben Rationalisierung unterlagen in dem Maße auch die werdenden Mütter, in welchem sich die Tendenzen zur Medikalisierung von Schwangerschaft und Geburt verstärkt fortsetzten. Dies galt nicht zuletzt für den Umgang mit unverheirateten schwangeren Frauen. Ihrer nahm sich der »Lebensborn« an, ein Verein der SS, der 1935 zu bevölkerungspolitischen Zwecken gegründet wurde. Über den »Lebensborn« kursieren noch heute teils krude Vorstellungen; eine »Züchtungsstätte« rassisch

»hochwertigen« Nachwuchses, gezeugt von SS-Mannern, wie man sich das zeitgenössisch und bisweilen auch heute noch vorstellt, ist er indessen nicht gewesen. Vielmehr unterhielt der Verein im gesamten Reichsgebiet bis kurz vor Kriegsende acht Entbindungs- und vier Kinderheime; schwangere Frauen konnten hier ihre Kinder zur Welt bringen. Anders gestaltete sich die Situation in den besetzten Gebieten, wo der »Lebensborn« gleichfalls Heime unterhielt, die dort aber vorrangig der »Eindeutschung fremdvölkischer Kinder« und der »Auslese germanischen Blutes« dienten. Sozialpolitische Bedeutung im engeren Sinne kann man diesen Einrichtungen wohl absprechen und sich deshalb auf die Heime im Reichsgebiet konzentrieren. Nach der Geburt vermittelte dort der »Lebensborn« der Mutter, so sie es wünschte, eine Arbeitsgelegenheit und eine Wohnung; sollte sie nicht in der Lage sein, sich selbst um ihr Kind zu kümmern, vermittelte der »Lebensborn« eine Pflegefamilie oder eine Adoption, oder er nahm das Kind in seine Obhut. Gerade bei diesen sozialpolitischen Maßnahmen, die sich auf Frauen, Schwangerschaft, Geburt sowie Säuglings- und Kleinkinderversorgung bezogen, wird eines deutlich erkennbar: Nie zuvor drang der Sozialstaat so tief in die Privatsphäre der Bürger ein.

Das wurde nicht zuletzt möglich durch die Omnipräsenz der NS-Organisationen im Alltagsleben. Denn mit Sozialpolitik befaßten sich nicht nur staatliche Institutionen und private oder kirchliche Vereine, sondern auch und vor allem die Partei. Sie verdrängte die Kirchen aus ihren einflußreichen Positionen und etablierte eigene Wohlfahrtseinrichtungen. So trat die NS-Volkswohlfahrt (NSV) bewußt in unmittelbare Konkurrenz zur katholischen Caritas. »Volks«-Wohlfahrt orientierte sich nicht mehr an konfessionellen Maßgaben oder an individuellen Bedürftigkeitsfällen, sondern nahm das ganze Volk ins Visier. Im Dienste der »Volksgesundheit« standen die bevölkerungspolitischen Aktivitäten, auf Festigung der »Volksgemeinschaft« zielte die Exklusion bestimmter Bevölkerungsgruppen

(Juden, »Asoziale«) sowie strenge Bedürftigkeitsprüfungen. Finanziert wurde die NSV besonders durch die Sammlungen ihres »Winterhilfswerkes«, eines reichsweit operierenden, zentral gesteuerten Wirtschaftsunternehmens, die namentlich dem NSV-»Hilfswerk Mutter und Kind« zugute kamen. Für 1942/43 gaben die Zuständigen die Einnahmen des Winterhilfswerkes mit rund 1,6 Milliarden Reichsmark an. Ihre Mitgliederzahlen lagen 1943 bei etwa 17 Millionen, so daß die NSV nach der DAF die größte NS-Organisation war. Wie zuvor die Träger der freien Wohlfahrtspflege übernahm auch die Volkswohlfahrt von den Kommunen Aufgaben im Fürsorgebereich und griff auf die Kommunalfinanzen zu. Besonders bei der Jugendfürsorge übernahm die NSV-Jugendhilfe sukzessive von den Jugendämtern Kompetenzen, bis 1941 schließlich durch einen Erlaß die Jugendfürsorge vollends von konfessionellen Organisationen abgetrennt wurde. Daß die NSV-Jugendhilfe streng nationalsozialistische Erziehungsziele verfolgte und ihrer Arbeit rassisch bzw. sozial begründete Auslesekriterien zugrunde legte, dürfte sich von selbst verstehen. Wer sich den »Erziehungsversuchen« widersetzte und weiterhin als »unbequem« galt, mußte damit rechnen, vom Erziehungsheim in ein polizeiliches Arbeitserziehungslager oder in eines der beiden Jugendschutzlager verwiesen zu werden; letztere richtete das Reichskriminalpolizeiamt als Sonderform der Konzentrationslager 1940 bzw. 1942 ein. Erziehung und Repression griffen ebenso Hand in Hand wie Staat und Partei.

Die Durchdringung der Privatsphäre durch sozialpolitische Gestaltungsansprüche und der Umschlag von Sozialpolitik zu Repression und Verfolgung erfolgten besonders in jenen Bereichen, die den biologistischen und rassistischen Elementen der NS-Ideologie am weitesten offenstanden und in denen sich diese mit ökonomischen Zweckerwägungen verbanden. Das war kein neuer Zusammenhang, war doch bereits 1911 eine populärwissenschaftliche Zeitschrift mit der Preisfrage »Was kosten die schlechten Rassenelemente den Staat und die Gesellschaft?« an die Öffentlichkeit getreten. Weitere »Fortschritte« in der »Menschenökonomie« – so die Bezeichnung eines eigenen Forschungszweiges – hatte es in den wirtschaftlich schwierigen 1920er Jahren gegeben, so daß die Nationalsozialisten ohne weiteres die »Wissenschaftlichkeit« ihres Vorgehens belegen konnten. Entsprechende Maßnahmen zögerten sie nicht lange hinaus. Bereits am 26. Juli 1933 gaben sie das »Gesetz zur Verhütung erbkranken Nachwuchses« bekannt, das die Sterilisation der Träger von »Erbkrankheiten« vorsah. Der Katalog der Indikationen umfaßte »angeborenen Schwachsinn«, »Schizophrenie«, »manisch-depressives Irrsein«, »erbliche Fallsucht« (Epilepsie), »erblichen Veitstanz« (Chorea), »erbliche Blindheit«, »erbliche Taubheit« sowie »schwere erbliche körperliche Mißbildung« und »schweren Alkoholismus«. Ob bestimmte Krankheitsbilder ausreichten, um eine Sterilisation zu rechtfertigen, war bei einem solchen Katalog oftmals eine Frage der Auslegung, Rechtssicherheit auf wissenschaftlicher Erkenntnisgrundlage, wie sie das Gesetz suggerierte, bestand nicht. So wurden die meisten Sterilisationen wegen »Schwachsinns« durchgeführt (1934: 52,9 Prozent, 1935: 60 Prozent) bzw. wegen »Schizophrenie« (1934: 24,4 Prozent). Insgesamt kann man von ca. 300 000 Sterilisationen bis 1939 ausgehen, während des Krieges, als diese Praxis etwas eingeschränkt wurde, dürften weitere 60 000 hinzugekommen sein. Wie weit die Nationalsozialisten hier ausgriffen, belegt die Tatsache, daß auch Sinti und Roma zwangssterilisiert wurden – ihnen attestierten die zuständigen Ärzte zumeist »Schwachsinn« oder »Asozialität« – und solche Maßnahmen auch vor den sogenannten »Rheinlandbastarden«, Kindern von farbigen französischen Soldaten aus der Zeit der Rheinlandbesetzung, nicht haltmachten. Für sie verfügte Hitler eigens einen »Sonderauftrag auf dem Gebiet der Rassen- und Erbpflege«. Die Kriterien für staatliche Eingriffe gingen über das Biologische hinaus und umfaßten gleichermaßen das Soziale. Denn auch »Gemeinschaftsfremde«, »Asoziale« wurden zu Opfern der Zwangssterilisation; das mochten »Querulanten« oder »Taugenichtse« sein, »Räuber«, »Homosexuelle« oder »Notzüchter«. All jene, die bei den Untersuchungen der »Erbgesundheitsgerichte« Eigensinn in ihren Lebensentwürfen, oder in ihren Einstellungen gegenüber dem Regime behaupteten, mußten damit rechnen, daß diese als pathologisch und deshalb »behandlungsbedürftig« gedeutet wurden.

Unabdingbare organisatorische Voraussetzung für die Implementierung derartiger Maßnahmen war der staatliche Zugriff auf das gesamte Gesundheitswesen. Darauf zielte das »Gesetz über die Vereinheitlichung des Gesundheitswesens« vom 3. Juli 1934, durch welches alle Zweige des Gesundheitswesens unter staatliche Aufsicht gestellt und damit gleichgeschaltet wurden. Die Lehren von Erbbiologie und Rassenhygiene konnten auf diese Weise Eingang in die praktische Umsetzung der Gesundheitspolitik finden, zumal den als eigenständige Verwaltungen etablierten Gesundheitsämtern nun die Durchführung wichtiger Gesetze zufiel. Dazu zählten neben dem Sterilisationsgesetz besonders das »Gesetz zum Schutze des deutschen Blutes und der deutschen Ehre«, in dessen Rahmen die Amtsärzte die rassenmäßige »Ehetauglichkeit« von Heiratskandidaten zu attestieren hatten, sowie das »Gesetz zum Schutz der Erbgesundheit des deutschen Volkes«, das sich wiederum auf »Ehetauglichkeit« bezog. Schließlich hatten die Gesundheitsämter die Aufgabe, die Ergebnisse ihrer Gutachter- und Beratertätigkeiten in Erbkarteien zusammenzufassen, damit man auf diesem Wege zu Erkenntnissen über die erbbiologische Konstitution der »Volksgemeinschaft« gelangen könne.

Die erb- und rassenbiologischen Obsessionen der Nationalsozialisten, denen die Wissenschaftler vermeintlich sachlich-rationale Argumente an die Hand gaben, führten nicht nur zu statistischen Erfassungen und Eingriffen in die körperliche Unversehrtheit der Betroffenen, sondern von den Zwangssterilisationen über Zwangsabtreibungen bis hin zur Tötung

»lebensunwerten Lebens«, zur Euthanasie, die gelegentlich im Gewande humanitär motivierter Sterbehilfe daherkam. Gleichwohl war solche Selektion und grausame Konsequenz Teil des NS-Verständnisses vom deutschen Sozialstaat und spiegelte exakt jenen Prozeß »kumulativer Radikalisierung« (Hans Mommsen) wider, der in den Massenmord an den europäischen Juden mündete. Wir können darin eine Singularität des Nationalsozialismus erkennen, weil hier sämtliche Sicherungsmechanismen versagten, die in anderen Staaten mit einer einflußreichen rassenhygienischen Bewegung, wie sie besonders in den USA stark vertreten war, solche mörderischen Konsequenzen verhinderten. Indem das rassenhygienische Paradigma nun zur offiziellen Regierungspolitik erhoben wurde, überformte es nahezu sämtliche Politikbereiche und die Sozialpolitik allemal.

Die Euthanasie vollzog sich in mehreren Schritten. Sie begann bei schwerstbehinderten Kleinkindern, weitete sich bald auf Kinder und Jugendliche aus und überschritt mit Kriegsbeginn eindeutig die Grenze zum staatlich kalkulierten Mord. Im Rahmen der Aktion »T 4« (benannt nach dem Sitz der zuständigen Behörde in der Berliner Tiergartenstraße) wurden Psychiatriepatienten in den neubesetzten Gebieten im Osten ermordet, ab Ende 1939/40 auch im Reichsgebiet. Daß diese Aktionen durch die Art ihrer technischen Durchführung (Vergasungswagen) unmittelbare Vorläufer der Judenvernichtung waren, ist der historischen Forschung seit langem bekannt, ebenso, daß die T-4-Aktionen erst auf Widerspruch der Bevölkerung, besonders der katholischen Kirche, stießen, als sie im Reichsgebiet selbst durchgeführt wurden. Für Unruhe sorgte nicht zuletzt, daß von der Euthanasie bald nicht nur körperlich und geistig Behinderte betroffen waren, sondern auch Krebskranke, Tuberkulosepatienten oder »Asoziale«. Aufgrund des teils massiven Widerspruchs wurde die Aktion 1941 offiziell für beendet erklärt, lief im geheimen, wenngleich in geringerem Maßstab, freilich weiter.

Was den Nationalsozialisten offenkundig vorschwebte – und das rechtfertigt die Erörterung der Euthanasie und Zwangssterilisation im Rahmen einer Geschichte des Sozialstaates –, war die »Endlösung der sozialen Frage« (so der Historiker Götz Aly). Durch Selektion und gegebenenfalls Tötung sollte der deutsche Sozialstaat von – so sahen es die NS-Machthaber und die ihnen zuarbeitenden Wissenschaftler – unrentablen Fürsorgekosten entlastet werden. Ob sie dabei einer spezifischen Rationalität folgten oder ideologische Faktoren ausschlaggebend waren, ist schwierig zu entscheiden, zumal die historische Forschung uneinig ist in der Frage, welchen Grad an Rationalität dem NS-Herrschaftssystem überhaupt eigen war oder ob es nicht vielleicht allein auf der charismatischen Herrschaft Hitlers beruhte. Das ist freilich hier nicht zu entscheiden. Die These von einer perfiden Rationalität des NS-Sozialstaates wäre jedoch exemplarisch zu belegen durch einen Blick auf die Richtlinien für »Erbgesundheit«, welche die zuständige Abteilung des Reichsinnenministeriums im Sommer 1940 veröffentlichte. Keinesfalls förderungswürdig, so hieß es darin, waren »asoziale Personen«, beschränkte Unterstützung mochte immerhin einer Familie zukommen, »die zwar nicht als Gewinn für die Volksgemeinschaft angesehen werden kann, die aber für diese voraussichtlich keine ernstliche Belastung darstellen« würde, obwohl sie »hinsichtlich ihrer Leistungsfähigkeit deutlich unter der Norm« liege. Zu konzentrieren hatten sich sozialpolitische Maßnahmen freilich auf die »Durchschnittsbevölkerung« bzw. die wenigen »erbbiologisch besonders hochwertigen« Familien, deren Angehörige nicht nur durch ein besonders germanisches äußeres Erscheinungsbild auffielen, sondern auch durch »berufliche Leistung und sozialen Aufstieg«. Wir können hier deutlich erkennen, wie sich biologisch-rassische und soziale Kriterien vermischten bzw. diese hinter jenen zurücktraten, so daß der Schluß durchaus naheliegt, die rassistischen Begründungen könnten der ideologischen Legitimation eines rationalen Kalküls gedient haben. Keineswegs soll damit die Bedeutung von Rassismus und Biologismus in der NS-Politik verniedlicht werden, aber es spielten eben auch andere Elemente eine Rolle, wie mein Hinweis auf die »Menschenökonomie« oben verdeutlicht haben sollte. Hier ist im übrigen auch auf die These zu verweisen, wonach ein enger Konnex zwischen Ökonomie, Sozialplanung und Genozid bestand, eine These, die in der historischen Forschung noch immer kontrovers diskutiert wird.

Ohne Zweifel war die Sozialpolitik des Nationalsozialismus nicht nur rassen-, sondern nach wie vor auch klassenbezogen. Sie zielte in erster Linie auf die Arbeiterschaft, die für das Regime gewonnen werden sollte. Auf sie trifft die Charakteristik der NS-Herrschaftstechnik als »Verführung und Gewalt« (Hans-Ulrich Thamer) in besonderem Maße zu. Denn während auf der einen Seite traditionelle Machtbastionen der Arbeiterschaft geschleift wurden und die Funktionäre der Gewerkschaften und Sozialdemokratie sich politischer Verfolgung ausgesetzt sahen, mochten auf der anderen Seite die Arbeiter vom NS-Sozialstaat profitieren. Das gilt beispielsweise für die DAF-Organisation »Kraft durch Freude« (KdF), die vielen »Volksgenossen« erstmals touristische Unternehmungen ermöglichte, auch wenn wir das von der Propaganda verbreitete Bild vom Arbeiter auf Luxuskreuzfahrt relativieren müssen. In den Genuß solcher Reisen kamen »gewöhnliche« Arbeiter nur selten, aber für die meisten von ihnen waren auch Kurzurlaube und Ausflugsfahrten ungewohnte Erlebnisse, die nicht zuletzt durch die Verlängerung der Jahresurlaubszeit auf durchschnittlich sechs bis zwölf Tage möglich wurden. So vermeldete die KdF für das Jahr 1938 über zehn Millionen Teilnehmer an ihren Reisen, weit mehr als 54 Millionen Deutsche hatten sich an sonstigen Freizeitveranstaltungen der Organisation beteiligt. Ebenfalls der Integration der Arbeiterschaft diente das Amt »Schönheit der Arbeit«, das zur KdF gehörte. Seine Aufgabe bestand darin, auf die Verbesserung der Arbeitsbedingungen in den Betrieben hinzuwirken; dazu zählte nicht nur der legendäre Blumenschmuck in den Betrieben und Werkskantinen, sondern auch die Sorge für bessere Belüftungs- und Lichtverhältnisse. Zu Fragen des Designs veranstaltete »Schönheit der Arbeit« Kunstausstellungen in den Betrieben sowie für die »Bestgestaltung« der Arbeitsbedingungen den »Leistungskampf der deutschen Betriebe«, in welchen von 1937 an der »nationalsozialistische Musterbetrieb« ermittelt wurde.

Man mag in solchen Maßnahmen, wie etwa in den Impulsen für den Massentourismus, modernisierende Effekte des Nationalsozialismus sehen. Tatsächlich diskutieren die Historiker seit den 1960er Jahren, als David Schoenbaum und Ralf Dahrendorf erstmals die These von den (wenn auch oftmals unbeabsichtigten) modernisierenden Wirkungen der NS-Herrschaft formulierten, überaus kontrovers die Frage, inwiefern das »Dritte Reich« eben nicht einen Rückfall in die Barbarei, sondern vielmehr Teil einer Geschichte der Modernisierung darstellte. Dafür sprechen einige Indizien: Die Kohäsionskräfte und Geltungsansprüche konfessioneller Milieus und traditionale soziale Bindungen wurden abgeschwächt, soziale und berufliche Mobilität in mancher Hinsicht gefördert, Beschäftigungsstrukturen wandelten sich. In vielem setzten sich damit säkulare Trends ungebrochen fort, so beispielsweise in der fortschreitenden Industrialisierung und der damit einhergehenden Deagrarisierung, weshalb es oftmals schwierig ist, soziale »Eigenleistungen« des NS-Regimes davon zu trennen oder diesem entscheidende Modernisierungsimpulse zuzuschreiben. Dies gilt auch für die Regulierung der innerbetrieblichen Beziehungen, in denen Michael Prinz modernisierende Wirkungen des Nationalsozialismus erkennt. Ich habe den Wandel auf betrieblicher Ebene oben beschrieben und besonders auf den archaischen Charakter des von den Nationalsozialisten geförderten Treue- und Gefolgschaftsverhältnisses hingewiesen. Man kann darin aber, wie dies Prinz und andere Historiker tun, wiederum moderne Elemente ausmachen, indem man darauf verweist, daß durch solche Bemühungen um die »human relations« im Betrieb der tayloristische Rationalismus, dem man in der Weimarer Republik weithin huldigte, wieder ein »menschliches Antlitz« erhielt. Indessen darf man nicht übersehen, daß solche Ansätze zu einer »modernen« innerbetrieblichen Personalführung gleichfalls schon in den 1920er Jahren vorhanden waren und keine Innovation des Nationalsozialismus darstellten. Ebensowenig ist die repressive Kehrseite jener fordistischer Praktiken zu ignorieren, die materielle Anreize zur Steigerung der Produktivität einsetzten.

Auch andere Modernisierungstendenzen aus Kaiserreich und Weimarer Zeit setzten sich im Nationalsozialismus ungebrochen fort. Das gilt besonders für die Professionalisierung sozialer Arbeit, ebenso für die Verwissenschaftlichung des sozialpolitischen Diskurses und die weiterhin wachsende Bedeutung von Experten und wissenschaftlicher Politikberatung. Denn in der NS-Sozialpolitik schlug sich auch der Anspruch auf Sozialgestaltung und der Glaube an Machbarkeit nieder, wie er die modernen Sozial- und Humanwissenschaften prägte und von dort nahtlos in Politikkonzeptionen übergehen konnte. Generell setzte sich damit der säkulare Trend zu wohlfahrtsstaatlicher Regulierung immer weiterer gesellschaftlicher Bereiche sowie hoheitlicher Reglementierung individueller Lebenswelten und Zuteilung sozialer Chancen fort. Insofern griffe man in der Tat erheblich zu kurz, würde man den Nationalsozialismus als einschneidenden Zivilisationsbruch und Rückfall in die Barbarei interpretieren.

Gleichwohl sind die Gegenthesen nicht von der Hand zu weisen. So spricht etwa Hans Mommsen von einer bloß »vorgetäuschten Modernisierung«. Ich habe, als ich auf die Entstehungsphase des deutschen Sozialstaates einging, auf den engen Zusammenhang zwischen Sozialstaat und Staatsbürgergesellschaft hingewiesen, der an dieser Stelle wieder aufgegriffen werden muß. Denn die spezifische Modernität des Sozialstaates, wie er sich seit den 1880er Jahren ausprägte, muß vor allem in der Rechtsverbindlichkeit seiner Instrumentarien und Sicherungssysteme gesehen werden. Genau davon konnte freilich im Nationalsozialismus keine Rede sein; Rechtssicherheit bestand nicht, Rechtsansprüche, die wiederum jederzeit weiter eingegrenzt werden konnten, hatten lediglich bestimmte Gruppen der Bevölkerung. Wie unsicher der Status als Empfänger sozialstaatlicher Leistungen letztlich sein konnte, belegen die angeführten Neu- und Umdefinitionen von »Erbkrankheiten«, in welchen sich medizinische und soziale Kriterien mischten. Die Pathologisierung sozialer Devianz dürfte kaum als Modernisierung zu fassen sein.

Dem NS-Sozialstaat lag ein Gesellschaftsbild zugrunde, in dessen Zentrum der »Volksgemeinschafts«-Topos stand. Die sozial zerklüftete und politisch gespaltene deutsche Industriegesellschaft sollte sich, so die ideologische Maßgabe, im Inneren in einer durchweg harmonischen »Volksgemeinschaft« zusammenfinden, Klassengrenzen überschreiten und negieren. Nach außen grenzte sie sich ab, indem »Gemeinschaftsfremde« identifiziert wurden und dann »auszumerzen« waren. Der hohe Stellenwert, den dieses Leitbild besaß – und nicht das Leitbild selbst –, machte das Neue an der NS-Sozialpolitik aus. Prägnant hieß es im »Handwörterbuch der Wohlfahrtspflege« von 1939 unter dem Stichwort »Sozialpolitik«: »Nicht der Einzelne ist mehr oberste soziale Wertgröße, sondern die Gemeinschaft, das Volk, das als eine natürliche, blutgebundene Einheit empfunden, als ein Lebewesen höherer Ordnung begriffen wird. Dadurch ergibt sich überall die veränderte Blickrichtung, in die sämtliche Einzelfragen der Sozialpolitik hineingestellt werden.«[28]

Während die große Leistung der Weimarer Republik die Verknüpfung von Demokratie, Parlamentarismus und Sozialstaatlichkeit sowie die wachsende Ausrichtung an Individualrechten war, fiel der Nationalsozialismus dahinter weit zurück, indem er tendenziell entdifferenzierte, politische Partizipationsrechte suspendierte, den freien Wettbewerb politischer Parteien ausschaltete und das Prinzip der Selbstverwaltung rigide beiseite schob. Die Existenz und Legitimität industrieller Konflikte, geradezu ein Signum moderner Gesellschaften, wurden bestritten und unter der Decke der »Volksgemeinschafts«-Ideologie nachgerade zu ersticken versucht. Mit Modernisierung hatte all dies nichts zu tun.

Der Nationalsozialismus hatte, als er im Mai 1945 unter dem Druck der alliierten Truppen endlich zusammenbrach, ein Trümmerfeld hinterlassen. Die deutschen Städte lagen in Schutt und Asche, Millionen von Menschen waren auf der Flucht, Abermillionen waren dem »totalen Krieg« zum Opfer gefallen oder von den Nationalsozialisten ermordet worden. Gleichfalls zerstört waren die politischen Institutionen. Der deutsche Sozialstaat war zwar nicht in allen, doch in großen Teilen bis auf die Fundamente erschüttert und stand in der »Stunde Null« der Zusammenbruchsgesellschaft zugleich vor einer ungeheuren Fülle schwieriger Aufgaben.

IV.
TEILUNG UND VEREINIGUNG DES
DEUTSCHEN SOZIALSTAATES NACH 1945

Bezeichnete das Jahr 1945 eine »Stunde Null« in der Geschichte des deutschen Sozialstaates? Die historische Forschung befaßt sich seit geraumer Zeit mit der Frage, inwiefern dem Kriegsende der Charakter einer tiefen historischen Zäsur beigemessen werden kann; hinsichtlich der politischen Organisation des Gemeinwesens war es dies gewiß, doch blickt man auf gesellschaftliche Entwicklungen, so muß man die Zäsurenthese bereits erheblich relativieren. Auch für den Sozialstaat gilt, daß er gleichermaßen im Zeichen von Kontinuität und Neubeginn stand. Sicherlich wurden spezifisch nationalsozialistische Regulierungen von den vier Besatzungsmächten umgehend suspendiert, doch zu einer grundlegenden Revision des bestehenden Systems sozialer Sicherung ist es nicht durchgängig gekommen. Zumindest in den drei Westzonen, der späteren Bundesrepubik, blieben bestimmende Elemente deutscher Sozialstaatlichkeit erhalten, während in der SBZ und dann in der DDR tiefergehende Eingriffe vorgenommen wurden.

Der deutsche Sozialstaat nach dem Kriege entwickelte sich im Zeichen der Zweistaatlichkeit, der ideologischen Divergenz und der Konkurrenz zweier unterschiedlicher politischer Systeme. Von dieser Grundkonstellation aus verliefen zwei Wege deutscher Sozialstaatlichkeit, die sich nicht nur in ihrer Leistungsfähigkeit, sondern auch und besonders in ihren gestalterischen Ansprüchen unterschieden. Immer war, auf beiden Seiten des Eisernen Vorhangs, sozialpolitisches Handeln auf das Ziel fixiert, eine bestimmte Gesellschaftsordnung zu schaffen und zu stabilisieren, also legitimatorische Funktionen mit zu erfüllen. Gewiß, auch in den Vorgängerregimen trug Sozialpolitik zur innenpolitischen Legitimation der bestehenden Herrschaftsordnung bei; doch in der Zweistaatlichkeit nach 1945/49 kam hinzu, daß das jeweilige sozialstaatliche Arrangement stets mit einem radikal anderen Gegenentwurf konfrontiert war und sich an diesem messen lassen mußte.

Die Geschichte der beiden deutschen Sozialstaaten nach 1945 ist, besonders im Westen, eine Geschichte der Expansion. Nachdem die Kriegsschäden weitgehend behoben waren, erlebte der westdeutsche Sozialstaat sein goldenes Zeitalter, auf niedrigerem Niveau auch der ostdeutsche. Einen Leistungsvergleich zwischen beiden Staaten zu ziehen ist außerordentlich schwierig, da Sozialpolitik hüben und drüben jeweils an anderen Zielen ausgerichtet war. Ich beschränke mich im folgenden deshalb auf wenige komparative Hinweise und skizziere vielmehr die Entwicklung des ostdeutschen Sozialstaates als die einer eigenständigen historischen Formation, mit eigenen Ansprüchen und eigenen Schwierigkeiten. Daß sich die beiden deutschen Staaten, wie meine Ausführungen zeigen werden, in den vier Jahrzehnten der Teilung in vielfacher, auch in sozialstaatlicher Hinsicht auseinanderentwickelt hatten, erhellt viele der Probleme, mit denen der deutsche Vereinigungsprozeß nach 1989/90 befrachtet war und zum Teil bis zum heutigen Tage ist. Gleichwohl, und auch dies ist zu betonen, reichen die Wurzeln gegenwärtiger Krisenlagen weiter zurück: ans Ende des großen Nachkriegsbooms in den 1970er Jahren. Dieses Kapitel leitet daher über vom Historischen zum aktuell Politischen, liefert historische Evidenz für die wissenschaftlichen Erklärungen der gegenwärtigen Krise des Sozialstaates und trägt dazu bei, die Gewachsenheit dieser Krise zu verstehen.

Der Zweite Weltkrieg hinterließ in Deutschland eine Trüm-
merlandschaft. Der Alltag der Menschen war bestimmt von
der Sorge ums Überleben, Unzählige hatten Hab und Gut verloren. Im Luftkrieg seit 1941 waren weit über zweieinhalb
Millionen Wohnungen zerstört worden, vor allem in den Groß-
städten war die Wohnungssituation katastrophal. In Not-
unterkünften aller Art, Wohnbaracken, Nissenhütten, Keller-
räumen oder ausgedienten Bunkern, lebten Hunderttausen-
de Deutscher noch bis in die frühen 1950er Jahre. Ihr Alltag
war geprägt von Mangel und Not: Mangel an Brennstoffen,
an Kleidung und besonders an Nahrungsmitteln. Da die Trans-
portwege ebenfalls zu einem hohen Grad zerstört waren – so
waren etwa von den vorhandenen 13 000 Kilometern Eisen-
bahnstrecke im Mai 1945 nur noch 1 000 Kilometer von Zügen
überhaupt befahrbar –, konnten die Städter kaum mit dem Nötigsten versorgt werden. Mit den Gebieten im Osten ging obendrein nahezu ein Viertel der landwirtschaftlichen Produktions-
fläche verloren, während die Ernten in den verbliebenen
Gebieten in Folge des Krieges um rund fünfzig Prozent zurückgingen.

Von den ohnehin knappen Nahrungsmitteln mußten immer mehr Menschen versorgt werden. Ungefähr acht bis zehn
Millionen »Displaced Persons«, vor allem zwangsverschleppte
Zivilisten aus anderen Staaten, mußten bei Kriegsende zunächst versorgt, dann in ihre Heimatländer zurückgeführt
werden. Langfristig ins Gewicht fielen freilich vor allem die
Evakuierten, Flüchtlinge und Vertriebenen deutscher Nationa-
lität. Bereits seit 1943 waren von den Nationalsozialisten Menschen aus den Städten in sicherere ländliche Gebiete evakuiert
worden, desto mehr, je intensiver der Bombenkrieg wurde. Allein die Zahl der Evakuierten belief sich einer Statistik von
1947 zufolge auf mehr als drei Millionen. Zu diesen kamen seit

Anfang 1945 mehr als vier Millionen von Deutschen, die aus den Ostgebieten vor der herannahenden Roten Armee flüchteten, sowie jene rund zehn Millionen Menschen, die aus den Gebieten östlich von Oder und Neiße vertrieben wurden. Die meisten von ihnen kamen zunächst in den ländlichen Gebieten der sowjetischen und britischen Besatzungszonen unter, besonders in Mecklenburg-Vorpommern, Niedersachsen und Schleswig-Holstein, ehe in Folge der politischen Entwicklung in der sowjetischen Besatzungszone nochmals rund 900 000 Menschen in den Westen Deutschlands übersiedelten. Insgesamt waren in den britischen und amerikanischen Zonen im Herbst 1948 ein Viertel mehr Menschen zu versorgen als in der Vorkriegszeit.

Das stellte die vier Besatzungsmächte, die im Mai 1945 die politische Gewalt in Deutschland übernommen hatten, vor gewaltige Probleme. Hatten sie zunächst beabsichtigt, Deutschland als wirtschaftliche Einheit zu behandeln, was auch die Regulierung sozialer Notstände eingeschlossen hätte, so erschwerte der einsetzende Kalte Krieg die Kooperation der Alliierten zusehends. Schon bald gingen sie in ihrer Wirtschafts- und Sozialpolitik getrennte Wege, ehe mit dem Auszug des sowjetischen Vertreters aus dem alliierten Kontrollrat im Frühjahr 1948 ihre Zusammenarbeit auch formal ein Ende fand.

Um die Versorgung der Bevölkerung mit Nahrungsmitteln zu gewährleisten, behielten die Besatzungsmächte das von den Nationalsozialisten eingeführte System von Lebensmittelkarten und Bezugsscheinen zunächst bei, in der sowjetischen Besatzungszone (SBZ) bzw. der DDR hatte es in seinen letzten Ausläufern sogar bis in die 1950er Jahre Bestand. Ebenfalls beibehalten wurde der Lohn- und Gehaltsstopp, der seit Oktober 1939 galt. Selbst in organisatorischer Hinsicht knüpften die westlichen Alliierten an NS-Institutionen an, indem sie den Reichsnährstand bis 1948 mit Verteilungs- und Koordinationsaufgaben betrauten. Freilich konnte weder dies noch das weitaus rigidere Verwaltungsregime in der SBZ verhindern, daß über die Verteilung von Lebensmitteln und Konsumgütern vor allem auf dem Schwarzmarkt entschieden wurde, wo der Tausch von Gütern und Naturalien Geld als reguläres Zahlungsmittel verdrängte. Wie nach dem Ersten Weltkrieg waren hier, etwa bei den »Hamsterfahrten« aufs Land, die Besitzer von Sachwerten im Vorteil, während Erwerbstätige, die lediglich über ihr Einkommen verfügten, sich auch auf dem Schwarzmarkt nicht versorgen konnten. Private Hilfsorganisationen, besonders die US-amerikanische CARE-Organisation (Cooperative for American Remittances to Europe), bemühten sich, mit Sach- und Geldspenden die Lage in Deutschland zu verbessern.

Daß der Wiederaufbau und die Versorgung der Bevölkerung auf Dauer nur gelingen konnte, wenn die zerrüttete Währung saniert würde, war schon unmittelbar nach Kriegsende offensichtlich. Das Deutsche Reich hatte seine Kriegsführung mit Krediten finanziert, so daß sich die Verbindlichkeiten am Ende auf 380 Milliarden Reichsmark beliefen. Die Frage einer Währungsreform, deren sozialpolitische Bedeutung unverkennbar war, wurde freilich rasch Teil der deutschland- und machtpolitischen Auseinandersetzungen der vier Besatzungsmächte, die in ihren Zonen ohnehin höchst unterschiedliche Vorstellungen einer gesellschaftlichen, ökonomischen und politischen – und damit auch sozialpolitischen – Neuordnung verfolgten.

In der SBZ wurden schon 1945 die Weichen für einen Neuanfang unter sozialistischen Vorzeichen gestellt. Sowjetische Militäradministration (SMAD) und KPD arbeiteten Hand in Hand, als im September 1945 im Zuge der Bodenreform Tausende von Großgrundbesitzern und ehemaligen Naziführern entschädigungslos enteignet wurden. Schon im Juli des Jahres war das Bankensystem verstaatlicht worden, im Oktober schließlich folgte die Industriereform. Betriebe der Schwer- und Schlüsselindustrien wurden verstaatlicht bzw. in »Sowjetische Aktiengesellschaften« umgewandelt; Wirtschaftsplanung wurde für unumgänglich gehalten und in die Hände der 1947 eingesetzten Deutschen Wirtschaftskommission gelegt. In dieser wie in allen anderen politischen Bereichen dominierte seit 1946 unangefochten die SED, auch wenn formal ein Mehrparteiensystem etabliert wurde.

Die sozialpolitische Neuordnung entsprach voll und ganz den Interessen von SMAD und SED. Der Sowjetunion war insbesondere an Reparationen gelegen, um einen Ausgleich für ihre immensen Kriegsverluste zu erhalten. Da sie auf die drei westlichen Besatzungszonen keinen Zugriff mehr hatte, nachdem die Potsdamer Konferenz die Reparationsentnahmen auf die jeweiligen Besatzungszonen begrenzt hatte, mußte die SBZ allein für die sowjetischen Forderungen aufkommen. Demontagen, Umwandlung von Industriebetrieben in Sowjetische Aktiengesellschaften und damit Entnahme von Reparationen aus der laufenden Produktion sowie langjährige Reparationszahlungen in Höhe von insgesamt mehr als vier Milliarden Dollar erwiesen sich als schwerwiegende Belastungen für den ökonomischen Wiederaufbau in der SBZ bzw. der DDR.

Unter der Ägide der SMAD fielen die sozialpolitischen Grundsatzentscheidungen im Osten Deutschlands. Die historische und sozialwissenschaftliche Forschung hat bisweilen sogar geurteilt, daß das Sozial- und Gesundheitswesen der DDR streng nach sowjetischem Vorbild gestaltet worden sei. Solche Verdikte lassen freilich außer Acht, daß es nicht zuletzt deutsche historische Vorläufer waren, an welche in der SBZ nach 1945 angeknüpft wurde. Dies gilt besonders für den Neuaufbau der Sozialversicherung. Indem Versicherungszwang und das Prinzip der Beitragsfinanzierung wieder festgeschrieben wurden, folgte die ostdeutsche Sozialversicherung streng jener deutschen Traditionslinie, wie sie sich seit der Bismarckzeit entwickelt hatte. In einem entscheidenden Punkt jedoch unterschied sie sich vom herkömmlichen Versicherungssystem: Die Trennung zwischen Arbeiter- und Angestelltenversicherung wurde aufgehoben, und auch die Beamten verloren ihre Sonderstellung, wobei zudem der Beamtenstatus ganz abgeschafft wurde. Die Idee einer Einheitsversicherung, in der sowohl die Differenzen im sozialen Status von Arbeitern, Angestellten und Beamten nivelliert als auch die unterschiedlichen Versicherungszweige (Renten-, Unfall- und Krankenversicherung) zusammengefaßt wurden, entsprach in der Tat traditionellen Forderungen der deutschen Sozialdemokratie, der Gewerkschaften und der Kommunisten; und eine Zeitlang war die Einheitsversicherung auch als gesamtdeutsche Regelung im Gespräch gewesen. Nachdem sie in den Westzonen auf großen Widerstand (re-)etablierter Interessengruppen gestoßen war, führten SMAD und die Zentralverwaltung für Arbeit und Sozialfürsorge, eine im Sommer 1945 gegründete Verwaltungsstelle in deutschen Händen, die Reform des Versicherungswesens separat durch. Zunächst auf Länderebene etabliert, wurde die Sozialversicherung seit 1947 auf zonaler Ebene vereinheitlicht. Ob sich der reformleitende Gedanke einer für alle Berufsgruppen gleichermaßen zuständigen Volksversicherung, in welcher die ständischen Überhänge aus der Bismarckzeit aufgehoben waren, durchhalten ließ, blieb freilich abzuwarten. Schon im Dezember 1946 wurden beispielsweise die Bergarbeiter mit Sonderrechten ausgestattet, eine Berufsgruppe, deren Arbeitsleistungen beim wirtschaftlichen Wiederaufbau besonders ins Gewicht fielen; Selbständige wiederum hatten von Anbeginn einen erhöhten Versicherungsbeitrag zu entrichten.

In der Verwaltung der Versicherung dominierten bald die SED und vor allem der schon im Frühsommer 1945 gegründete Freie Deutsche Gewerkschaftsbund (FDGB). Wenn offiziell die Arbeitnehmer in den Selbstverwaltungsorganen zwei Drittel von deren Mitgliedern stellen sollten, so bedeutete dies in der Praxis eine erdrückende Dominanz des FDGB. Von einer »Demokratisierung« der Sozialversicherung, wie sie der Gewerkschaftsbund häufig als Faktum verkündete, kann daher allenfalls unter solchem Vorbehalt die Rede sein. In die Zuständigkeit der neuen Einheitsversicherung fielen weitere Aufgaben, die eigentlich nicht von vornherein der Sozialversicherung oblagen. So war sie zustandig für die Versorgung von Kriegsopfern und ehemaligen Beamten, die statt einer Pension nun eine Mindestrente erhielten, ehemalige Mitglieder der NSDAP oder anderer NS-Organisationen blieben von der Rentenzahlung vorerst sogar ganz ausgeschlossen.

Auch die 1946 gegründete »Volkssolidarität« nahm sich der Hilfsbedürftigen an. In ihr waren die Parteien, Massenorganisationen und, bis in die 1950er Jahre, Kirchen zusammengeschlossen, um die Probleme der Kriegsversehrten, Flüchtlinge, Kriegsheimkehrer, Kinder und älterer Menschen lösen zu helfen. Unverkennbar stand auch die »Volkssolidarität« im Dienste des Sozialismus, war sie doch auf das engste mit der Wirtschaftsplanung verbunden und dem Ziel verpflichtet, möglichst große Gruppen ihrer Klientel, besonders die schwervermittelbaren, dem Produktionsprozeß zuzuführen. Zu diesem Zweck führte sie Umschulungsmaßnahmen durch, warb für die Steigerung der Produktion in den Betrieben und fügte sich auf diese Weise nahtlos in das entstehende sozialistische Wirtschafts- und Gesellschaftsgefüge ein.

Besonders spürbar war die sozialistische Umgestaltung im Bereich der Arbeitsbeziehungen und der innerbetrieblichen Ordnung. Zwar wurden durch ein Kontrollratsgesetz vom April 1946 in allen vier Besatzungszonen Betriebsräte nach Weimarer Vorbild wieder eingeführt, doch errang in der SBZ de facto der FDGB bald nach seiner Gründung eine dominante Position. Produktionsvorgaben und Normen bestimmten den Arbeitsalltag, Ansätze zur Demokratisierung der Arbeitsbeziehungen erstickten unter der Maßgabe der SED, besonders die Industrieproduktion erheblich zu steigern. Arbeit wurde zu einem ideologisch unterfütterten, zentralen Wert in der Wiederaufbauphase erhoben, wie die von der Partei nachdrücklich geförderte »Hennecke-Bewegung« demonstrierte. Übererfüllung der jeweiligen Arbeitsnorm nach dem Vorbild des Bergarbeiters Adolf Hennecke wurde von offizieller Seite zum Ideal erklärt; aktive Mitwirkung am sozialistischen Neuaufbau als gesellschaftliche Pflicht deklariert, deren Erfüllung schließlich sozialpolitische Interventionen obsolet werden ließe. Solche Fixierung auf Arbeit, wie sie sich in der Gründungsphase der DDR offenbarte, deutete bereits den vergleichsweise geringen Stellenwert an, welchen die Sozialpolitik als eigenständiges Politikfeld auch in den folgenden Jahren in der DDR besitzen sollte. Eine sozialistische Gesellschaftsordnung mochte soziale Probleme, wie sie das kapitalistische System seit der Industrialisierung hervorgebracht hatte, für immer beseitigen; das zumindest war die konkrete Utopie beim Wiederaufbau in der SBZ.

In den drei Westzonen stand man vor identischen Problemen, fand jedoch andere Lösungen. Zwar bediente man sich auch im Westen für einige Jahre wirtschaftslenkender Maßnahmen, um die offensichtlichen Fehlfunktionen des Marktes bei der Versorgung mit Wohnraum und Konsumgütern zu kompensieren; doch gewannen diejenigen politischen Kräfte bald die Oberhand, die einer Wiederherstellung einer marktwirtschaftlichen Ordnung das Wort redeten. Das waren keineswegs die Besatzungsmächte – und hier namentlich die Amerikaner – allein, sondern auch unter den Deutschen, die in verantwortliche Positionen gelangten, waren überzeugte Advokaten einer liberalen Wirtschaftsordnung. Je weiter die sozialistische Neuordnung in der SBZ voranschritt, desto überzeugter war man in den Westzonen, daß hier ein anderer Weg zu beschreiten sei. Der sich zuspitzende Gegensatz zwischen den Siegermächten und der sich verschärfende Kalte Krieg ließ die Deutschen in den drei Westzonen auch ordnungspolitisch an die Westmächte heranrücken. Anstelle von Sozialisierung und Planwirtschaft sollte eine sozial fundierte Marktwirtschaft den Wiederaufbau befördern; den Kräften des Marktes allein zu vertrauen schien nach den Erfahrungen von Weltwirtschaftskrise und damit einhergehendem Marktversagen nicht mehr geboten. Statt dessen sollte der Staat die Regeln des Marktes festsetzen und über ihre Einhaltung wachen, übergroße ökonomische Macht sinnvoll beschränken und dafür sorgen, daß ein sozialer Ausgleich durch sozialstaatliche Interventionen zu starke Ungleichheiten verhinderte. Das war die Grundidee der sozialen Marktwirtschaft, wie sie sich konzeptionell und in der Praxis bis 1949 im Westen herausschälte, ohne Zweifel beeinflußt von anglo-amerikanischen Ordnungsideen und vom Marshallplan, aber eben auch von deutschen Entwürfen, wie sie seit Ende der 1920er Jahre und schließlich im Umfeld des Widerstands während der NS-Zeit wieder und wieder diskutiert worden waren.

Um den Markt als Allokationsmechanismus wieder herzustellen, bedurfte es einer von Grund auf sanierten Währung. Nur mit einem kräftigen Währungsschnitt war das Gleichgewicht von Kaufkraft und Warenangebot zu etablieren, das Nationalsozialismus und Krieg vollständig zerstört hatten. Die Währungsreform vom Juni 1948 gilt daher vielen als eigentliche Geburtsstunde der westdeutschen Wirtschaftsordnung und als Grundstein des westdeutschen Wiederaufstiegs gleichermaßen.

Solcher Erfolg ließ sich der Währungsreform freilich erst rückblickend zuschreiben; vorerst blieb die soziale und wirtschaftliche Lage in Westdeutschland schwierig. Die sozialen Leistungen konnten mit den existierenden Notlagen nicht Schritt halten, zumal beispielsweise die Sozialversicherungsträger, die seit 1938 rund drei Viertel ihres Vermögens in Staatsanleihen und Immobilien angelegt, einen riesigen Teil ihres Vermögens verloren hatten. Daß die desolate Wirtschaftslage nach 1945 nicht zur Sanierung ihrer Kassen beitragen konnte, liegt auf der Hand. Nur mit Hilfe von Bankkrediten und anderer finanzieller Unterstützungen konnten die Sozialversicherungen überhaupt ihre Leistungen fortführen, und dies lediglich auf niedrigem Niveau. Selbst als die Sozialleistungen nach der Währungsreform an Wert zulegten, blieb die Kaufkraft derer, die ihren Lebensunterhalt ganz oder teilweise aus ihren Kassen bestreiten mussten, unter dem Niveau von 1938.

Das betraf vor allem die Rentner, von denen die Mehrzahl bis weit in die 1950er Jahre unterhalb der Armutsgrenze lebte.

Das System der Sozialversicherungen von Grund auf zu reformieren war durchaus auch in den Westzonen im Gespräch. Gleichwohl ließen sich tiefgreifende Reformen gegen den Widerstand der involvierten Interessen nicht durchsetzen, sondern das auf die Bismarckzeit zurückgehende System wurde wiederhergestellt; die gesetzliche Grundlage bildete die Reichsversicherungsordnung. Die versicherungsrechtliche Trennung zwischen Arbeitern und Angestellten blieb somit bestehen, wenn auch mit zwei bedeutenden Modifikationen: Indem seit 1949 in der Arbeiterversicherung die Witwenrente nicht mehr an Bedingungen gekoppelt wurde und die Grenze bei der Bemessung von Invalidität bei Arbeitern auf fünfzig Prozent sank, wurden Arbeiter in wichtigen Bereichen Angestellten gleichgestellt. Ansonsten aber entsprach das Versicherungssystem in seinen wesentlichen Grundzügen – Versicherungszwang, Beitragsteilung zwischen Arbeitgebern und Arbeitnehmern sowie das Anwartschaftsdeckungsverfahren – in der Tat den Grundgedanken aus dem Kaiserreich und der Weimarer Republik.

Auch die Fürsorge in den Westzonen knüpfte an die Weimarer Republik an, stand damit freilich vor immensen Problemen. Denn die öffentliche Fürsorge der 1920er Jahre war darauf abgestellt gewesen, daß ihre Klientel einen festen Wohnsitz hatte, was die Zuständigkeiten eindeutig geklärt hatte; nach 1945 konnte man von dieser Voraussetzung kaum mehr ausgehen. Vieles war daher vorerst eine Sache der Improvisation. Bis die Kompetenzen geklärt, ja bis die zuständigen Ämter überhaupt wieder arbeitsfähig waren, fiel ein Großteil der sozialen Aufgaben den freien Wohlfahrtsverbänden zu, namentlich der Caritas, der Diakonie oder dem Evangelischen Hilfswerk. Besonders die Flüchtlinge waren auf die Fürsorge angewiesen, aber auch Erwerbslose, solange die Arbeitslosenversicherung nicht wieder arbeitete (in der britischen und amerikanischen

Zone beispielsweise erst wieder ab Oktober 1947). Die viel fachen Fürsorgeaufgaben der unmittelbaren Nachkriegsjahre und die vorerst unklaren Neuregelungen bildeten die Grundlage dafür, daß sich in den Westzonen und später in der Bundesrepublik das traditionelle deutsche System dualer Wohlfahrtspflege wieder etablieren konnte, das im NS-Staat dem Vorrang der Partei, in der DDR staatlichen Akteuren weichen mußte.

Sieht man auf die Arbeitsverfassung der Westzonen, so wird man auch dort Kontinuitäten zur Weimarer Republik erkennen können. Gleichwohl stand das kollektive Arbeitsrecht nach 1945 unter gänzlich anderen Prämissen, ging es den Westmächten doch darum, wirtschaftliche Macht zu beschränken und demokratisch zu kontrollieren sowie auf diesem Wege ein Wiedererstarken militärisch relevanter Industriezweige in Deutschland zu unterbinden. Daher gingen die Alliierten darüber hinaus, spezifische Regelungen aus der NS-Zeit aufzuheben und das Weimarer Arbeitsrecht wieder in Kraft zu setzen, also insbesondere die Koalitionsfreiheit zu verbürgen, Betriebsräte zuzulassen und eine eigenständige Arbeitsgerichtsbarkeit wiederzuerrichten. Vielmehr waren vor allem die Briten darauf bedacht, die Montanindustrie zu entflechten und auf Dauer einer wirksamen Kontrolle zu unterstellen. Diesem Zweck sollte die paritätische Besetzung der Aufsichtsräte in der Eisen- und Stahlindustrie dienen, die in allen späteren Mitbestimmungsdebatten ein Referenzpunkt war.

Gerade im Bereich der Arbeitsbeziehungen wäre es historisch unkorrekt, von einer bloßen »Restauration« zu sprechen, wie dies in der historischen Forschung eine Zeitlang getan wurde. Denn das Verhältnis von Arbeitgebern und Arbeitnehmern gestaltete sich nach 1945 neu; die Rede von den »Sozialpartnern« übertönte bald die überkommene antagonistische Rhetorik auf beiden Seiten. Besonders die Gewerkschaften, die sich 1949 unter dem Dach des Deutschen Gewerkschaftsbundes zusammenfanden, spielten durch ihre lohnpolitische Zurückhaltung und den Verzicht auf eine klassenkämpferische Frontstellung gegen die marktwirtschaftliche Ordnung eine tragende Rolle beim westdeutschen Wiederaufbau. Der »rheinische Kapitalismus« nach 1949 hatte nur noch bedingt Ähnlichkeit mit der Wirtschaftsordnung und der ökonomischsozialen Machtverteilung des Kaiserreichs oder auch der Weimarer Republik, und er fungierte mehr und mehr als Gegenmodell zum Staatssozialismus in der DDR. Daß sozialpolitische Arrangements nach dem Zweiten Weltkrieg nicht mehr nur der Lösung sozialer Probleme dienten, sondern in besonderem Maße Teil grundlegender ordnungs- und machtpolitischer Auseinandersetzungen im internationalen Kontext sein würden, war bereits während der Besatzungszeit offen zutage getreten. Der Konflikt zwischen unterschiedlichen Gesellschaftskonzepten prägte auch nach der »doppelten Staatsgründung« von 1949 die beiden deutschen Staaten als Sozialstaaten maßgeblich mit.

Vom »Aufbau des Sozialismus« zum Sozialstaat DDR

Falls von den ostdeutschen Kommunisten in den späten 1940er Jahren jemand geglaubt haben sollte, in der neuen Gesellschaft würden sich soziale Probleme gleichsam von selbst erledigen, so erwies sich dies nur allzu rasch als fundamentaler Irrtum. Sozialpolitisches Handeln blieb weiterhin erforderlich, und der Weg, auf dem soziale Probleme gelöst werden sollten, war bereits vorgezeichnet, als die DDR im Oktober 1949 offiziell gegründet wurde.

Die SED, der nun die zentrale Position im politischen Willensbildungs- und Entscheidungsprozeß zufiel, beabsichtigte, die drängenden sozialen Nöte, wie sie sich analog zu den Westzonen stellten, im Zuge des 1952 verkündeten »Aufbaus des Sozialismus« zu beheben. Das eine war vom anderen nicht zu trennen. Deshalb überformten die Konzepte, die das politische

System und die Wirtschaftsordnung maßgeblich prägten, die Sozialpolitik, im übrigen kein Politikfeld eigenen Rechts, sondern faktischer Notwendigkeit. Oberste Priorität erhielt der Aufbau sozialistischer Produktionsstrukturen sowohl im industriellen als auch im agrarischen Bereich. Hier setzte sich der 1945 eingeschlagene Kurs bruchlos fort; Betriebe wurden verstaatlicht, »Junkerland« kam »in Bauernhand«, es wurde enteignet.

Damit einher ging die Ausgestaltung der Arbeitsbeziehungen nach Maßgabe der SED. War es nach dem Krieg noch zur Restitution von Betriebsräten gekommen, übernahmen deren Funktionen 1950 die sogenannten »Betriebsgewerkschaftsleitungen« (BGL), die freilich allenfalls über formale Rechte verfügten. De facto waren sie von den Weisungen der SED abhängig, wie ohnehin die Präsenz der Partei in den Betrieben spürbar zunahm. Da die Betriebe sich nach offizieller Lesart ja weitestgehend im Besitz der Werktätigen befanden, konnte man es nur als Widerspruch werten, wenn ebenjene Werktätige eigenständige, womöglich vom Betriebsinteresse abweichende, Anliegen vertraten. Aus diesem Grunde war Tarifautonomie dysfunktional geworden; an die Stelle frei ausgehandelter Verträge traten »Rahmenkollektivverträge«, die im wesentlichen von staatlichen Stellen vorgegeben wurden.

Ähnliche Konsequenzen zeitigte der »Aufbau des Sozialismus« für das Arbeitsrecht. Auch dafür galt, daß industrielle Konflikte der Vergangenheit angehörten und sich Rechtsstreitigkeiten, die gerichtlicher Regelung bedurften, eigentlich gar nicht mehr ergeben könnten. Aus diesem Grunde versanken die Arbeitsgerichte allmählich in der Bedeutungslosigkeit, bis sie 1961 offiziell als »Kammern für Arbeitsrechtssachen« den ordentlichen Gerichten auf Kreis- und Bezirksebene eingegliedert wurden. Damit verschwand eine Errungenschaft der Arbeiterbewegung, die sich aus deren Sicht bis zur nationalsozialistischen Machtübernahme durchaus bewährt hatte. Nun wurde die Regulierung von Konflikten, die sich in Arbeitsfragen ergeben konnten, in die Betriebe hineinverlagert. Betriebliche »Konfliktkommissionen« übernahmen diese Aufgabe, zuerst 1953 in den Volkseigenen Betrieben (VEB). Dann machten diese Kommissionen einen bemerkenswerten Wandel durch, indem ihre Kompetenzen stetig erweitert und sie 1963 schließlich als »Gesellschaftliche Gerichte« anerkannt wurden. Am Ende, so schrieb es die 1982 vom Staatsrat erlassene »Konfliktkommissionsordnung« fest, hatten sie dafür Sorge zu tragen, daß innerhalb der Betriebe »Ordnung, Disziplin und Sicherheit« im Sinne der sozialistischen Gesellschaftsordnung herrschten. Damit war aus einer Instanz für Arbeitsstreitigkeiten ein Disziplinierungsorgan geworden, dessen Konstituierungsweise obendrein der Staatspartei stärksten Einfluß sicherte. Denn zwar wurden die 8 bis 15 Mitglieder – das hing von der Größe des Betriebes ab, wobei ohnehin nur in Betrieben mit mehr als fünfzig Beschäftigten solche Kommissionen überhaupt gebildet werden mußten – von der Belegschaft frei gewählt, doch ging den Wahlen eine sorgsame Auswahl der Kandidaten durch die SED und die BGL voraus.

Es lag in der Logik dieses Systems, auch das Streikrecht auszuhöhlen. Die Verfassung von 1949 garantierte zwar ein solches Recht ebenso wie das Koalitionsrecht, aber die Erfahrungen des Juni 1953, als sich die Arbeiter in Ost-Berlin und anderen Städten gegen das SED-Regime erhoben, ließen die entscheidenden Instanzen bald Abstand davon nehmen. So war weder im Gesetzbuch der Arbeit von 1961 noch in den Verfassungen von 1968 oder dem Arbeitsgesetzbuch von 1978 von einem Streikrecht noch die Rede. Gleichwohl kam es punktuell immer wieder zu Arbeitsniederlegungen, die in der Regel auf Verbesserungen bei Löhnen, Arbeitszeiten und Arbeitsbedingungen zielten und die oftmals in Arrangements mit den Betriebsleitungen endeten. Aber es konnte durchaus zu Disziplinarverfahren gegen die »Rädelsführer«, ihre Entlassung oder gar zu strafrechtlichen Verfahren gegen sie kommen, zumal Streikende jederzeit als »faschistische Provokateure«,

»Klassenfeinde« oder »Agenten des Kapitalismus« politisch stigmatisiert werden konnten.

Welche Rolle spielten die Gewerkschaften in der DDR? Wie erwähnt, verbürgte die Verfassung von 1949 jedem Bürger das »Recht, Vereinigungen zur Förderung der Lohn- und Arbeitsbedingungen anzugehören« und selbst Vereine zu bilden, sofern deren Zwecken nicht das Strafrecht entgegenstand. Gleichwohl konnte es Gewerkschaften im engeren Sinne nicht geben, weil ihnen ein entscheidendes Recht, nämlich dasjenige zum Abschluß von Tarifverträgen, verwehrt blieb. Auch der im Verfassungstext anklingende Pluralismus – immerhin war von »Vereinigungen« die Rede – bestand im Grunde bloß auf dem Papier. Zwar gab es mehrere, an Branchen ausgerichtete Gewerkschaften, doch waren sie allesamt organisatorisch dem Freien Deutschen Gewerkschaftsbund (FDGB) unterstellt, der bereits im Februar 1946 als Einheitsgewerkschaft gegründet worden war. Der FDGB war deshalb nicht, wie der DGB auf westdeutscher Seite, Dachverband mehrerer, ansonsten selbständiger Gewerkschaften, sondern umfaßte diese, die in ihm lediglich Fachabteilungen bildeten. Als Massenorganisation war der FDGB Teil der »Nationalen Front« und mit eigenen Abgeordneten in der Volkskammer vertreten, während er die »führende Rolle« der SED, die er in der Satzung von 1950 explizit anerkannte, zu keiner Zeit in Frage stellte.

Da der Konflikt zwischen Kapital und Arbeit in der herrschenden Lehre der DDR als überwunden galt, definierte der FDGB seine Aufgaben anders, als man dies von einer Gewerkschaft erwarten würde. Auch er schrieb den »Aufbau des Sozialismus« auf seine Fahnen und sah eine seiner Funktionen darin, zur Steigerung der Arbeitsproduktivität beizutragen. Schon früh befürwortete der FDGB Leistungslöhne. Zudem erschien es notwendig, den Erwerbstätigen das »richtige« sozialistische Bewußtsein zu vermitteln, und auch diese Aufgabe übernahm der FDGB in den Betrieben. Das Arbeitsgesetzbuch von 1977 schrieb ihm schließlich eine zweifache Funktion zu: Er habe als

»Schule des Sozialismus« ideologievermittelnd zu wirken und sich zugleich als Interessenvertretung der Arbeitnehmer um die Verbesserung ihrer Arbeits- und Lebensbedingungen zu kümmern. Zu seiner disziplinierenden und kontrollierenden Wirkung trug bei, daß die Gewerkschaftsleitungen in den Betrieben und Kreisen Bericht über die Stimmungslage zu erstatten hatten, weshalb man sie oft auch als »Stasi der Arbeitswelt« sah. In mancherlei Hinsicht drängt sich der Vergleich zur nationalsozialistischen Deutschen Arbeitsfront (DAF) auf, gleichermaßen aber der signifikante Unterschied, daß die disziplinierenden Funktionen und Kompetenzen der DAF weitaus stärker ausgeprägt waren als diejenigen des FDGB.

Innerhalb der Betriebe wuchsen dem FDGB Entscheidungskompetenzen lediglich in Kooperation mit der Betriebsleitung zu, wenn es um den Abschluß der »Betriebskollektivverträge« ging; ansonsten hatte er bei betrieblichen, produktionsbezogenen Abläufen keine Mitsprache. Selbständig handeln konnte der FDGB in den Betrieben hingegen, soweit kulturelle oder soziale Belange zu regeln waren, und so war er im Bewußtsein der Arbeitnehmer vor allem durch seine freizeitbezogenen Leistungen präsent. Die Gewerkschaft unterhielt eigene Ferienheime und organisierte obendrein Reisen zu betriebseigenen und sonstigen Ferieneinrichtungen; solche Aktivitäten verschlangen immerhin rund ein Drittel des FDGB-Gesamtbudgets. Wer hier wiederum an die Organisation »Kraft durch Freude« der DAF denkt, zieht keineswegs einen unangemessenen Vergleich, zumal beide Organisationen aus ihrem Freizeitangebot ein Gutteil ihrer Popularität bezogen. Vielfältige kulturelle Angebote, vom »Arbeitertheater« über »Zirkel schreibender Arbeiter« bis hin zu den Betriebssportgruppen, ergänzten die als aktive Sozialpolitik verstandene Arbeit des FDGB in den Betrieben, wo an ihn häufig auch Aufgaben der Betriebsleitung delegiert wurden.

In der Tat wurde ein großer Teil der Sozialpolitik in der DDR von den Betrieben getragen. Auf sie bzw. auf die Arbeitsbriga-

de war das soziale Leben der Werktatigen konzentriert, innerhalb der Betriebskollektive fanden sie einen gewissen Freiraum
und konnten als Kollektiv »Eigensinn« behaupten. Neben Frei-
zeitangeboten bauten die Betriebe ihre sozialen Leistungen
stark aus. Sie betrieben Kinderkrippen, Kindergärten und Hor-
te, organisierten die medizinische Versorgung ihrer Mitarbeiter, nahmen an ihren Standorten Einfluß auf den Wohnungsbau und auf die Vergabe von Wohnraum oder schufen sogar
eigene Einkaufsmöglichkeiten. Die Verfassung von 1974 trug
der großen Bedeutung der Betriebe Rechnung, indem sie sie,
neben den Städten und Gemeinden, als »eigenverantwortliche
Gemeinschaften« anerkannte, »in denen die Bürger arbeiten
und ihre gesellschaftlichen Verhältnisse gestalten. Sie sichern
die Wahrnehmung der Grundrechte der Bürger, die wirksame
Verbindung der persönlichen mit den gesellschaftlichen Interessen sowie ein vielfältiges gesellschaftlich-politisches und kul-
turell-geistiges Leben.« In diesen Worten kommt das Selbstverständnis der DDR als Arbeitsgesellschaft zum Ausdruck;
jede Politik, auch und gerade die Sozialpolitik, war auf eine
Gesellschaft fixiert, in welcher Erwerbstätigkeit die Normal-
biographie der Staatsbürger bestimmte und bestimmen sollte.
Diese war nicht, wie in der Bismarck-Zeit, Voraussetzung dafür, daß Leistungen des Sozialstaates in Anspruch genommen
werden konnten. Vielmehr war die Verwirklichung der Erwerbsgesellschaft selbst oberstes Ziel jeglichen sozialstaatlichen Handelns, das in der Praxis umzusetzen war in Vollbeschäftigung und damit in die Integration der Bürger in den
Produktionsprozeß, soweit dies möglich war. Das war nicht
nur auf die Notwendigkeit von wirtschaftlichem Wachstum
und Produktivitätssteigerung zurückzuführen, welche die SED
unablässig predigte, sondern war auch in der Ideologie des
»Arbeiter- und Bauernstaates« begründet, wie sie sich im ver-
fassungsmäßig verbürgten Recht auf Arbeit niederschlug.

Arbeitslosigkeit paßte demnach weder politisch-ökono-
misch noch ideologisch in dieses System. Tatsächlich herrschte

in der DDR vom Ausgang der 1950er Jahre bis zum Ende des ostdeutschen Staates nach offizieller Lesart Vollbeschäftigung, die freilich um den Preis vergleichsweise geringer Pro-Kopf-Produktivität erreicht wurde. Mittels Arbeitskräftelenkung bzw. betrieblicher Maßnahmen (wie etwa dem Aufbau von Arbeitskraftreserven für etwaige Stoßzeiten oder Arbeitskräfteverschiebungen zwischen einzelnen Betrieben) wurden dem Arbeitsmarkt seine Funktionen – und auch Dysfunktionen – genommen. Daß vor diesem Hintergrund eine Versicherung gegen das Risiko von Arbeitsplatzverlust an Bedeutung verlor, liegt auf der Hand. Zwar bestand seit 1947 eine solche Versicherung, deren Leistungen indessen nicht durch Beiträge finanziert wurden, sondern für die gegebenenfalls die Sozialversicherung einspringen wollte; doch als die Zahl der als Arbeitssuchende Registrierten die Marke statistischer Erfaßbarkeit unterschritt, strich man 1977 die Arbeitslosenunterstützung ersatzlos. Auf diesem Wege führten die Sozialpolitiker der DDR die Arbeitslosenversicherung von 1927 in die Armenfürsorge zurück.

Natürlich können wir im Nachhinein unschwer erkennen, daß die Garantie des Arbeitsplatzes den seit den 1970er Jahren mit wachsender Dringlichkeit gebotenen Strukturwandel der ostdeutschen Wirtschaft blockiert hat. Rationalisierungsgewinne waren kaum zu erzielen, wenn der Betrieb die durch technische Neuerungen freigesetzten Arbeitskräfte weiterbeschäftigen oder für ihr anderweitiges Fortkommen Sorge tragen mußte. Das Risiko der Arbeitslosigkeit wurde aus seiner versicherungsmäßigen Bearbeitung herausgelöst und gewissermaßen in den Betrieben internalisiert, was deren Leistungskraft zwangsläufig belasten mußte.

Ähnliche Muster des Zusammenhangs zwischen Erwerbsgesellschaft und betrieblicher Sozialpolitik finden wir im Gesundheitswesen der DDR, wo wir dies vielleicht gar nicht vermuten würden. Wesentliche Teile der Gesundheitsversorgung wurden seit 1947/48 in die Betriebe hineinverlagert; am Ende waren in der DDR rund 75 Prozent der Erwerbstätigen von den betrieblichen Gesundheitsdiensten erfaßt. Deren Reichweite und Ausstattung konnte durchaus unterschiedlich sein und richtete sich in der Regel an der Größe des Betriebes aus: Mal standen den Werktätigen umfangreiche medizinische Leistungen bis hin zum betriebseigenen Krankenhaus zur Verfügung, mal tat auch nur eine Betriebskrankenschwester Dienst. Die Hauptaufgabe dieser Gesundheitsdienste wie des gesamten Gesundheitswesens bestand darin, die Arbeitskraft der Patienten möglichst rasch wiederherzustellen. Gesund zu sein wurde in der offiziellen Lehre nicht als individuelles Glück betrachtet, sondern nachgerade als Pflicht jedes Werktätigen im Sozialismus. Deshalb war Gesundheitspolitik eine vorrangige Staatsaufgabe. Das gesamte Gesundheitswesen wurde verstaatlicht und zentralisiert, was den aus Sicht der Machthaber positiven Nebeneffekt hatte, letzte Bastionen des Bürgertums zu schleifen oder wenigstens zu kontrollieren, die sich in den freien Berufen – Ärzte, Zahnärzte, Apotheker – gehalten hatten. Es war kein Zufall, daß unter den unzähligen DDR-Flüchtlingen bis zum Mauerbau 1961 viele Ärzte, besonders jüngere, waren. Zwar gab es weiterhin private Arztpraxen, doch waren sie weit eher die Ausnahme als die Regel, ihr Anteil dürfte nach 1961 bei etwa zwei Prozent gelegen haben. Medizinische Versorgung fand vorwiegend in den Ambulatorien und Polikliniken statt, wie sie auf Initiative der SMAD seit 1947 in stetig wachsender Zahl errichtet wurden. Die Behandlung war für die Patienten kostenlos, der Zugang zu medizinischen Leistungen sollte für alle gleich sein.

Weil die Hauptsorge der Erhaltung der Arbeitskraft galt, war das Gesundheitswesen der DDR stark an Aufgaben der Prophylaxe orientiert. Umfangreiche Vorsorgeuntersuchungen wurden durchgeführt, mit dem Erfolg, daß manche Krankheiten wie etwa die Tuberkulose wirkungsvoller als zuvor bekämpft werden konnten. Die Teilnahme an solchen Untersuchungen war verpflichtend. Das galt auch für die aufgelegten und kontinuierlich erweiterten staatlichen Impfprogramme, durch welche größte Teile der Bevölkerung gegen gängige Krankheiten immunisiert wurden. Besonders Säuglinge, Kinder und Jugendliche wurden in diese Programme einbezogen, so daß Kinderlähmung und Diphterie, die beiden gefährlichsten Kinderkrankheiten, viel früher als in der Bundesrepublik an Bedeutung verloren. Durch Verbesserungen in der Säuglingspflege sowie in der medizinischen Betreuung während Schwangerschaft und Geburt konnte die Säuglingssterblichkeit kontinuierlich gesenkt werden und lag schließlich seit der zweiten Hälfte der 1960er Jahre unter derjenigen der Bundesrepublik, wobei man sich in der DDR besonders zugute hielt, die Differenzen aus dem sozialen Status der Neugeborenen (bei ehelichen Kindern lag die Säuglingssterblichkeit gewöhnlich niedriger als bei unehelichen) weitestgehend ausgeglichen zu haben.

Ein pronatalistischer Zug des DDR-Gesundheitswesens ist nicht zu übersehen. Dieser Befund verstärkt sich, wenn man auf die Benachteiligten des Systems blickt. Denn am wenigsten profitierten die Älteren von den medizinischen Versorgungsangeboten. Krankheitsprophylaxe wurde vor allem für die im erwerbstätigen Alter stehenden Bürger betrieben, während die aus dem aktiven Erwerbsleben Ausgeschiedenen zudem von den betrieblichen Gesundheitseinrichtungen ausgeschlossen waren. Das bestätigt nochmals unsere Deutung der DDR als arbeits- und erwerbsfixierte Gesellschaft. Da die Älteren aber obendrein das gebärfähige Alter hinter sich gelassen hatten, fielen die Frauen unter ihnen auch durch die Maschen des auf Frauen und Reproduktion zugeschnittenen sozialen Netzes.

Zu den herausragenden Errungenschaften des Sozialismus rechnete die SED – und nicht nur sie, wie sich im Vereinigungsprozeß erweisen sollte – die besonderen sozialen Leistungen für Frauen. Bereits die Verfassung von 1949 garantierte ihnen »besonderen Schutz im Arbeitsverhältnis«. Es waren deshalb, so die Bestimmung weiter, »Einrichtungen [zu schaffen], die es gewährleisten, daß die Frau ihre Aufgabe als Bürgerin und Schaffende mit ihren Pflichten als Frau und Mutter vereinbaren kann«. Darin kam nicht nur die Auffassung zum Ausdruck, daß Bürgerstatus und Erwerbstätigkeit miteinander in Verbindung standen, sondern es wurde zugleich das Leitbild der erwerbstätigen Mutter in der Verfassung verankert. Solch ein Leitbild reflektierte den Mangel an Arbeitskräften ebenso wie die Sorge um den Geburtenrückgang, dem man auf diese Weise begegnen wollte. In der Tat wurde den Frauen in der DDR die Verbindung von Erwerbsarbeit und Kindern offiziell leicht gemacht. Großzügige Regelungen traf bereits das »Gesetz über den Mutter- und Kinderschutz und die Rechte der Frau« von 1950, in dem den Frauen voller Lohn während des Mutterschutz- und Wochenurlaubs zugesprochen, einmalige Beihilfezahlungen nach der Geburt, Stillgeld, Kindergeld (zwanzig Mark monatlich ab dem vierten Kind) sowie der Ausbau von Betreuungseinrichtungen für Kinder garantiert wurden. Kinderkrippen und -gärten entstanden in großem Umfang und dienten nicht zuletzt dem Zweck, den Nachwuchs im sozialistischen Sinne zu erziehen. Ob die Familienpolitik der SED den Frauen tatsächlich ein besseres Leben ermöglichte, sei hier dahingestellt; immerhin waren sie es in der Regel, die, aller Gleichberechtigungsrhetorik zum Trotz, neben ihrem Beruf Haushalt und Kinder zu versorgen hatten, was angesichts der chronisch schlechten Versorgungslage, des oftmals mühsamen Einkaufens sowie des vergleichsweise niedrigen Ausstattungsniveaus der Haushalte mit elektrischen Haushaltsgeräten (Waschmaschinen usw.) für die meisten eine große Belastung darstellte. Der bevölkerungspolitische Effekt dieser Maßnahmen blieb im übrigen gering; das von der Partei gepredigte Ideal der Dreikinderfamilie wurde nicht in nennenswertem Maße erreicht.

Wir können im Gesundheitswesen und in der Frauen- und Familienpolitik die besondere ideologische Überformung des Sozialstaates in der DDR deutlich ablesen, sollten uns freilich davor hüten, darin ein Spezifikum des SED-Staates zu sehen. Nicht nur drängen sich bisweilen Parallelen zum Nationalsozialismus auf, was im Rahmen eines Diktaturenvergleichs differenzierter auszuführen wäre; sondern die DDR-Sozialpolitik enthielt auch unverkennbare Reminiszenzen an sozialpolitische Diskurse der zwanziger Jahre. Besonders die Diskussionen über Sozialhygiene wurden wiederaufgenommen und fortgeführt. Sie bildeten den Hintergrund, vor dem Prävention und Prophylaxe ihre neue, alte Bedeutung erlangen konnten. Zweifellos ließen sich aus der Akzentuierung betrieblicher Sozialpolitik sowjetische Vorbilder herauspräparieren, doch ist hierbei zu bedenken, daß es sich oftmals bloß um »Reimporte« von Ideen und Konzeptionen handelte, die ursprünglich von Deutschland ihren Weg in den sozialpolitischen Diskurs der Sowjetunion gefunden hatten.

Verschüttete Traditionen oder Nebenstränge früherer Entwicklungen freigelegt zu haben: Das kann man auch im Hinblick auf die Neuordnung des Sozialversicherungswesens in der DDR diskutieren. Wie erwähnt, hatte die SMAD 1946 die Einheitsversicherung proklamiert, in welcher die bestehenden Zweige der Sozialversicherungen zusammengefaßt worden waren. Fünf Landesversicherungsanstalten wurden 1948 mit der Organisation dieser Versicherung betraut, in den folgenden Jahren indessen sukzessive vom FDGB darin abgelöst. Die fünf Anstalten gingen 1951 in eine zentrale Versicherungsanstalt, der »Sozialversicherung – Anstalt öffentlichen Rechts«, über, fünf Jahre später wurde der FDGB alleiniger Träger der Sozialversicherung. Ihr Budget war Teil des Staatshaushaltes. Der FDGB war für die Regelung von Versicherungsproblemen von der zentralen Ebene seines Bundesvorstands bis in die einzelnen Kreise zuständig; in den Betrieben kümmerten sich die BGL um diese Belange. Sie kooperierten eng mit dem Gewerkschaftsbund, Kuraufenthalte beispielsweise genehmigten die von BGL und FDGB gemeinsam gebildeten »Kurkommissionen«. Wie präsent die Sozialversicherung in den Betrieben war, dokumentiert zudem die Institution der »Bevollmächtigten«, die von den Belegschaften gewählt wurden und mit Versicherungsfragen befaßt waren. Außerdem übten sie stark kontrollierende Funktionen aus, indem sie Hausbesuche bei Kranken machten oder darauf achteten, daß nichts unterlassen wurde, was zur Besserung des Gesundheitszustandes beitragen konnte.

Zentralisierung und Vereinheitlichung bildeten das offizielle Muster, nach dem die Sozialversicherungen gestaltet wurden. Die Beiträge wurden 1947 auf zwanzig Prozent des Einkommens festgelegt, aufzubringen je zur Hälfte vom Versicherten und von seinem Betrieb, wobei lediglich bis zu einer Einkommenshöhe von sechshundert Mark monatlich Beiträge zu entrichten waren. Im wesentlichen blieb es bei dieser Regelung bis zum Ende der DDR, die Steigerung der Löhne schlug sich dementsprechend in den Beitragszahlungen nicht nieder. Daß deshalb die Schere zwischen ihnen und den wachsenden Leistungen und Ausgaben der Versicherungen im Laufe der Jahre immer weiter auseinanderging, was durch steigende Staatszuschüsse kaum auszugleichen war, wird kaum überraschen. Es war nur eine Frage der Zeit, bis Leistungssteigerungen oder qualitative Verbesserungen in der Versorgung der Bürger an ihre (finanziellen) Grenzen stießen.

Ob sich im System der Sozialversicherungen in der DDR genuin deutsche Traditionsstränge oder reformerische Ansätze der 1920er Jahre durchsetzten oder ob es eine bloße Übernahme des sowjetischen Vorbilds darstellte, ist in der politischen Meinung wie in der historischen Forschung gleichermaßen umstritten. Tatsächlich ist nicht zu übersehen, daß mit Versicherungszwang und Beitragsfinanzierung wesentliche Elemente der Bismarckschen Sozialversicherungen erhalten blieben, während wir in der Aufhebung der Differenzierung zwischen Arbeitern und Angestellten im Versicherungsrecht sowie in der durchgängigen Selbstverwaltung durch die Versicherten, als die sich die Übernahme der Organisation durch den FDGB prima vista interpretieren läßt, die Verwirklichung traditioneller Forderungen der deutschen Arbeiterbewegung sehen können. Daß das Selbstverwaltungsprinzip wegen der überaus großen Nähe des FDGB zur Staatspartei bloß auf dem Papier bestand, schwächt diese These freilich erheblich ab. Wenn zudem festgestellt wurde, es habe in der DDR eine Einheitsversicherung gegeben, so ist der naheliegende Schluß einer Gleichbehandlung aller nicht ganz zutreffend. Denn als 1956 der FDGB allein zum Träger der Sozialversicherung bestimmt wurde, trennte man all jene Gruppen von Versicherten, die nicht Mitglied im FDGB waren, von den übrigen Erwerbstätigen versicherungstechnisch ab und erfaßte sie fortan in der neu konstituierten Deutschen Versicherungsanstalt (seit 1969: Staatliche Versicherung der DDR). Das betraf beispielsweise Freiberufler, Rechtsanwälte oder Künstler, aber auch selbständige Handwerker. Hinzu kam 1971 die »Freiwillige Zusatzrentenversicherung« (FZR). Bevor die FZR eingerichtet wurde, war die Lage der Rentner oftmals desolat, und häufig blieb sie es auch danach noch. Indem man in der DDR konsequent am Prinzip der Anwartschaftsdeckung festhielt, blieb eine Dynamisierung der Renten, wie sie in der Bundesrepublik seit 1957 die Älteren tendenziell zu Gewinnern im Sozialstaat machte, im SED-Staat aus. Hier hatten die Rentner mit einer geringen Grundsicherung auszukommen, wobei freilich nicht vergessen werden darf, daß Güter des täglichen Bedarfs, besonders Lebensmittel, sowie Wohnraum von staatlicher Seite erheblich subventioniert wurden und die Lebenshaltungskosten somit niedriger waren als im Westen. Generell war es den Sozialpolitikern in der DDR darum zu tun, möglichst wenige Anreize für das Aussscheiden aus dem Erwerbsprozeß vor Erreichen des Rentenalters (Männer mit 65, Frauen mit 60 Jahren) zu geben. Deshalb beließ man die Entschädigung für Arbeitsunfähigkeit auf dem Niveau, auf dem sie bereits in der Bismarck-Zeit gewesen war; Witwen konnten Hinterbliebenenrenten nur beziehen, wenn sie selbst nicht voll erwerbstätig sein konnten, wie dies bereits in den 1920er und 1930er Jahren geregelt gewesen war, oder wenn sie Kinder zu versorgen hatten. Aus diesem Grunde waren in der DDR viele Ältere auch nach Erreichen des Rentenalters weiterhin berufstätig, 1972 immerhin noch fast jeder vierte Rentner.

Mit dem Wechsel an der Staats- und Parteispitze von Ulbricht zu Honecker 1971 fand der Begriff »Sozialpolitik« endlich Eingang in die offizielle Partei- und Staatsideologie, nachdem in den beiden vorangehenden Jahrzehnten die Diskrepanz zwischen Programm und Praxis immer deutlicher hervorgetreten war. Vor allem die ökonomischen Funktionen von Sozialpolitik wurden nun stärker akzentuiert. Sozialpolitik hatte dementsprechend, neben der Absicherung bei Notlagen und gegen bestimmte Risiken, besonders die Funktion, die Arbeitsproduktivität zu fördern, weshalb sozialpolitische Maßnahmen zu forcieren waren, soweit die ökonomische Entwicklung dies zuließ. So bestand, wie es in den Beschlüssen des SED-Parteitags 1971 hieß, die »Hauptaufgabe« des neuen Fünfjahrplans in der »weiteren Erhöhung des materiellen und kulturellen Lebensniveaus des Volkes auf der Grundlage eines hohen Entwicklungstempos der sozialistischen Produktion, der Erhöhung der Effektivität, des wissenschaftlich-technischen Fortschritts und des Wachstums der Arbeitsproduktivität«. Im SED-Programm von 1976 fand sich dafür die griffige Formel von der »Einheit von Wirtschafts- und Sozialpolitik«. In ihr drückte sich der Wille der Partei aus, Legitimation nicht durch eine Steigerung individueller Konsumchancen zu erlangen, sondern durch soziale Absicherung »Geborgenheit« im Sozialismus zu vermitteln und auf diese Weise Legitimation und Systemloyalität zu erreichen. Das Konzept zielte auf eine schrittweise Veränderung der Gesellschaft im Sinne der »Vervollkommnung« des Sozialismus, wobei neben sozialer Sicherheit materiale Gleichheit ein zentrales Versprechen darstellte. Gleichwohl blieben in der Realität soziale Differenzen und das politische Machtgefälle stets erhalten, ja, nach einer kurzen Phase der politischen Lockerung wurde der Repressionsapparat in der Ära Honecker sogar noch ausgebaut. Der »real existierende Sozialismus«, von dem nun die Rede war, suchte als Propagandafigur die klassenlose Gesellschaft zu fördern, indem die Arbeiterklasse mythisch überhöht und ihr Führungsanspruch wieder bestätigt wurde. Ziel von Sozialpolitik mußte es daher sein, im Sinne einer allumfassenden Gesellschaftspolitik die Relikte der Klassengesellschaft vollends zu beseitigen und alle Schichten in der Arbeiterklasse aufgehen zu lassen. Diesem Ziel diente auch die Erziehung zur »sozialistischen Persönlichkeit«, die als pädagogische Staatsaufgabe galt und schon seit den 1950er Jahren die Leitlinien der Jugendpolitik bestimmt hatte.

Trotz aller Reformrhetorik kam es unter Honecker nicht zu grundlegenden Strukturreformen, sondern der Ausbau des bestehenden Systems sozialer Sicherung stand klar erkennbar im Vordergrund, indem beispielsweise die Mindestlöhne nun ebenso angehoben wurden wie die Mindestrenten. Gleichwohl war es seit 1971 für alle Erwerbstätigen, die mehr als sechshundert Mark monatlich verdienten, möglich, eine »Freiwillige Zusatzrentenversicherung« (FZR) abzuschließen. Sie basierte auf Beiträgen der Versicherten alleine und garantierte eine Zusatzrente sowie höheres Krankengeld. Wissenschaftler konnten zusätzlich für eine sogenannte »Intelligenzrente« vorsorgen. Man schätzt, daß am Ende ungefähr achtzig Prozent der Berechtigten diesem System der Zusatzversicherung beigetreten waren. Neben den mit ihr einhergehenden materiellen Verbesserungen ist die FZR deshalb so bemerkenswert, weil sie eigentlich der Logik des Systems widersprach: Denn sie stellte neben das System der Grundversorgung durch die (Pflicht-)Sozialversicherung die Möglichkeit privater Zusatzvorsorge, was einer von Grund auf verstaatlichten Politik sozialer Sicherung zuwiderlief. Freilich fanden marktliberale Prinzipien, die man aus der FZR hätte ableiten können, nicht Eingang in den sozialpolitischen Diskurs der DDR.

Die Neuerungen blieben auf die Rentenversicherung beschränkt. Ansonsten ging es um materielle Verbesserungen, etwa in der Verteilung kollektiver Güter, indem medizinische Betreuungsleistungen aufgestockt und Feriendienste erweitert wurden, Frauenerwerbstätigkeit und Mutterschaft wurden noch stärker als zuvor gefördert, das Kindergeld wurde erhöht. Den staatlichen Wohnungsbau forcierte man, um das »Wohnungsproblem als soziales Problem« bis zu Beginn der 1990er Jahre zu lösen, so die ambitionierte Vorgabe. Mit dem Wohnungsbauprogramm von 1973 begann die große Zeit der Massensiedlungen in Plattenbauweise, die an den Rändern der Städte aus dem Boden schossen: In Marzahn, Hellersdorf und Ahrensfelde in Berlin, Halle-Neustadt oder Lütten-Klein am Rande Rostocks wurde das Fortschrittspathos der Ära Honecker buchstäblich in Beton gegossen. Was wir heute als ästhetisch fragwürdige Hinterlassenschaft des Sozialismus mit Mißfallen ansehen, stellte in der Zeit indessen ohne Frage oftmals eine Verbesserung des Wohnkomforts dar. Die Wohnungen waren preisgünstig und verfügten über eine Ausstattung, mit welcher die oftmals halbverfallenen und seit Jahren kaum renovierten Innenstädte nicht konkurrieren konnten, wie etwa eigene Badezimmer oder Zentralheizung. Gleichwohl trugen gerade diese Siedlungen zur Standardisierung des Lebens bei. Die »Dankbarkeit« der Bevölkerung suchte das SED-Regime über niedrige Mieten und eben nicht durch differenzierte Anspruchsbefriedigung zu erlangen. Nicht nur die Normierung von Wohnraum, sondern die bis zum Ende bestehende staatliche Zuteilungspraxis sorgte für die »Durchstaatlichung« der Lebensverhältnisse im Sozialstaat DDR.

Ganz besonders betonte die sozialistische Errungenschaftsrhetorik, wie sie sich seit den 1970er Jahren entfaltete, die Arbeitsplatzsicherheit, die sich angesichts wachsender Arbeitslosenzahlen in Westdeutschland als besondere Leistung herausstreichen ließ. In der Tat blieb der starke Kündigungsschutz weiterhin bestehen, so daß sich die Beschäftigten auch in den ökonomisch schwierigen 1980er Jahren ihres Arbeitsplatzes sicher sein konnten. Noch in Umfragen der frühen 1990er Jahre befand jeder fünfte der Befragten, das Fehlen von Arbeitslosigkeit sei das »Beste an der DDR« gewesen. Allerdings konnte man zu dieser Zeit die Kehrseiten dieser Politik nicht mehr übersehen. Ökonomisches Kalkül und Produktivitätsinteressen spielten keine Rolle, wenn es darum ging, die Erwerbstätigen in Sicherheit zu wiegen. Daß damit langfristig das wirtschaftliche Desaster vorprogrammiert war, wissen wir heute; daß die DDR jedoch bereits zu Beginn der 1980er Jahre vor dem Bankrott stand, war vor der finalen Krise des Regimes kaum bekannt.

Desgleichen erwies sich die Rede von der klassenlosen Gesellschaft, welche in der DDR verwirklicht worden sei, als leere Formel. Denn zwar erhob die Sozialpolitik egalisierende und nivellierende Gestaltungsansprüche, doch formten sich in der Praxis schon früh in zunehmendem Maße Sonderversorgungssysteme für privilegierte Gruppen aus. Das betraf neben den Spitzenkadern besonders die Angehörigen von Volksarmee, Volkspolizei, Zollverwaltung und dem Ministerium für Staatssicherheit; es betraf freiberuflich Tätige oder Mitarbeiter der Blockparteien. Auf diese Weise versuchte die SED, die Systemloyalität der Funktionseliten zu erhöhen, womit sie aber an Zustimmung in weiten Bevölkerungsteilen, welche die Politik an der Gleichheitsrhetorik maßen, einzubüßen drohte.

In den Biographien der Menschen in der DDR sorgte der Sozialstaat sozialistischer Prägung für ein hohes Maß an Stabilität; individuelles Handeln konnte sich an verläßlichen Perspektiven orientieren. Spätestens seit den 1970er Jahren, so haben soziologische Studien ermittelt, hatte die staatliche Daseinsvorsorge in der DDR systemerhaltende Funktion. Sozialpolitische Interventionen seitens des Staates dienten dazu, die Gesellschaft zu integrieren und potentielle Partizipationsansprüche gleichsam zu unterlaufen, indem die allumfassende Fürsorge durch den Staat individuelle Eigeninitiative erstickte. Gleichwohl blieb dieser Herrschaftsstrategie der SED langfristig der Erfolg versagt, denn zwar verließen sich die Bürger auf die staatlichen Sicherungssysteme, beanspruchten deren Leistungen und prägten eine ausgesprochene Versorgungsmentalität aus, verweigerten jedoch jene Systemloyalität, die von der SED eingefordert wurde. Vielmehr nutzten sie vielfach die sozialen Absicherungs- und Versorgungseinrichtungen, um ihre »privatisierte Lebensgestaltung ›in Ruhe‹ realisieren zu können«[29]. Soziale Leistungsfähigkeit reichte zur Legitimation der SED-Herrschaft nicht aus, zumal das Versorgungsniveau in vielen Bereichen auf dem Stand der 1930er und 1940er Jahre blieb, weshalb repressive Herrschaftsmechanismen auch dann noch ausgebaut werden mußten, als der ostdeutsche Sozialstaat expandierte. Im Gegensatz zur Entwicklung in Westdeutschland bewahrte die Gesellschaft in der DDR vielfach ihr proletarisches Antlitz; den Wandel zu einer modernen, sozial differenziert und flexibel abgesicherten Dienstleistungsgesellschaft, wie er sich im Westen vollzog, machte die DDR nicht mit. Wie unterschiedlich sich die beiden deutschen Staaten auch als Sozialstaaten in den vier Jahrzehnten der Teilung entwickelt hatten, dokumentierten die Schwierigkeiten, die im Vereinigungsprozeß von 1989/90 zutage traten.

Expansion und Krise:
Der westdeutsche Sozialstaat bis zu den 1980er Jahren

Als die Bundesrepublik 1949 konstituiert wurde, waren die wesentlichen sozialpolitischen Grundentscheidungen bereits gefallen. Insbesondere die Wirtschaftsordnung hatte in der sozialen Marktwirtschaft ihre gültige Form gefunden, welche vor allem die normative Kraft des Faktischen untermauerte. Denn im Grundgesetz, der neuen und vorerst als Provisorium gedachten Verfassung des jungen westdeutschen Staates, wurde die Frage der Wirtschaftsverfassung offengelassen, und sowohl der Parlamentarische Rat als verfassunggebende Versammlung als auch später das Bundesverfassungsgericht hoben stets die wirtschaftspolitische Neutralität des Grundgesetzes hervor.

Ähnlich vage war das Grundgesetz in seinen sozialstaatlichen Bestimmungen ausgefallen. Ganz im Gegensatz zur Weimarer Reichsverfassung von 1919, in der sogar soziale Grundrechte festgeschrieben waren, enthielt die Verfassung der Bundesrepublik nur wenige Klauseln, die dem Bonner Staat als Sozialstaat Konturen geben mochten. So bestimmte Artikel 20, Absatz 1 des Grundgesetzes, daß die Bundesrepublik ein »demokratischer und sozialer Bundesstaat« sei, eine Feststellung, die obendrein der Unabänderlichkeitsklausel des Artikel 79 unterlag; doch blieb offen, welche Form die Sozialstaatlichkeit anzunehmen hatte. Ob sich aus dem sozialen Staatsziel materielle soziale Grundrechte ableiten ließen, war unter den Verfassungsrechtlern lange Zeit umstritten, und vollends geklärt ist diese Frage bis heute nicht. Das Grundgesetz zog der Konkretion seines Artikels 20 insofern von Anfang an Grenzen, als bei der materiellen Ausfüllung der Sozialstaatlichkeit immer die gleichfalls verfassungsrechtlich garantierten Gebote der Rechtsstaatlichkeit und des Gleichheitsgrundsatzes zu beachten waren. Die Staatsrechtler gingen in den 1950er Jahren sogar davon aus, daß sich Sozialstaatlichkeit und Rechtsstaatlichkeit im Grunde kaum vereinbaren ließen; erst in den 1960er Jahren gewann das juristische Argument an Gewicht, daß Rechtsstaatlichkeit eines sozialstaatlichen Fundaments bedürfe, um überhaupt praktisch wirken zu können. Im Zusammenhang damit stand eine Neuinterpretation der Grundrechte, die nun nicht mehr nur als klassische liberale Abwehrrechte gegenüber staatlichen Eingriffen in die Privatsphäre des Bürgers gesehen wurden, sondern als Aufforderungen an den Gesetzgeber, den Bürgern die Wahrnehmung ihrer politischen Grundrechte zu ermöglichen, indem er die materielle Basis ihrer Existenz sicherte. Sozialstaatlichkeit hatte demnach nicht mehr die alleinige Funktion der Daseinsvorsorge bzw. der

Fürsorge für jene, die nicht mehr selbst für ihren Lebensunterhalt aufkommen konnten; vielmehr wurde ihr die Aufgabe zugeschrieben, den Bürgern die aktive Teilhabe am politischen Leben zu ermöglichen. Sozialpolitik hatte entsprechend den Zugang zu kollektiven Gütern zu eröffnen, insbesondere zu Bildung. In diesem Perspektivenwechsel verbarg sich eine wichtige Zäsur in der Geschichte der deutschen Sozialstaatlichkeit, weil in ihm die säkularen Probleme sozialer Sicherheit und politischer Partizipation zusammengeführt wurden und in einer Antwort gelöst werden sollten. Damit näherte sich der (west-)deutsche Sozialstaat in seinem Grundverständnis den skandinavischen Sozialstaaten an, nahm aber auch Elemente des anglo-amerikanischen »welfare state«-Verständnisses, besonders der Theorie sozialer Bürgerrechte, in sich auf. In der Offenheit der verfassungsrechtlichen Bestimmungen lag eine bedeutende Chance, bestehende Traditionslinien deutscher Sozialstaatlichkeit in neue Bahnen zu lenken, zu modernisieren, aber natürlich auch, sie nur geringfügig zu modifizieren und fortzuführen. Diese Chance war in der Umbruchsphase von 1945 bis 1949 sicherlich am größten, aber auch danach war in rechtlicher Hinsicht durchaus Spielraum für weitreichende Reformen vorhanden. Ob solche Chancen politisch genutzt wurden, ja, ob man Reformen überhaupt für notwendig hielt, hing freilich entscheidend von den innenpolitischen Machtkonstellationen ab.

Nicht Neuerungen im Grundgefüge galt das politische Interesse in der jungen Bundesrepublik, sondern hauptsächlich pragmatischen und wirkungsvollen Lösungen drängender sozialer Probleme. Vier Jahre nach Kriegsende waren vordringlich die Folgen des Krieges zu bewältigen und die schlimmsten Notlagen wenigstens zu mildern; das System der Sozialversicherungen mußte vollends rekonstituiert und seine Arbeitsfähigkeit für die Zukunft gesichert werden, und schließlich war eine Arbeitsverfassung zu formulieren und auszugestalten, die den freiheitlichen Grundsätzen des westdeutschen Staates entsprach und zugleich dem wirtschaftlichen Wiederaufbau förderlich war.

Um den Lebensunterhalt der Hinterbliebenen des Krieges, der Witwen und Waisen, der Kriegsbeschädigten sowie der Angehörigen derjenigen Soldaten, die sich über das Kriegsende hinaus in Kriegsgefangenschaft befanden, zu sichern, wurden aus Bundesmitteln Zulagen zu Renten- und Pflegegeldzahlungen finanziert; mehr als ein Leben am Existenzminimum ließ sich indes davon kaum bestreiten. Spürbare Verbesserungen brachte das Bundesversorgungsgesetz von 1950, das vor allem den Kreis der Anspruchsberechtigten über die Soldaten und ihre Angehörigen hinaus erweiterte und all jene miteinbezog, die unmittelbar von Kriegseinwirkungen betroffen waren. Damit trug man dem »totalen Krieg« Rechnung, der eben auch und besonders die Zivilbevölkerung in Mitleidenschaft gezogen hatte. Im Laufe der 1950er Jahre wurden Kriegsheimkehrer in die Hilfeleistungen mit einbezogen, mit Hilfe von günstigen Darlehen, Beihilfen und Entschädigungen sollten sie wieder eine sichere Existenz aufbauen und, falls möglich, ins Berufsleben zurückfinden. Wessen Kriegsbeschädigung Einbußen in seinem Einkommen nach sich zog, der durfte seit 1960 einen Berufsschadensausgleich in Anspruch nehmen. Auf diese Weise sollte zumindest in Ansätzen die finanzielle Gleichstellung von Kriegsbeschädigten mit anderen Arbeitnehmern erreicht werden. Insgesamt erbrachten die Sozialkassen Versorgungsleistungen, die schon in den 1950er Jahren bei mehr als drei Milliarden D-Mark jährlich lagen; zu Beginn der 1990er Jahre beliefen sie sich auf mehr als zwölf Milliarden D-Mark, wobei diese Leistungen von immer mehr Personengruppen in Anspruch genommen werden konnten (Bundeswehrsoldaten und ihre Angehörigen, politische Gefangene, Impfopfer usw.).

Nicht nur Kriegsopfer und ihre Angehörigen trugen an den Lasten des Krieges, sondern auch die nach Millionen zählenden Flüchtlinge und Vertriebenen aus den ehemaligen deutschen Ostgebieten. Sie für ihre Verluste an Hab und Gut zu entschädigen und auf diese Weise die Lasten des Krieges gerechter zu verteilen wurde schon bald nach Kriegsende als vordringliche sozialpolitische Aufgabe verstanden und insbesondere im Kontext der Währungsreform von 1948 intensiv diskutiert. Doch erst seit August 1949 konnten Flüchtlinge und Vertriebene materielle Hilfen in Anspruch nehmen, um ihren Lebensunterhalt zu bestreiten, ein Dach über dem Kopf zu erlangen, notwendigen Hausrat wiederzubeschaffen, Berufsausbildungen voranzutreiben und sich eine neue Existenz aufzubauen. Der Umfang dieser Leistungen bestimmte sich nach dem Grad der Bedürftigkeit. Dies als Grundregel für einen allseits für notwendig gehaltenen, umfassenderen Lastenausgleich festzuschreiben war indessen höchst umstritten. Sollte man nicht, wie die Sozialdemokraten argumentierten, die Gunst der Stunde nutzen und im Sinne möglichst großer Verteilungsgerechtigkeit und zugunsten sozialer Egalität entscheiden? Oder mußte es nicht vielmehr darum gehen, so die Auffassung der CDU, die Bestände – und damit auch Differenzen – im Eigentum soweit möglich wiederherzustellen und nicht pauschal, sondern entsprechend der individuellen Verluste Schaden wiedergutzumachen? Das im August 1952 verabschiedete Lastenausgleichsgesetz hatte in vielen Bestimmungen Kompromißcharakter, seinem Grundsatz nach entsprach es freilich eher der CDU- als der SPD-Linie. Denn eine soziale Umverteilung war nicht sein Ziel, sondern die Entschädigung für erlittene Verluste, die allerdings nicht in voller Höhe finanziell ausgeglichen wurden. Anspruchsberechtigt war zunächst, wer durch Vertreibung, Kriegszerstörungen und durch die Währungsreform Vermögenseinbußen erlitten hatte; später wurden auch politische Häftlinge und Flüchtlinge aus der DDR in diesen Kreis mit einbezogen. Zum Lastenausgleich gehörten neben den vielfältigen Entschädigungsleistungen Darlehen und Beihilfen aller Art, welche die Eingliederung der Flüchtlinge und Vertriebenen erleichtern helfen sollten. Finanziert wurden diese Leistungen zum einen aus staatlichen Zu-

schüssen, zum anderen – und das war der weit größere Teil –
aus Abgaben derer, die ihr Vermögen unbeschadet über Krieg
und Währungsreform hinweg gerettet oder sogar (etwa durch
die günstige Umstellung von Hypotheken) vermehrt hatten.
Man darf in dieser Regelung freilich keine tiefgreifende Umverteilung von Vermögensbeständen sehen, denn die Stichtags-
regelung (es galt der 21. Juni 1948) ließ spätere Vermögens-
zuwächse bei der Festsetzung der Abgaben unberücksichtigt,
und obendrein waren die Abgaben über einen langen Zeitraum
und nicht auf einmal zu leisten. Bis Mitte der 1970er Jahre flossen mehr als 98 Milliarden D-Mark in die Kassen der Lasten-
ausgleichsämter; der größte Anteil davon wurde an Vertriebene ausbezahlt. Mit seiner finanziellen und nicht minder
bedeutsamen pychologischen Wirkung trug der Lastenausgleich zur Eingliederung der Flüchtlinge und Vertriebenen in
die westdeutsche Gesellschaft bei, ihre vielfach befürchtete politische Radikalisierung blieb aus.

Parallel zum Lastenausgleich wurde die Entschädigung für
die Opfer der nationalsozialistischen Herrschaft geregelt. Das
betraf zum einen die Bürger anderer Staaten, die unter dem
NS-Regime verfolgt worden waren, bzw. die Angehörigen der
Opfer; hier fiel besonders das Wiedergutmachungsabkommen
mit Israel von 1952 ins Gewicht. Zum anderen ging es um die
Wiedergutmachung erlittener Schäden und Verluste in der
Bundesrepublik selbst. Das Bundesentschädigungsgesetz von
1953 sah insbesondere Kapitalabfindungen vor, bot aber auch
eine rechtliche Grundlage für die Finanzierung von Heilver-
fahren, Umschulungsmaßnahmen oder die Versorgung von
Angehörigen.

Neben der Entschädigung von Opfergruppen zählte die
Schaffung von Wohnraum zu den vordringlichsten sozialpolitischen Aufgaben der ausgehenden 1940er und frühen 1950er
Jahre. Angesichts dramatischen Wohnungsmangels wurde die
staatliche Bewirtschaftung in diesem Sektor bis 1960 beibehalten und erst dann schrittweise abgebaut. Flankiert wurde dies

von umfangreichen öffentlichen Programmen, mit denen Bund, Länder und Kommunen den Wohnungsneubau finanziell förderten, wobei schon bald neben dem Bau von Mietwohnungen auch der von Eigenheimen begünstigt wurde. Daß angesichts von mehr als fünf Millionen neugeschaffener Wohnungen die Bauwirtschaft als eine der leistungsstärksten Branchen erheblich zum ökonomischen Wiederaufstieg der Bundesrepublik beitrug, wird kaum überraschen. Positiv zu Buche schlug gleichermaßen ihr unmittelbarer Effekt: Lag die Quote fehlender Wohnungen 1950 noch bei fünfzig Prozent, so war sie bis Anfang der 1960er Jahre auf vier Prozent gesunken.

Der westdeutsche Sozialstaat stand in den 1950er Jahren im Zeichen von Entschädigung, Wiedergutmachung und Wiederaufbau – und zugleich im Zeichen von Expansion. Denn bereits in jenen Jahren war zu erkennen, daß es nicht allein darum zu tun war, das Niveau sozialer Sicherung der Vorkriegszeit wieder zu erreichen, sondern zu steigern und zugleich den Kreis derer, die davon profitieren mochten, zu erweitern. Hatte der Nationalsozialismus dem deutschen Sozialstaat seine Mechanismen der Exklusion, der Ausgrenzung aufgezwungen, so traten in der Sozialstaatlichkeit der Bundesrepublik von Anbeginn ihre inkludierenden, integrierenden Wirkweisen deutlich hervor. Dieser Kontrast erklärt sich aus der Intention, die Bundesrepublik eindeutig von der NS-Herrschaft abzugrenzen, wie sie sich in nahezu allen Bereichen des Verfassungs- und politischen Institutionengefüges ablesen läßt; nicht minder freilich aus dem Bedürfnis, dem sozialistischen Gesellschaftsentwurf der DDR ein eigenständiges, gleichermaßen freiheitlich-demokratisches und sozialstaatliches Konzept entgegenzusetzen. Solange die deutsche Frage offen war – oder den politischen Akteuren zumindest als offen galt –, mußten sich beide deutsche Staaten auch in ihrer sozialpolitischen Handlungskompetenz und ihrem Leistungsvermögen in der Daseinsvorsorge bewähren, bezogen sie doch daraus einen großen Teil ihrer innenpolitischen Legitimation. Diese

Tatsache allein unterschied die beiden deutschen Sozialstaaten der Nachkriegszeit radikal von ihren historischen Vorläufern. Es waren daher nicht allein soziale Nöte, sondern eben auch politische Erwägungen anderer Art, welche dafür sorgten, daß die Sozialleistungsquote, d. h. der Anteil der öffentlichen Sozialausgaben am Bruttosozialprodukt, in der Bundesrepublik der 1950er Jahre deutlich höher lag als in allen anderen Ländern (nur Österreich wies 1953/54 ähnliche Quoten auf) und doppelt so hoch war wie im Deutschland der 1930er Jahre.

Innerdeutsche Systemkonkurrenz und reale gesellschaftliche Notlagen flossen in der Rentenreform von 1957 zusammen. Sie war Höhepunkt und Wendemarke des westdeutschen Sozialstaates zugleich und wurde auch bereits von den Zeitgenossen als epochemachend wahrgenommen und bei den Bundestagswahlen desselben Jahres honoriert, in denen die regierende CDU/CSU die absolute Mehrheit im Parlament erringen konnte. Notwendig war eine Reform der Alterssicherung geworden, weil die Schere zwischen Renten und Arbeitseinkommen im Laufe der 1950er Jahre immer weiter auseinandergegangen war; im Durchschnitt belief sich die Altersrente nur ungefähr auf ein Drittel der Löhne und Gehälter. Angesichts steigender Lebenshaltungskosten war die Lage vieler Rentner desolat, der Zusammenhang zwischen Alter und Armut eng geknüpft. Daran vermochten auch die Zulagen nichts zu ändern, die bis 1957 mehrfach gewährt wurden. Es war nicht mehr zu übersehen: Das Prinzip der Äquivalenz von Beitrag und Leistung, wie es die deutsche Rentenversicherung seit der Bismarckzeit im wesentlichen bestimmt hatte, war dysfunktional geworden in einer dynamischen Wirtschaft, in der Löhne – und Preise! – beträchtlich stiegen. Zudem bildete das Projekt einer Rentenreform schon seit Anfang der 1950er Jahre den Kern einer umfassenderen Sozialreform, von der freilich nach Jahren der Diskussion nicht mehr übrigblieb als die Reform der Alterssicherung.

Auf den ersten Blick mag es scheinen, als habe die Reform

von 1957 das Bismarcksche System der Alterssicherung bloß fortgeschrieben. Denn am Versicherungsprinzip änderte sich nichts, auch wenn durchaus nach 1945 über die Idee einer staatlich finanzierten Einheitsrente diskutiert worden war. Gleichfalls von radikalen Eingriffen ausgespart blieben die Versicherungsträger: Arbeiter- und Angestelltenversicherung blieben getrennt, Sonderkassen für Bergleute und dergleichen blieben bestehen. Kontinuität zeichnete auch das System der Selbstverwaltung in der Rentenversicherung aus. Nachdem das »Führerprinzip« aus der NS-Zeit wieder aufgehoben worden war, wurde die paritätische Besetzung der Selbstverwaltungsorgane aus der Zeit vor 1934 wieder eingeführt. Und schließlich orientierte sich auch das reformierte System der Alterssicherung an der Erwerbsgesellschaft bzw. an Erwerbstätigkeit, ganz so, wie es im Kaiserreich gegolten hatte.

Gleichwohl markierte die Rentenreform von 1957 eine bedeutende Richtungsänderung im deutschen Entwicklungspfad. Innovativ war sie gleich in mehrfacher Hinsicht: Für die Rentner besonders wichtig war die Anpassung der Renten an die Bruttolöhne, die sogenannte »Dynamisierung«, durch welche sie fortan an der allgemeinen wirtschaftlichen Entwicklung teilhatten. Das Prinzip der beitragsäquivalenten, einkommensbezogenen Altersrente gewährleistete, daß der soziale Status der Beitragszahler auch nach ihrem Ausscheiden aus dem Erwerbsleben erhalten blieb. In der komplexen Berechnungsformel, auf deren Basis die Höhe der Renten festzusetzen war, wurden entsprechend nicht nur das Niveau von Altersrenten und Bruttolöhnen miteinander verzahnt, sondern auch eine individuelle Komponente eingeführt, die relative Einkommenspositionen aus dem Erwerbsleben in den Ruhestand transferierte: Wer mehr verdiente, zahlte höhere Beiträge zur Rentenversicherung und kam später in den Genuß einer höheren Rente. Ihre Höhe bemaß sich schließlich auch nach der Versicherungsdauer; Ausfalljahre durch Wehrdienst, Kriegsgefangenschaft, Krankheit, Arbeitslosigkeit und dergleichen konnten geltend gemacht werden. Relevant für die Bemessung der Rente war demnach die individuelle Lebensarbeitsleistung. Finanziert wurde die Alterssicherung nach wie vor aus paritätisch verteilten Beiträgen von Arbeitnehmern und Arbeitgebern, doch trat nun an die Stelle des überkommenen Kapitaldeckungsverfahrens das Umlageverfahren. Dafür hat sich der Begriff des »Generationenvertrages« eingebürgert. Altersrenten wurden fortan nicht mehr aus angesparten und verzinsten Beiträgen der Versicherten bestritten, sondern aus den Beiträgen der zum Zeitpunkt der Rentenzahlung aktiv im Erwerbsleben stehenden Versicherten. Dieses Prinzip wurde für die Arbeiter- und Angestelltenversicherung gleichermaßen festgeschrieben, die rechtlichen Unterschiede zwischen beiden Versicherungszweigen nahezu vollständig aufgehoben. Daß Anwartschaftszeiten ganz wegfielen und die laufenden Renten im Zuge der Reform signifikant angehoben wurden (durchschnittlich um 65 Prozent), verbesserte die materielle Lage der Rentner erheblich. Renten waren fortan nicht mehr Zuschüsse zum Lebensunterhalt, als die sie in der Bismarckzeit konzipiert worden waren, sondern eine Lohnersatzleistung, deren Umfang in den Jahren des wirtschaftlichen Aufschwunges kontinuierlich wuchs.

Aus der Warte des Historikers nimmt sich die Rentenreform wie der Abschluß der Wiederaufbauzeit aus, signalisierte sie doch, daß es nicht mehr allein um die Behebung oder Linderung aktueller Nöte ging, sondern darum, für den Sozialstaat die Konsequenzen aus dem wirtschaftlichen Aufschwung zu ziehen. Vor allem aber demonstrierte die Rentenreform Zukunftsgewißheit. Die in ihr festgeschriebenen organisatorischen Regeln und ihre Grundprinzipien setzten eine ungebrochene ökonomische Entwicklung und politische Stabilität geradezu voraus; das neue System der Rentenversicherung konnte nur funktionieren, wenn es auf Dauer angelegt war und nicht Gefahr lief, in politischen Umbrüchen suspendiert oder in tiefen wirtschaftlichen Krisen aufgerieben zu werden. Von beidem konnte gegen Ende der 1950er Jahre nicht die Rede sein, und in dieser Hinsicht spiegelte die Rentenreform die innenpolitische Konsolidierung der Adenauerzeit exakt wider. Darüber hinaus aber zeugte sie von der immensen Zuversicht, daß die positive Entwicklung anhalten würde; daß man es also getrost wagen konnte, ein System sozialer Sicherung zu etablieren, das ganz entscheidend von seinen politischen, ökonomischen und – wie der »Generationenvertrag« deutlich zeigte – demographischen Rahmenbedingungen abhing.

Ähnlich tiefgreifende Reformen unterblieben in den übrigen Zweigen der Sozialversicherungen. Hier dominierte Kontinuität. Besonders in der Krankenversicherung scheiterten Strukturreformen an der nach 1945 rasch wiedererstarkten Macht der Ärzteverbände und der Krankenkassen, ohne deren organisatorisches Know-how das Gesundheitswesen nach dem Kriege kaum funktionsfähig gewesen wäre. Kennzeichnend für die Entwicklung in der Gesundheitspolitik waren wiederum Expansion und Inklusion; wie in der DDR ging es in der Bundesrepublik darum, möglichst allen Bevölkerungsgruppen den Zugang zum Gesundheitswesen zu ermöglichen. Im Gegensatz zum ostdeutschen Staat jedoch wurde in der Bundesrepublik Gesundheit als individuelles Gut betrachtet, Leistungen des Gesundheitssystems entsprechend den individuellen Bedürfnissen gewährt. Dieser Sichtweise entsprach es, daß ein öffentlicher Gesundheitsdienst nur rudimentär ausgebildet wurde, sozialhygienische Ansätze aus der Weimarer Republik in der DDR, nicht aber in der Bundesrepublik fortgeführt wurden. Gegen derlei kollektivierende Tendenzen sprachen die Erfahrungen aus der NS-Zeit, die zugleich Zurückhaltung in der Bevölkerungspolitik nahelegten. Von der Expansion des Gesundheitswesens konnten daher – wiederum im Gegensatz zur DDR – auch die Älteren profitieren, die weder im gebärfähigen noch im Erwerbsalter standen; auch ihnen kamen die Fortschritte in der medizinischen Versorgung zugute, die sich in Zeiten des wirtschaftlichen Booms finanzieren ließen, ohne daß finanzielle Argumente die Notwendigkeit von Strukturreformen betonten.

In der Tat läßt sich der ökonomische Aufschwung der 1950er und 1960er Jahre, das »Wirtschaftswunder«, nachgerade als das bedeutendste sozialpolitische Faktum in der Geschichte der Bundesrepublik sehen. Denn in der boomenden Wirtschaft entstanden Arbeitsplätze, stiegen die Löhne und ließen sich soziale Transferleistungen finanzieren. Im Slogan »Wohlstand für alle« drückte sich eine politische Zielvorstellung der 1950er und 1960er Jahre aus: Indem alle Bürger die Chance haben sollten, Vermögen zu bilden, ließen sich die individuellen Einkommenszuwächse in vertraute, bürgerliche Bahnen lenken, sei es in die Anlage von Sparguthaben, sei es in den Erwerb von Wohneigentum. Beides wurde staatlich gefördert, im Zeitraum von 1949 bis 1974 flossen immerhin knapp dreißig Milliarden D-Mark aus den öffentlichen Kassen in Spar- und Wohnungsbauprämien, zu denen seit dem Ersten Vermögensbildungsgesetz von 1961 (»312-DM-Gesetz«) tariflich vereinbarte vermögenswirksame Leistungen hinzukommen konnten. Gleichwohl gelang es zu keiner Zeit, die bestehenden Vermögensunterschiede auszugleichen, und insbesondere an der Verteilung des Produktivvermögens veränderte sich wenig, was seit Anfang der 1970er Jahre von den Gewerkschaften mit wachsender Kritik angesprochen wurde. Angesichts der einsetzenden ökonomischen Krise ließen sich Ideen einer überbetrieblichen Gewinnbeteiligung der Arbeitnehmer indessen nicht mehr durchsetzen. Die Bilanz der Vermögenspolitik fällt daher bei weitem nicht so günstig aus wie diejenige anderer sozialpolitischer Bereiche. Wenn es den Bundesbürgern materiell seit den 1950er Jahren stetig besserging, lagen die Ursachen dafür weniger in der staatlichen Förderung von Vermögensbildung als im wirtschaftlichen Boom jener Jahre.

Der Erfolg der sozialen Marktwirtschaft, der aus den ökonomischen Daten sprach, verhalf dem politischen System der Bundesrepublik zu einem soliden Fundament an Legitimation, was der Weimarer Republik stets versagt geblieben war. Die Wirtschaftsordnung, wie sie in ihren Grundzügen seit 1948 bestand, wurde anerkannt und immer seltener mit alternativen Ordnungsentwürfen konfrontiert, auch wenn ein enger Zusammenhang zwischen ihrer Form und der wirtschaftlichen Entwicklung von der neueren wirtschaftshistorischen Forschung bisweilen mit guten Gründen angezweifelt wird.

Unbestreitbar freilich ist, daß das spezifische Arrangement zwischen »Kapital« und »Arbeit« im Zeichen des »rheinischen Kapitalismus« dem »Wirtschaftswunder« außerordentlich zuträglich war. Von einer hochgradig politisierten Zuspitzung des Verhältnisses von Arbeitgebern und Gewerkschaften blieb die Bundesrepublik verschont, was sie nicht nur von der Weimarer Republik abhebt, sondern durchaus auch von anderen westeuropäischen Nachkriegsgesellschaften, in denen etwa die Streikziffern sehr viel höher lagen als in Westdeutschland. Umgekehrt bargen die sich stetig vergrößernden Verteilungsspielräume der 1950er Jahre die Chance, Interessenkonflikte zwischen den Sozialpartnern im Rahmen eines grundsätzlichen Konsenses zu regeln; brisante Fragen wie das Mitbestimmungsproblem ließen sich vor diesem Hintergrund entschärfen.

Die Frage nach Mitbestimmung in den Unternehmen zu regeln zählte zu den ältesten Anliegen der Gewerkschaften. Nach 1945 hatte sie freilich an Gewicht gewonnen, führte man doch in diesen Kreisen den Aufstieg des Nationalsozialismus auch auf das politische Versagen der Unternehmer zurück. Die von der britischen Besatzungsmacht 1947 verfügte paritätische Mitbestimmung in der Eisen- und Stahlindustrie hatten die Gewerkschaften als einen ersten Erfolg verbuchen dürfen, der sie in der Richtigkeit ihrer Konzeption von »Wirtschaftsdemokratie« aus den 1920er Jahren bestätigt hatte. Doch die Annahme, daß nach der westdeutschen Staatsgründung weitere Fortschritte in dieser Frage folgen würden, erwies sich als Illusion, lediglich im Montanbereich ließ sich 1951 die paritätische Mitbestimmung fortschreiben, im Betriebsverfassungsgesetz von 1952 sowie in dem für den öffentlichen Dienst verabschiedeten Personalvertretungsgesetz von 1955 war davon schon keine Rede mehr. Die Betriebsräte, deren Arbeit die Gesetze regelten, ähnelten in vielfacher Hinsicht ihren Vorläufern aus der Weimarer Republik. So besaßen sie lediglich das Recht, über betriebliche Abläufe informiert zu werden, auf Entscheidungen blieben sie ohne Einfluß. Zwar wurde ihnen Mitsprache bei der Lohngestaltung und bei Arbeitszeitregelungen eingeräumt, doch hatten sie dabei stets das Wohl des Gesamtbetriebs und den Betriebsfrieden zu bewahren. Explizit erhalten blieb im Arbeitsrecht der Gemeinschaftsbegriff, der ebenfalls in der Weimarer Republik und im Nationalsozialismus, hier freilich unter Vorrang des Führerprinzips, eine zentrale Rolle gespielt hatte. Es dauerte bis weit in die 1960er Jahre, ehe die Legitimität pluralistischer Interessen in der Gesellschaft anerkannt wurde und entsprechend industrielle Konflikte nicht mehr unter der dicken Decke des »Gemeinschafts«-Konzepts erstickt werden sollten.

Zu diesem Wandel, der einen wesentlichen Teilbereich westdeutscher Sozialstaatlichkeit transformierte, trugen zum einen Veränderungen innerhalb der Tarifparteien, besonders der Gewerkschaften, bei; zum anderen aber auch die Tatsache, daß von Anbeginn in der Bundesrepublik das »Gemeinschafts«-Ideologem von Prozessen des Aushandelns und des Kompromisses in der Praxis flankiert war. Dies war garantiert durch die Tarifautonomie, die von der im Grundgesetz verankerten Koalitionsfreiheit verfassungsrechtlich abgesichert wurde. Arbeitgebern und Arbeitnehmern kam nun das Recht zu, autonom über die Arbeitsbedingungen zu verhandeln; der Staat beschränkte sich darauf, den Rahmen zu garantieren. Bewußt wurde den Erfahrungen der Weimarer Republik Rechnung getragen, indem das Instrument staatlicher Zwangsschlichtung nicht mehr vorgesehen wurde; der Staat sollte nicht mehr in tarifpolitische Auseinandersetzungen hineingezogen werden und lehnte sogar eine gesetzliche Regelung des Schlichtungswesens ab. Diese trafen die Verbände der Arbeitgeber und die Gewerkschaften 1954 selbst, indem sie die Modalitäten des Schlichtungsverfahrens festschrieben.

Industrielle Konflikte wurden nicht nur durch Verhandlung entschärft, sondern auch und vor allem durch Verteilung. In den 1950er und 1960er Jahren wurde die soziale Sicherung für Arbeitnehmer zügig ausgebaut, so etwa durch die sechswöchige Lohnfortzahlung im Krankheitsfall, die im Juli 1969 gesetzlich verankert wurde und Arbeiter den Angestellten rechtlich völlig gleichstellte. Überkommene Privilegien der Angestellten beschnitt auch der gleichfalls 1969 etablierte Finanzverbund zwischen Arbeiter- und Angestelltenrentenversicherung, der Ausgleichszahlungen zwischen beiden Rentenversicherungen regelte und dafür sorgte, daß die Beiträge für beide Arbeitnehmergruppen gleich blieben. Solche Nivellierungen mochten einerseits die relative Stärke der Gewerkschaften gegenüber den Verbänden der Angestellten widerspiegeln, andererseits trugen sie bedeutsamen sozialökonomischen Entwicklungen Rechnung. Denn Arbeitswelt und Arbeitserfahrung von Arbeitern und Angestellten glichen sich im Laufe der 1960er Jahre immer stärker einander an, was auf den technischen Fortschritt in den Betrieben und die Verdrängung manueller Arbeit zurückzuführen ist. Zugleich wandelten sich Selbstverständnis und Alltagserfahrung besonders der Arbeiter, das überkommene proletarische Milieu erodierte zusehends, so daß bereits in den 1950er Jahren der Soziologe Helmut Schelsky von einer »nivellierten Mittelstandsgesellschaft« sprach. In der Konsequenz ließ sich auch Sozialpolitik nicht mehr vorrangig als Arbeiterpolitik verstehen, und in der Tat floß sie im Verständnis der 1960er Jahre mit anderen Politikbereichen, besonders der Bildungs-, aber auch der Infrastrukturpolitik, im umfassenderen Begriff der »Gesellschaftspolitik« zusammen.

Darin spiegelte sich obendrein ein verändertes Verständnis von der Rolle des Staates wider. Die Große Koalition, in der sich 1966 CDU/CSU und SPD unter dem Druck der ersten konjunkturellen Krise zusammenfanden, schrieb dem Staat eine aktivere Rolle in der sozialen Marktwirtschaft zu. Es war demnach Aufgabe des Staates, für Stabilität und angemessenes Wachstum der Wirtschaft, ausgeglichene Zahlungsbilanz und Vollbeschäftigung Sorge zu tragen, wie es das Stabilitätsgesetz von 1967 bestimmte. Damit korrespondierte ein aktives staatliches Engagement auch auf dem Arbeitsmarkt, dessen Dysfunktionen nicht allein dadurch auszugleichen waren, daß die Folgen von Arbeitslosigkeit gemildert wurden. Vielmehr suchte man nun Arbeitslosigkeit überhaupt zu verhindern. Das war ein qualitativ neuer sozialpolitischer Anspruch, der mit dem Arbeitsförderungsgesetz (AFG) vom Juni 1969 Gesetzesrang erhielt. Wie sehr die Weimarer Republik noch die Bundesrepublik als Sozialstaat geprägt hatte, kann man daran ablesen, daß erst mit dem AFG das Gesetz über Arbeitslosenversicherung und Arbeitsvermittlung von 1927 abgelöst wurde. Aktive Arbeitsmarktpolitik bedeutete nun: Arbeitsvermittlung, Berufsberatung, die Förderung beruflicher Ausbildung, Fortbildung und Umschulung, Maßnahmen zugunsten behinderter Arbeitnehmer, finanzielle Hilfen zur Schaffung und Erhaltung von Arbeitsplätzen. Indem Arbeitnehmer individuell gefördert und weitergebildet wurden, sollten sie sich als flexible und mobile Arbeitskräfte auf dem Arbeitsmarkt reintegrieren können; in Zeiten einer dynamischen technischen Entwicklung wurde es als vordringliche Aufgabe erkannt, Lernprozesse zu fördern und zu unterstützen. Mit dem Berufsbildungsgesetz vom August 1969, welches das AFG ergänzte, wurden die aus dem 19. Jahrhundert stammenden Regulierungen der Berufsausbildung reformiert. Es stärkte die rechtliche Position des Auszubildenden, definierte Qualitätskriterien für Ausbildungsstätten und Ausbilder, förderte die Berufsbildungsforschung und legte die Zuständigkeiten des Bundes in diesen Bereichen fest.

Die Berufsbildungsforschung war lediglich ein Feld, auf dem der wissenschaftliche Anspruch sozialpolitischen Handelns deutlich wurde. Seit Ausgang der 1950er Jahre nahm das Gewicht von wissenschaftlichen Experten bei der Formulierung sozialer Probleme, sozialpolitischer Vorhaben und ihrer Implementation kontinuierlich zu; der Bedarf der politischen Akteure an Beratung stieg, je komplexer sich gesellschaftliche und ökonomische Entwicklungen und Zusammenhänge gestalteten. Das war keineswegs ein gänzlich neuartiges Phänomen, war doch der Einfluß von Experten bereits seit dem Kaiserreich beträchtlich gewesen. Stammten diese zu großen Teilen aus der professionellen Sozialarbeit und den involvierten Verbänden, so ist seit den 1960er Jahren besonders die Bedeutung wissenschaftlicher Experten gestiegen, während zugleich das Sozialwesen selbst zunehmend verwissenschaftlicht wurde. Seither beherrschen Gutachten, Anhörungen von Sachverständigen und wissenschaftliche Studien den sozialpolitischen Diskurs, was sich namentlich in den Fragen der Renten- und Krankenversicherung bis zum heutigen Tage ein ums andere Mal bestätigt.

Daneben beeinflußte der Demokratisierungsschub, der die westdeutsche Gesellschaft in den 1960er Jahren erfaßte, die Fortentwicklung der Bundesrepublik als Sozialstaat. Dies wird besonders deutlich in den Diskussionen über eine Reform der Mitbestimmung, die sich seit der Mitte des Jahrzehnts intensivierten. Eine schier unüberschaubare Fülle von Mitbestimmungsmodellen wurde innerhalb und außerhalb des Parlaments erörtert, ehe Anfang 1976 ein neues Mitbestimmungsgesetz in Kraft treten konnte. Dies zählte noch zum innenpolitischen Reformprogramm der sozialliberalen Regierung unter Willy Brandt, der damit, wie er schon bei seinem Amtsantritt 1969 erklärte, »den heutigen Anschauungen des arbeitenden Menschen über seine Stellung im Betrieb und über seine Beteiligung an betrieblichen Entscheidungsprozessen« Rechnung tragen wollte.[30]

Inhaltlich blieb das neue Gesetz hinter den Erwartungen der Gewerkschaften zurück, während sich die Arbeitgeber in ihrer

Handlungskompetenz sogar so weit behindert fühlten, daß sie, wenn auch erfolglos, vor dem Bundesverfassungsgericht Klage erhoben. Sie kritisierten vor allem, daß neuerdings in Betrieben (ab einer bestimmten Größe) die Arbeitnehmer im Aufsichtsrat und im Vorstand vertreten waren. In der Tat erweiterte das Gesetz den Bereich der Unternehmensmitbestimmung, doch blieb die Entscheidungsgewalt der Arbeitgeber in allen betriebswirtschaftlichen Belangen ungeschmälert, an die Montanmitbestimmung reichte das neue Gesetz jedenfalls nicht heran. Auf betrieblicher Ebene stärkte das Betriebsverfassungsgesetz von 1972 die Rechte des einzelnen Arbeiters, erweiterte den Bereich, auf den die Arbeitnehmer Mitspracheansprüche erheben konnten, und sicherte den Einfluß der Gewerkschaften in den Betrieben. Aus Sicht der Regierung war dies ein weiterer bedeutsamer Schritt zur Demokratisierung des Wirtschaftslebens.

Die Expansion des Sozialstaates in den 1960er Jahren sollte den Prozeß der gesellschaftlichen Demokratisierung materiell unterfüttern helfen und in sozialer Hinsicht abstützen. Sozialpolitik unter reformerischen Vorzeichen hieß, Teilhabe am gesellschaftlichen und politischen Leben zu ermöglichen. Diesem Gedanken hatte bereits die Reform der Fürsorge Rechnung getragen, wie sie sich 1961 im Bundessozialhilfegesetz niedergeschlagen hatte. Zwar war das Bedarfsminimum nach wie vor knapp kalkuliert, doch ging der Grundsatz, daß die Sozialhilfe ein menschenwürdiges Dasein ermöglichen sollte, deutlich über die Fürsorgebestimmungen von 1922/24 hinaus, die das BSHG ersetzte. Die Sozialhilfe wurde in den 1970er Jahren weiter ausgebaut, ihre Leistungen 1974 »dynamisiert«, d. h. an die Entwicklung der Arbeitnehmereinkommen angekoppelt. Demokratisierende Tendenzen wirkten bis in die Praxis sozialen Handelns hinein, in der, beispielsweise in der Jugendfürsorge, den Fürsorgeklienten erhebliche Mitbestimmungschancen eingeräumt wurden.

Im festen Vertrauen darauf, daß die günstige wirtschaftliche

Entwicklung anhalten würde (man rechnete mit fünf Prozent Wachstum jährlich), führte die sozialliberale Koalition 1972, anderthalb Jahrzehnte nach der ersten, eine zweite große Rentenreform durch. Sie flexibilisierte die Altersgrenzen und sorgte dadurch für die Möglichkeit, den Eintritt ins Rentenalter individuell zu bestimmen. Das galt auch für nicht abhängig Beschäftigte, denen nun der Zugang zur Rentenversicherung eröffnet wurde, d. h. insbesondere Selbständigen, aber auch Hausfrauen oder Studenten. Indem die Rente fortan nach einem fiktiven Mindesteinkommen – und nicht nach dem tatsächlichen Einkommen von Geringverdienenden – berechnet wurde, stellten sich viele Bezieher von Altersrenten deutlich besser, zumal obendrein die nächste Runde der Rentenanpassung um drei Jahre vorgezogen wurde. Daß all dies kurz vor den Bundestagswahlen angekündigt wurde, mag sicher niemand als Zufall interpretieren. Und nicht allein die Altersrenten stiegen, auch die Leistungen der Kranken- und Unfallversicherungen sowie der Kriegsopferversorgung wurden ausgebaut, die Ausbildungsförderung durch die Einführung des »Bafög« 1971 erweitert.

Um 1972/73 hatte die Expansion des westdeutschen Sozialstaats ihren Höhepunkt erreicht. Nie wieder wurde mit so viel Zuversicht und politischem Wagemut das sozialpolitische Füllhorn über den Bürgern ausgeschüttet, an die Stelle von Reformeifer traten bald Nüchternheit und der Zwang zu sparen. Denn von der Krise, die in der Folge des Erdölpreisschocks von 1973 alle Industrieländer gleichermaßen erfaßte, blieb auch der deutsche Sozialstaat nicht verschont. Es folgten magere Jahre, auch in der Sozialpolitik. Die steigende Arbeitslosigkeit, die 1975 die Millionengrenze überschritt, belastete die Kassen der Sozialversicherungen, in die weniger Beiträge flossen, während mehr Leistungen in Anspruch genommen wurden. Da zugleich die Steuereinnahmen sanken, verengte sich der Handlungsspielraum des Staates, der doch wenige Jahre zuvor erst als aktiver Staat definiert worden war. Nun hieß das Schlagwort der Zeit »Unregierbarkeit«, was auf komplexere politische Zusammenhänge, wachsende internationale Verflechtung und geringere Verteilungsspielräume zielte. Diesen Befund mochte auch das Ende der Konzertierten Aktion erhärten, jener Koordinierungsinstanz mit korporatistischen Anklängen, die 1967 zwischen Arbeitgebern und Gewerkschaften zustande gekommen war und nun, in der Krise der 1970er Jahre, in ihren Regulierungsaufgaben völlig versagte. Als die Arbeitgeber 1977 gegen die neue Mitbestimmung klagten, kündigten die Gewerkschaften ihre Mitwirkung an den Gesprächen auf, während sie selbst in den Jahren zuvor durch überhöhte Lohnforderungen und Arbeitsniederlegungen die Kooperationsbereitschaft der Unternehmer wiederholt herausgefordert hatten.

In Anbetracht einer Sozialleistungsquote von beinahe 38 Prozent (1975) und kontinuierlich steigender Staatsverschuldung lag es nahe, die Finanzierbarkeit sozialpolitischer Leistungen auf den Prüfstand zu stellen. Tatsächlich wurden schon 1975 von der Bundesregierung unter Helmut Schmidt erste Kürzungen vorgenommen, vornehmlich im Bereich der Umschulung und beruflichen Weiterbildung sowie der Unterstützung für Arbeitslose. Die zweite Hälfte der 1970er und die 1980er Jahre standen schließlich im Zeichen der Rücknahme etlicher, in den Jahren der Fülle beschlossener Verbesserungen: Die Renten wurden nur noch verzögert an die Löhne angepaßt, der Leistungskatalog der Krankenversicherung beschnitten und der Anteil privater Eigenleistungen erhöht, Kindergeld, Sozialhilfe, Wohngeld und Arbeitslosengeld und -hilfe wurden gekürzt, während die Beiträge zu den Sozialversicherungen stiegen. Strukturelle Reformen freilich unterblieben.

Dieser Befund gilt auch für die bürgerliche Koalition aus CDU/CSU und FDP, die im Herbst 1982 das glücklose und gespaltene sozialliberale Kabinett ablöste. Während in anderen westlichen Industrieländern, namentlich in Großbritannien unter Margaret Thatcher und in den USA unter Ronald Reagan, in den 1980er Jahren eine prononcierte Wende zugunsten neoliberaler und monetaristischer Ordnungskonzeptionen vollzogen wurde, blieb der westdeutsche Sozialstaat in seinen Grundzügen unverändert. Wohl erfolgten weitere Kürzungen sozialer Leistungen, doch vorrangig waren nicht Strukturreform oder Rückbau des Sozialstaates das Ziel der Regierung, sondern Konsolidierung und Stabilisierung auf dem Niveau der 1970er Jahre. Ab Mitte der 1980er Jahre ging man sogar wieder dazu über, den Umfang einzelner Leistungen zu erweitern (beispielsweise in der beruflichen Bildung, durch die Einführung des Erziehungsgeldes oder die Anrechnung von Kindererziehungszeiten auf die Rentenbemessung), ehe der Prozeß der deutschen Vereinigung den Sozialstaat vor gänzlich neue Herausforderungen stellte.

Seit den 1970er Jahren ist die Vokabel »Krise« zum Fixpunkt aller sozialpolitischen Debatten geworden. In der Tat war für niemanden mehr zu übersehen, daß der Sozialstaat an seine finanziellen Grenzen gelangt war, seine weitere Expansion sich von selbst verbot. Das Angebot sozialer Leistungen auf dem erreichten Niveau zu stabilisieren lautete das Gebot der Stunde, das auf eine eigenartige Diagnose zurückzuführen ist. In der Art und Weise, wie sie sozialpolitisch handelten, beabsichtigten die maßgeblichen Akteure eine Kur, die auf konjunkturelle Krisen abgestimmt war; daß man es freilich in Wirklichkeit mit einer strukturellen Krise des Sozialstaates zu tun hatte, mochte kaum jemand eingestehen. Ich werde in den letzten beiden Kapiteln dieses Buches ausführlich auf die vielfachen Dimensionen dieser Krise eingehen, mich hier daher darauf beschränken, die Krisenlage der 1970er Jahre historisch zu spezifizieren.

Zuerst und vor allem schlug nun der demographische Wandel zu Buche, der seit den 1960er Jahren zu beobachten war und im darauffolgenden Jahrzehnt unübersehbar wurde. Dadurch daß die Geburtenraten sanken und bald die Zahl der Geburten diejenige der Sterbefälle nicht einmal mehr ausgleichen konnte, begann die eigentliche Basis des »Generationenvertrages« zu bröckeln, woran auch die familienpolitischen Verbesserungen (Kindergeld ab dem ersten Kind, Erhöhung des Kindergeldes, Einführung eines Mutterschaftsgeldes) jener Jahre nichts zu ändern vermochten. Das bedrohte das System der Alterssicherung, wie es 1957 etabliert und 1972 noch erheblich ausgebaut worden war. Daß immer weniger Kinder geboren wurden, hatte viel mit veränderten Rollenbildern und dem gewandelten Selbstverständnis von Frauen im gebärfähigen Alter zu tun. Der Anteil von Erwerbstätigen unter ihnen wuchs kräftig in den 1970er Jahren, wobei besonders auch verheiratete Frauen mehr und mehr einer Tätigkeit außer Haus nachgingen. Natürlich trug dies in keiner Weise dazu bei, die angespannte Situation auf dem Arbeitsmarkt zu entlasten, die sich ohnehin durch den Zugang der geburtenstarken Jahrgänge weiter zuspitzte.

Als weiterer struktureller Krisenfaktor ist die Transformation der Erwerbsgesellschaft seit den 1970er Jahren zu nennen. In den Betrieben wurden Arbeitsabläufe mehr denn je rationalisiert, technische Innovationen verdrängten die menschliche Arbeitskraft. Das war ein irreversibler Prozeß, der sich eben keineswegs nach Durchschreiten der konjunkturellen Talsohle wieder rückgängig machen ließ. Die klassische Arbeitsgesellschaft, an der sich der deutsche Sozialstaat ausgerichtet hatte, gelangte an ihr historisches Ende und ging über in die »postindustrielle Gesellschaft«. Dem trug man freilich weder in den 1970er noch in den 1980er Jahren, weder von sozialliberaler noch von christdemokratischer Seite, Rechnung, sondern beschränkte sich darauf, die Symptome zu kurieren, anstatt nach den Ursachen zu fragen. Und der rasche Zusammenbruch der DDR schuf schließlich eine Fülle drängender, schnell zu behebender sozialer Probleme, so daß es nahelag, sich auf diese zu konzentrieren und mit den vertrauten Instrumenten zu beheben – und nicht die Gunst der Stunde für eine grundlegende Bestandsaufnahme und Revision westdeutscher Sozialstaatlichkeit zu nutzen.

Die grundstürzenden Ereignisse, die in der DDR mit Protest-
bewegungen und Massenflucht im Herbst 1989 einsetzten und
schließlich, nur ein Jahr später, zur Vereinigung der beiden
deutschen Staaten führten, warfen nicht zuletzt elementare
Fragen an den deutschen Sozialstaat auf. Historisch ohne Vorbild, wurde binnen weniger Monate ein rechtlicher Rahmen
für den Übergang eines zentralistisch-staatssozialistischen Systems in eine demokratische, marktwirtschaftlich organisierte
Ordnung geschaffen. Indessen war es mit der rechtlichen Regelung des Beitritts der ostdeutschen Länder zur Bundesrepublik nicht getan, denn viel zu tief war der Einschnitt, den die
Vereinigung in den individuellen Biographien der ostdeutschen
Bürger hinterließ. Ihre völlig unterschiedlichen Startbedingun-
gen in die Einheit trennte die Deutschen nach dem 3. Oktober
1990 weiterhin; bedeutende Transferleistungen von West nach
Ost waren notwendig, um das Wohlstandsgefälle zumindest
abzuschwächen. Und es gab Gewinner und Verlierer der Einheit, was deren Legitimierung in der Bevölkerung zweifellos
eher abträglich war.

Die Vereinigung der beiden deutschen Staaten hatte weitreichende Folgen für Deutschlands Stellung in der Welt, deren
Konsequenzen wir derzeit noch gar nicht absehen können, sie
veränderte das Parteiensystem und innenpolitische Konfliktlinien. All dies wäre einer ausgiebigen Analyse wert. Wir wollen uns hier jedoch auf die Vereinigung der beiden deutschen
Systeme sozialer Sicherung im Kontext der staatlichen Einheit
konzentrieren sowie verfolgen, wie sich der deutsche Sozialstaat nach 1990 unter den neuen Bedingungen weiterent-
wickelte. Daß die gesamtdeutsche Zukunft nicht einfach zu
bewältigen sein würde, ließ sich angesichts der bereits bestehenden Problemlagen durchaus erahnen. Dabei waren und
sind es freilich nicht allein materielle Probleme, die den deutschen Sozialstaat belasten, sondern strukturelle. Diese These

greift bereits vor auf die letzten beiden Kapitel, die sich ausdrücklich mit der Frage beschäftigen werden, ob der Sozialstaat überhaupt noch eine Zukunft hat. Hier nun wollen wir zunächst klären, welche Zukunft sich der deutsche Sozialstaat seit 1990 verschuf.

Historiker und Sozialwissenschaftler sind noch immer auf der Suche nach einer knappen Formel, unter die sich der historische Moment der Vereinigung und ihre Folgen subsumieren ließen. Da ist viel von »friedlicher Revolution« die Rede, von »Systemwechsel«, »nachholender Modernisierung« oder »Transformation«. Am ehesten dürfte für unser Interesse letzterer Terminus geeignet sein, weil er einen gesamtgesellschaftlichen, ökonomischen und politischen Umbruch bezeichnet und nicht nur einzelne Aspekte dieses Prozesses akzentuiert. Zudem signalisiert der Transformationsbegriff, daß es sich nicht um ein punktuelles Ereignis handelte, sondern um längerfristig wirksame Veränderungen, die nun, mehr als zehn Jahre nach der Vereinigung, teils immer noch kein Ende gefunden haben.

Dies mag bei näherer Betrachtung kaum überraschen. Denn zu unterschiedlich waren die deutschen Gesellschaften in Ost und West, ihre Wirtschaftsordnungen, ihre politischen Systeme und, mit alledem einhergehend, ihre politischen Kulturen und Leitvorstellungen, als daß sich diese quasi über Nacht zu einem homogenen Gebilde verschmelzen ließen. Ein paar knappe Angaben mögen genügen, um die eklatanten Differenzen zu veranschaulichen: Während im Westen Deutschlands der Übergang zur »dritten industriellen Revolution« im Gange oder in weiten Teilen bereits vollzogen war, wies die Sozialstruktur der DDR am Ende der 1980er Jahre noch immer die Merkmale einer »klassischen« Industriegesellschaft auf. Ein weit höherer Anteil der Beschäftigten als im Westen arbeitete in der produzierenden Industrie, während der Dienstleistungssektor entsprechend vergleichsweise schwach ausgeprägt war. Man kann mit Blick auf die einschlägigen Statistiken davon ausgehen, daß die Beschäftigungsstruktur im Osten in etwa dem Zuschnitt derjenigen des Westens in den 1960er Jahren glich. Ähnliche Befunde können wir für die Siedlungsstrukturen erheben; auch hier war die ostdeutsche Gesellschaft noch ländlicher, kleinstädtischer geprägt als ihr westdeutsches Pendant. Schon eine erste ökonomische Bestandsaufnahme offenbarte den katastrophalen Zustand des Kommunikations- und Verkehrswesens, der wirtschaftlichen Infrastruktur, der Energieversorgung sowie teilweise auch des Gesundheits- und Bildungswesens. Als das Ende der DDR-Staatlichkeit nahe war und bereits marktwirtschaftliche Elemente Einzug hielten in die ostdeutsche Wirtschaft, kam zudem die bislang verdeckte Arbeitslosigkeit rasch zum Vorschein.

Die Wirtschafts-, Währungs- und Sozialunion, die am 1. Juli 1990 in Kraft trat, führte im Grunde übergangslos das System der sozialen Marktwirtschaft in den fünf ostdeutschen Ländern ein. Mit ihr kam die D-Mark – und die Hoffnung, auf diesem Wege die Migration ostdeutscher Bürger nach Westen einzudämmen und ihnen vor Ort eine Wohlstandsperspektive zu vermitteln. Dazu trug zweifellos bei, daß die Währung im Verhältnis 1:1 umgestellt wurde, sofern Löhne, Gehälter, sonstige Einkommen sowie Pachten und Mieten betroffen waren; für Guthaben galt dieser Kurs nur bis zu einer gewissen Höhe, darüber hinaus gehende Beträge wurden 2:1 gewechselt. Allerdings wurde die Kehrseite der Wirtschafts- und Währungsunion nur allzurasch erkennbar, denn mit dem westlichen Warenangebot, das nun den ostdeutschen Markt überflutete, konnten die Produkte der maroden DDR-Wirtschaft nicht konkurrieren. Die Produktion ging zurück, vor allem in der Industrie, aber auch in Handel und Handwerk, in der Landwirtschaft und im Baugewerbe. Produktionsstandorte und Märkte brachen regelrecht zusammen oder wurden ebenso »abgewickelt« wie Verwaltungen oder Bereiche des öffentlichen Dienstes. Die Folge war ein massiver Beschäftigungsabbau. Die Zahl der Erwerbstätigen in Ostdeutschland war 1992 um etwa ein Drittel im Vergleich zu 1989 gesunken, hohe Arbeitslosenquoten bildeten fortan ein Kernproblem des »Aufbaus Ost«.

Aber nicht allein die einsetzende Arbeitslosigkeit belastete die Vereinigung der beiden deutschen Sicherungssysteme. Es stellten sich vielmehr zunächst primär organisatorische und institutionelle Fragen. Wie ließ sich, neben der Wirtschaftsordnung, das westdeutsche System nach Osten transferieren, wo es auf völlig andere Umweltbedingungen und Erwartungen stieß? Die Bürger dort erhofften sich eine möglichst rasche Angleichung der materiellen Lebensbedingungen und des Konsumniveaus an den westlichen Standard, gleiche Marktchancen ohne das undurchsichtige System der Privilegierungen, wie es sich in der DDR ausgeprägt hatte, sowie soziale Absicherung gegen die Risiken, die sie nun zum Teil ganz neu erfuhren (wie etwa den Verlust des Arbeitsplatzes). Garant all dessen sollte der Staat sein. Wie stark sich das Denken in staatlichen Zuständigkeiten verfestigt hatte, belegt der Verfassungsentwurf des »Runden Tisches« vom April 1990, in dessen sozialpolitischen Passagen staatliche Grundfinanzierung und kostenloser Zugang der Bürger zu kollektiven Gütern (Bildung und Erziehung) vorgesehen war sowie das Recht auf angemessenen Wohnraum und auf Arbeit verbürgt sein sollte.

Der Weg zur staatlichen Einheit mußte durch sozialpolitische Maßnahmen begleitet werden, um den neu eingeführten Ordnungssystemen in Wirtschaft und Politik breite Akzeptanz und Legitimation zu verschaffen. Deshalb konnte es auch nicht damit getan sein, einzelne Elemente des ostdeutschen Sozialsystems zu reformieren und gewandelten Bedürfnissen anzupassen. Die beiden Staatsverträge, die der Vereinigung am 3. Oktober 1990 zugrunde lagen, regelten entsprechend den Transfer des westdeutschen Rechts der sozialen Sicherung. In manchen Bereichen geschah dies in Ansätzen bereits vorher: So verpflichtete der Vertrag über die Wirtschafts-, Währungs- und Sozialunion die Regierung der DDR, ein Arbeitsförderungsgesetz analog zum westdeutschen AFG von 1969 zu schaffen und die Arbeitsverwaltung nach westdeutschem Vorbild umzugestalten. Nach der Vereinigung galt das AFG, ergänzt durch einige Übergangsregelungen und Sonderbestimmungen, in ganz Deutschland. Um die Arbeitslosigkeit abzufangen, kamen unterschiedliche Instrumentarien zum Einsatz: Vorruhestandsregelungen und die Zahlung von Altersübergangsgeld entlasteten den Arbeitsmarkt von älteren Erwerbslosen; indem Ausbildungs- und Umschulungsmaßnahmen massiv gefördert wurden, sollten die Chancen jüngerer verbessert werden. Arbeitsbeschaffungsmaßnahmen (ABM) dienten dem Zweck, Erwerbslose wieder an den Arbeitsmarkt heranzuführen. Auch diese Maßnahmen wurden in großem Umfang durchgeführt, 1993 etwa befanden sich durchschnittlich fast 390 000 Bürger in der ABM-Förderung. Indessen hat sich im Laufe der Jahre gezeigt, daß damit gerade das Problem von Dauerarbeitslosigkeit nicht zu beseitigen war.

Nicht nur die Arbeitslosenversicherung wurde mit der Vereinigung in Ostdeutschland rekonstituiert, sondern auch die anderen Zweige der Sozialversicherungen neu organisiert. Dazu wurden, wie im Vertrag zur Wirtschafts-, Währungs- und Sozialunion vereinbart, die Kranken- und Unfallversicherung aus der Einheitssozialversicherung herausgelöst, wieder als eigenständige Zweige etabliert und ihr Budget vom Staatshaushalt abgetrennt. Der Einigungsvertrag sorgte dafür, daß das westdeutsche System der gesetzlichen Krankenversicherung sowie der vielfältigen Krankenkassen transferiert wurde. In diesem Bereich dürfte der Einschnitt durch die Transformation am tiefsten gewesen sein, ging es doch darum, ein System öffentlicher Gesundheitsvorsorge mit kostenlosen Leistungen umzuwandeln in ein Versicherungssystem, innerhalb dessen Beiträge und Zuzahlungen von den Versicherten aufzubringen waren. Und hier vollzog sich der Übergang erstaunlich gründlich: Denn obwohl bis Ende 1995 die DDR-typischen Gesundheitseinrichtungen wie Polikliniken und Ambulatorien rechtlich fortbestehen konnten, setzte sich rasch das bundesdeutsche Muster niedergelassener, freiberuflich tätiger Ärzte durch. Man kann diese Entwicklung wohl nicht zuletzt den starken westdeutschen Krankenkassenverbänden und ärztlichen Standesorganisationen zuschreiben.

Als besonders schwierig erwies sich die Regelung der Rentenversicherung. Hier ging es darum, den allzuoft am Existenzminimum befindlichen Lebensstandard der Rentner in Ostdeutschland zu heben, was freilich enorme materielle Probleme aufwarf. Sozialzuschläge, Auffüllbeträge und umfangreiche Transferzahlungen dienten dem Zweck, das Gefälle im Rentenniveau von Ost und West zu vermindern, wobei die unterschiedlichen Lebensläufe durchaus verzerrende Effekte haben konnten. Denn häufig konnten die Rentner im Osten, besonders die Frauen unter ihnen, auf längere Erwerbszeiten verweisen als im Westen; »Lebensleistungen« in der Höhe der Rente angemessen zu berücksichtigen, gleichzeitig einerseits Bestandsschutz zu geben und andererseits das Prinzip der Verteilungsgerechtigkeit zu beachten politisierte die Rentenfrage beträchtlich. Gleichwohl kann man grosso modo wohl davon ausgehen, daß die Rentner in Ostdeutschland zu den Gewinnern der Vereinigung zählten.

Auch die Umstellung der übrigen Sozialversicherungszweige, auf die ich hier nicht eigens eingehen will, sowie des öffentlichen Fürsorgewesens vollzog sich im wesentlichen durch Institutionentransfer von West nach Ost. Gerade bei der Fürsorge war es notwendig, die DDR-spezifische Zentralisierung, die im Grunde die völlige Umkehrung des Subsidiaritätsprinzips dargestellt hatte, rückgängig zu machen und die Kommunen als Träger der öffentlichen Fürsorge wiedereinzusetzen. Da das Fürsorgewesen obendrein vollständig unter staatlicher Aufsicht gestanden hatte, fehlten auch intermediäre Instanzen; der Bereich freier Wohlfahrtspflege war kaum ausgebildet. Seitdem die Nationalsozialisten 1933 die freie Wohlfahrtspflege durch Zentralisierung und Verstaatlichung marginalisiert hatten, war in der ostdeutschen Kultur der sozialen Sicherung eine Lücke geblieben, die es nun wiederaufzufüllen galt. Deshalb stand das private Fürsorgewesen, besonders das kirchliche, gleichfalls vor einem Neubeginn. Die Notwendigkeit, diesen Bereich neu zu ordnen, führte bemerkenswerterweise dazu, daß das Subsidiaritätsprinzip und die freie Wohlfahrtspflege nun Verfassungsrang erhielten. Artikel 32 des Einigungsvertrags, der verfassungsrechtliche Bedeutung hat, bestimmte: »Die Verbände der Freien Wohlfahrtspflege und die Träger der Freien Jugendhilfe leisten mit ihren Einrichtungen und Diensten einen unverzichtbaren Beitrag zur Sozialstaatlichkeit des Grundgesetzes. Der Auf- und Ausbau einer Freien Wohlfahrtspflege und einer Freien Jugendhilfe ... wird im Rahmen der grundgesetzlichen Zuständigkeiten gefördert.« Damit fanden zivilgesellschaftliche Elemente Eingang in die Verfassung; ob sie sich im Sozialstaatsdiskurs der Bundesrepublik bereits durchgesetzt haben, soll dahingestellt bleiben.

Mit der Einführung der sozialen Marktwirtschaft verbanden sich etliche arbeits- und tarifrechtliche Neuerungen. Der FDGB löste sich, nach vergeblichen Reformanläufen, Mitte September 1990 auf, während Gespräche zwischen den ost- und westdeutschen Einzelgewerkschaften über Fusionen längst im Gange waren. Der DGB selbst betrieb seit März 1990 in Ost-Berlin ein Verbindungsbüro und dehnte nach der Vereinigung seine Tätigkeit auf ganz Deutschland aus. Ähnliche Prozesse vollzogen sich analog bei den anderen Verbänden. Tarifverhandlungen waren bereits in den letzten Monaten der DDR geführt worden, so daß die Übernahme des westdeutschen Tarifrechts im Zuge der Vereinigung nur eine logische Konsequenz darstellte.

Insgesamt läßt sich für den Einigungsprozeß festhalten, daß es nahezu lückenlos zu einer Ausweitung des bestehenden westdeutschen Systems sozialer Sicherung auf die neuen Bundesländer gekommen ist. In vielerlei Hinsicht brachte dies den ostdeutschen Bürgern eine Verbesserung ihrer sozialen Absicherung. Indessen darf man nicht darüber hinwegsehen, daß auch diejenigen Bereiche, in denen die DDR durchaus ein hohes Leistungsniveau erreicht hatte, der Angleichung zum Opfer fielen. Besonders diskutiert wurde in diesem Zusammenhang die Frauen- und Familienpolitik. Hatte die DDR den Frauen die Vereinbarkeit von Familie und Erwerbstätigkeit durch umfassende Kinderbetreuungsangebote, großzügige Arbeitszeit- und Urlaubsregelungen sowie materielle Unterstützung weitestgehend ermöglicht, wurde gerade dieser Leistungskatalog nach 1990 drastisch beschnitten. Auch dadurch waren Frauen von der einsetzenden Arbeitslosigkeit weit stärker betroffen als Männer. Nicht ganz zu Unrecht mußten die ostdeutschen Frauen befürchten, zu den Verlierern im neuen System zu gehören. Bestärkt wurden sie in ihrer Sicht durch die Angleichungen im Rentenrecht, wo frauenspezifische Rentenansprüche gestrichen wurden. Daß es im Gegenzug zu einem Ausbau der Hinterbliebenenrente kam, deutete darauf hin, daß nunmehr die Hausfrauenehe das sozialpolitische Leitbild abgab, wovon in der DDR nicht die Rede gewesen war. Zusätzliche Sorgen bereiteten den Kritikern die heftigen Diskussionen um eine Neuregelung des Schwangerschaftsabbruchs, die am Ende gleichfalls restriktiver ausfiel als die alte DDR-Gesetzgebung.

Sozialpolitik in den 1990er Jahren: Aufbruch zu neuen Ufern?

Mochte der rasche Vollzug der politischen und rechtlichen Vereinigung beider deutscher Staaten bei vielen Betrachtern den Eindruck erwecken, daß sich die drängenden ökonomischen und sozialen Probleme ebensoleicht bewältigen ließen, so wurden sie nur allzubald eines Besseren belehrt. Der Finanzbedarf der öffentlichen Haushalte, zunächst erheblich unterschätzt, wuchs massiv, die Umstrukturierung der ostdeutschen Wirtschaft erforderte weit mehr Energie und Kapital als angenommen, die Lage auf dem Arbeitsmarkt spitzte sich weiter zu. Dabei blieb es in den neuen Ländern bis zum Ende des Jahrzehnts, denn während die Arbeitslosenzahlen in Westdeutschland allmählich zurückgingen, blieben sie dort weiterhin hoch. Das betraf nicht alle in gleichem Maße, sondern besonders unqualifizierte oder nur angelernte Arbeitskräfte sowie ältere Arbeitnehmer. Aber auch die übrigen sahen ihre beruflichen Qualifikationen nun oftmals entwertet und sich mit dem Zwang konfrontiert, neue Tätigkeitsfelder erschließen und neue Fähigkeiten erwerben zu müssen. So hat die soziologische Lebenslaufforschung darauf verwiesen, daß der ostdeutsche Arbeitsmarkt im Transformationsprozeß bis Mitte der 1990er Jahre weniger vom Problem der Arbeitslosigkeit dominiert war als von demjenigen mannigfacher Berufswechsel, was vielfältige arbeitsmarkt- und sozialpolitische Initiativen erforderlich machte. Um den Übergang ehemaliger Staatsbetriebe zu Privatunternehmen zu erleichtern, private Investitionen anzuregen und die Infrastruktur zu modernisieren, damit auf dem Wege der konjunkturellen Belebung auch der Arbeitsmarkt entlastet und das Netz sozialer Sicherung stabil gespannt würde, waren umfangreiche kapitalorientierte Fördermaßnahmen notwendig. Obwohl derartige Schätzungen sehr schwierig anzustellen sind, geht man davon aus, daß der West-Ost-Transfer aus öffentlichen Haushalten bis Ende 1998 rund 1,5 Billionen D-Mark umfaßte.

Die Schwierigkeiten, die sich aus dem Prozeß der Angleichung der Lebensverhältnisse in Ost- und Westdeutschland ergaben, verschärften die ohnehin bestehenden Problemlagen des deutschen Sozialstaates nochmals drastisch. Die Frage, ob der Sozialstaat in seiner überkommenen Gestalt überhaupt noch eine Zukunft haben könne, stellte sich immer drängender, auch wenn in den tagespolitischen Debatten die materiellen Aspekte die grundsätzlichen bei weitem überwogen. Vorrangig ging es darum, ob die Kosten des Sozialstaates Deutschland nicht den Wirtschaftsstandort Deutschland in der sich verschärfenden internationalen Konkurrenzsituation mit ungebührlichen Nachteilen befrachteten. Vielfach erblickte man deshalb in einem strikten Sparkurs gleichermaßen die Lösung wirtschaftlicher wie sozialpolitischer Probleme, ein Sparkurs, der in nahezu allen Bereichen sozialer Sicherung Folgen zeitigte. So wurde beispielsweise 1996 gegen teils erbitterten Widerstand der potentiell Betroffenen die Lohnfortzahlung im Krankheitsfall von einhundert auf achtzig Prozent und das sich anschließende Krankengeld von achtzig auf siebzig Prozent des Bruttolohnes reduziert, was Teil eines Regierungs-»Programms für mehr Wachstum und Beschäftigung« bildete. Solche und andere Maßnahmen zielten auf eine restriktive Umgestaltung, die sich in erster Linie an den Erfordernissen und Regeln der kapitalistischen Wirtschaftsordnung und erst nachrangig an gesellschaftlichen Bedürfnissen orientierte. Es ließ sich aber auch ein Sparkurs inaugurieren, der gleichermaßen zu Leistungsbeschränkungen führte, deren Notwendigkeit jedoch zur Rettung des bestehenden Systems geltend gemacht wurde. Dagegen blieben Strategieentwürfe zum institutionellen Umbau des deutschen Sozialstaates eher in der Defensive.

Ohnehin erwies sich das existierende institutionelle Gefüge als überaus resistent gegenüber Reformen und Eingriffen, die an seine Substanz gehen mochten. Weshalb solch ein Strukturkonservatismus dominierte, wäre in vielerlei Hinsicht – Gruppeneinflüsse, Interessen, Kosten – zu diskutieren. Da es uns hier jedoch um historische Entwicklungslinien und ihre Bedeutung für gegenwärtige Problemlagen und künftige Perspektiven zu tun ist, will ich das Beharrungsvermögen vornehmlich aus der Pfadabhängigkeit der Entwicklung erklären. Das Konzept der Pfadabhängigkeit wurde ursprünglich in der Technikgeschichte angewandt. Es bot eine Erklärung für den zunächst überraschenden Befund, daß sich bestimmte technische Entwicklungen auch dann als irreversibel erwiesen, als massive Einwände gegen sie geltend gemacht wurden. Ein gängiges Beispiel dafür wäre die Anordnung der Schreibmaschinen-

tastatur, für die durchaus praktikablere und benutzerfreund-
lichere Formen diskutiert wurden. Hier wird deutlich, daß einmal beschrittene Wege des Institutionenaufbaus höchst selten
verlassen werden, weil die Kosten einer Kehrtwende ausgesprochen hoch wären. Das läßt sich ohne weiteres auch auf
den deutschen Sozialstaat übertragen, dessen Kernprinzipien,
besonders das Versicherungsprinzip, gleichermaßen unumkehrbar scheinen. Vergegenwärtigen wir uns nochmals die
Grundlagen des Sozialversicherungssystems: Sozialversicherungen dienen dem Zweck, gegen bestimmte soziale Risiken
abzusichern (Alter, Krankheit usw.). Solche Risiken müssen
abschätzbar sein, um Bedarf und damit Beitragshöhe festsetzen zu können. Sozialversicherungen sind beitragsfinanziert,
und zwar, mit Ausnahme der Unfallversicherung, traditionell
zu gleichen Teilen von Arbeitgebern und Arbeitnehmern. Auf
diese Weise konstituierte sich eine Solidargemeinschaft, die
eintrat, wenn das Subsidiaritätsprinzip allein sich als nicht hinreichend erwies, um die Folgen sozialer Risiken aufzufangen.
Soweit in groben Zügen einige der Grundmerkmale deutscher
Sozialstaatlichkeit, wobei im folgenden erste Abweichungen
vom Wege erkennbar werden, noch keine radikale Umkehr,
aber eben doch Modifikationen des Kurses.

Das zeigte sich zum Beispiel in der Rentenfrage, die eines der
herausragenden innenpolitischen Probleme der 1990er Jahre
darstellte. Die Rentenversicherungen sahen sich angesichts der
Übernahme der ostdeutschen Rentner mit zusätzlichen Ausgaben konfrontiert, denen indessen keine entsprechenden Einnahmen durch Beiträge gegenüberstanden. Da die Renten in
der DDR aus dem laufenden Staatshaushalt finanziert worden
waren, traf die Umstellung die Versicherungsträger im Westen
hart. Darüber hinaus konnten auch jene Rentenansprüche geltend machen, die in den 1980er und 1990er Jahren als deutsch-
stämmige Zuwanderer aus Osteuropa nach Deutschland
kamen; auch hier hatte es zuvor keine Beitragszahlungen gegeben. Vollends besorgniserregend mußten sich vor diesem

Hintergrund die demographische Entwicklung und die Lage auf dem Arbeitsmarkt ausnehmen. Die Deutschen wurden nicht nur zahlenmäßig mehr, sondern sie wurden auch immer älter. Die negative Geburtenbilanz, die schon lange nicht mehr die Zahl der Sterbefälle ausgleichen konnte, führte dazu, daß immer weniger junge Menschen den älteren gegenüberstanden. Auf Bevölkerungswachstum jedoch hatte der »Generationenvertrag« aufgebaut, der darüber hinaus von einem hohen Beschäftigungsniveau, wenn nicht sogar von Vollbeschäftigung ausging. Von alledem konnte nun keine Rede mehr sein, woran auch familienfördernde Maßnahmen (Erhöhung des Kindergelds, Einführung einer Garantie auf Kindergärtenplätze für alle Kinder) nichts zu ändern vermochten. Ohnehin war auf diesem Politikfeld der gestalterische Spielraum in der Bundesrepublik schon immer begrenzt, weil aktive Bevölkerungspolitik von seiten des Staates nach den Erfahrungen der NS-Zeit als diskreditiert galt. Das deutsche Grundmodell der beitragsfinanzierten Alterssicherung stand vor größten Herausforderungen.

Damit verband sich im Laufe der 1990er Jahre eine aufs Grundsätzliche zielende Diskussion über die Legitimität des Sozialstaates sowie über die Legitimität des Alterns: Individuelles und demographisches Altern wurde neu thematisiert und als vergesellschaftetes Risiko in Frage gestellt. Die Frage nach der Gerechtigkeit zwischen den Generationen wurde weithin umformuliert in die Frage nach deren Finanzierbarkeit, wobei in den tagespolitischen Auseinandersetzungen freilich nahezu unbeachtet blieb, daß die »Infragestellung der Legitimität des Alter(n)s ... zugleich eine Infragestellung der Legitimität universaler sozialstaatlicher Teilhaberechte [ist]«[31]. Der Umgang mit der Rentenfrage belegt, daß jede Debatte über die Reform des Sozialstaates von gesellschaftlichen Leitbildern, Wertvorstellungen und Gesellschaftskonzeptionen bestimmt wurde und wird.

Die Frage nach einer Alterssicherung, die weiblichen Er-

werbsbiographien besser entspräche als bestehende Regelun
gen, wurde mit dem Erziehungszeitengesetz von 1992 für erledigt erklärt. Frauen erhielten fortan durch Kindererziehung
bedingte Ausfallzeiten auf ihre Renten angerechnet, wobei
diese Neuerung nach Altersstufen gestaffelt eingeführt wurde.
Um die Rentenkassen zu entlasten, wurden die Rentenberech-
nungen mit der Reform von 1992 generell an die Entwicklung
der Nettolöhne gekoppelt. Da zur selben Zeit die Ostrenten
abermals um mehr als zwölf Prozent erhöht wurden (damit sie
sich dem Westniveau weiter annäherten), während im Westen
die Steigerungsrate nur bei 2,7 Prozent lag, machte sich Unmut
unter den westdeutschen Rentnern breit, zumal im selben Zug
die Anhebung der Altersgrenzen auf 65 Jahre beschlossen wurde. Diese Regelung, so beschloß es ein Gesetz 1996, sollte für
Männer ab 2002, für Frauen ab 2005 gelten. Daß der Versuch,
das Rentenproblem durch eine Verkürzung des Bezugszeitrau-
mes zu lösen, Probleme in anderen Sektoren des Sozialstaats
aufwerfen würde, dürfte kaum überraschen. Denn die verlän-
gerte Lebensarbeitszeit schlug unmittelbar auf den Arbeitsmarkt durch, auf dem sich die Konkurrenz ohnehin stetig verschärfte.

Die Rentenpolitik der folgenden Jahre glich entsprechend
einer politischen Gratwanderung, bei der es zwischen Verteilungsgerechtigkeit, dem Äquivalenzprinzip sowie dem Gebot
»einheitlicher Lebensverhältnisse« zu balancieren galt. Gerade
in den Rentenreformdebatten erwies sich der hohe Grad
an Pfadabhängigkeit des deutschen Wohlfahrtsstaates. Die
Grundentscheidung für eine beitragsfinanzierte Rentenversicherung, die im Kaiserreich getroffen worden war, ließ sich
offenbar auch dann nicht revidieren, als man erkennen konnte, daß die Grundlagen dafur gar nicht mehr bestanden. So
konnte sich das Postulat der Eigenvorsorge auch nur in Ansätzen durchsetzen, als sich der Bundestag 2000 zu einer Rentenreform entschloß. Künftig sollten neben den Renten aus der gesetzlichen Rentenversicherung, deren Beiträge und Leistungen

gleichermaßen vermindert wurden, eigene Vorsorgeleistungen der Bürger stehen, die bis zu einem bestimmten Umfang staatlich finanziell gefördert werden sollen. Ob dieses System die Rentenfrage auf Dauer lösen wird oder ob nicht doch der radikale Bruch mit dem bestehenden System und der Übergang zu einer steuerfinanzierten Grundrente erforderlich sein wird, kann nur die Zukunft erweisen.

Ähnlichen Anlaß zur Sorge gab die Entwicklung im Gesundheitswesen. Auch hier war bereits vor der Vereinigung die Kostenexplosion beherrschendes Thema der Reformdebatten, ohne daß es zu grundlegenden Veränderungen gekommen war. Vor strukturellen Eingriffen schreckten die politischen Akteure angesichts der verfestigten Lobbytätigkeit der betroffenen Gruppen – Ärzte, Krankenhäuser, Pharmaunternehmen usw. – zurück. Deshalb überwogen kostendämpfende Ad-hoc-Maßnahmen, die den Leistungskatalog der gesetzlichen Krankenversicherungen einschränkten, die Ausgaben freilich nicht in signifikantem Maße reduzieren konnten. Ohnehin ist es fraglich, ob Kosten in großem Umfang überhaupt gesenkt werden können, denn zum einen beansprucht eine alternde Gesellschaft mehr medizinische Leistungen, zum anderen dürfte der medizinisch-technische Fortschritt mit der Einführung neuer, potentiell apparateintensiver Behandlungsmethoden auch weiterhin beträchtliche finanzielle Investitionen erforderlich machen. Altersbedingte Rationierungen, die einen möglichen Ausweg weisen könnten, sind hingegen aus ethisch-politischen Gründen nicht durchsetzbar, auch wenn sie in den Diskussionen durchaus bereits angesprochen werden.

Während in der Krankenversicherung bestehende Institutionen nicht angetastet wurden, kann man in der 1994 unter ihrem Dach eingeführten Pflegeversicherung eine bedeutende Neuerung im System sozialer Sicherung sehen, obwohl auf den ersten Blick die Entscheidung für das Versicherungsprinzip ungebrochene Kontinuität deutscher Sozialstaatlichkeit suggeriert. Die bei Pflegebedürftigkeit entstehenden Kosten, die über das finanzielle Leistungsvermögen des Betroffenen hinausgingen, hatte bis dahin die Sozialhilfe getragen. Mit dem neuen Gesetz wurde nun nahezu ausnahmslos die gesamte Bevölkerung verpflichtet, sich gegen dieses Risiko zu versichern, und zwar nach einem denkbar einfachen Prinzip: Wer in der gesetzlichen Krankenversicherung versichert ist, ist zugleich in der sozialen Pflegeversicherung versichert; wer privat krankenversichert ist, hat dafür Sorge zu tragen, daß er auch bei einer privaten Pflegeversicherung versichert ist. Da weniger als ein Prozent der Bevölkerung versicherungstechnisch nicht erfaßt wird, stellt die Pflegeversicherung erstmals in Deutschland so etwas wie eine »Volksversicherung« dar, auch wenn der Begriff im Gesetz über die Pflegeversicherung tunlichst vermieden wurde. Im Gegenteil war die Integration privater Versicherungen geeignet, vom allgemein verbindlichen Charakter der neuen Versicherung abzulenken.

Wenn man sie historisch einzuordnen versucht, ergibt sich aus der Pflegeversicherung ein höchst ambivalentes Bild. Einerseits verstärkt sie, obwohl oder vielleicht gerade weil sie an entscheidenden Stellen mit dem bestehenden Versicherungssystem bricht, die tragenden Säulen des deutschen Sozialstaates. Denn sie bot die versicherungsmäßige Vorsorge für ein Risiko, das mit der zunehmenden Alterung der Bevölkerung sprunghaft anwuchs, und entlastete dadurch die steuerfinanzierten Sozialhilfefonds. Damit verschaffte sie den Prinzipien der Solidarität und Subsidiarität neue Geltung, auch wenn die Pflegeversicherung ihre Bewährung in der Praxis noch nicht voll bestätigt hat. Noch deckt sie die Pflegekosten nicht ganz ab, sondern gibt allenfalls Zuschüsse, so daß allzuoft nach wie vor Sozialhilfe in Anspruch genommen werden muß. Andererseits kehrt sie mit der Konzentration auf Beitragsstabilität und dem konsequenten Festhalten am Umlageverfahren die Leistungsgestaltung sämtlicher bestehender Sozialversicherungen geradezu um: Nur bei der Pflegeversicherung richten sich die Leistungen nach den Beiträgen, bei allen übrigen Versicherungen, besonders bei der Krankenversicherung, werden die Beiträge nach den Kosten der Leistungen berechnet. Das hängt auch mit der unklaren Risikodefinition der neuen Versicherung zusammen. Das Pflegefallrisiko ist von der Erwerbstätigkeit vollständig abgekoppelt und versicherungsmathematisch kaum zu erfassen. Aufgrund der Trennung vom Prinzip der Erwerbstätigkeit, das bei anderen Sozialversicherungszweigen normierend wirkt, treten bei der Pflegeversicherung an die Stelle von prinzipiell unbegrenzten Sachleistungen begrenzte Geldleistungen oder pauschalierte bzw. rationierte Sachleistungen. Auch das Prinzip der paritätischen Beitragsfinanzierung wurde durch die Pflegeversicherung in der Geschichte der deutschen Sozialversicherungen (mit Ausnahme der Unfallversicherung) erstmals durchbrochen. Die Beiträge der Arbeitgeber werden von den Arbeitnehmern insofern mitgetragen, als in allen Bundesländern mit Ausnahme Sachsens ein gesetzlicher Feiertag abgeschafft wurde, an dem fortan gearbeitet werden mußte. Die dafür eigentlich zu leistenden Lohnzahlungen fließen seither in die Pflegeversicherung.

Gleichermaßen bemerkenswert und auf einen möglichen Wandel im Grundverständnis bundesdeutscher Sozialstaatlichkeit hindeutend ist der starke Akzent, welchen das Gesetz zur Pflegeversicherung auf das Prinzip der Eigenverantwortung legt. Ob dies mehr als eine neoliberale Floskel ist und sich damit Konsequenzen für die sozialstaatliche Praxis ergeben, kann derzeit noch nicht abschließend beurteilt werden. In den Bestimmungen heißt es: »Die Versicherten sollen durch gesundheitsbewußte Lebensführung, durch frühzeitige Beteiligung an Vorsorgemaßnahmen und durch aktive Mitwirkung an Krankenbehandlung und medizinischer Rehabilitation dazu beitragen, Pflegebedürftigkeit zu vermeiden.« Und weiter: »Nach Eintritt der Pflegebedürftigkeit haben die Pflegebedürftigen an Maßnahmen der medizinischen Rehabilitation und der aktivierenden Pflege mitzuwirken, um die Pflegebedürftigkeit zu überwinden, zu mindern oder eine Verschlimmerung zu verhüten.« (§ 6, Abs. 1 und 2 SGB XI) In diesem Interesse, Kosten für die Solidargemeinschaft zu vermeiden, schimmert, kaum zu erkennen, fast schon wieder eine Pflicht zur Gesundheit durch.

Der deutsche Sozialstaat als historisches Projekt befindet sich in einem Transformationsprozeß. Was sich zu Beginn der 1990er Jahre zunächst als spezifische Krise der Vereinigung ausnahm, erwies sich als tiefgreifendes, den Sozialstaat der Nachkriegszeit insgesamt in Frage stellendes Problem. Zwar hat die »Krisen«-Rhetorik den modernen Sozialstaat nahezu seit seinen Anfängen im späten 19. Jahrhundert begleitet, doch deutet alles darauf hin, daß die Symptome sich nun verdichten. Sie haben innere Ursachen, die im gesellschaftlichen Wandel begründet sind, sowie äußere, die wir mit den Schlagworten »Entgrenzung und Globalisierung« fassen können. Davon handeln die beiden folgenden Kapitel.

V.

DER SOZIALSTAAT NACH DER »ERSTEN MODERNE«

Zu teuer, ineffizient, den heutigen gesellschaftlichen Verhältnissen nicht mehr angemessen, ein überlebtes historisches Projekt: So oder ähnlich lauten die Verdikte, welche die Debatte über die Zukunft des deutschen Sozialstaates bestimmen. Die an ökonomischen Faktoren ausgerichtete Kritik ist am leichtesten zu überprüfen, denn sie basiert weitgehend auf quantitativen Daten. Hingegen berühren die anderen Urteile die normativen Grundlagen des Sozialstaates, operieren argumentativ mit gesellschaftlichen Entwicklungen, die wir historisch noch gar nicht bewerten und einordnen können, weil wir uns der Folgen erst allmählich bewußt werden, und sie vermessen Handlungsspielräume für Politik, deren Grenzen wir eben erst zu verzeichnen beginnen. Deshalb ist es keine einfache Aufgabe, die Zukunft des Sozialstaates zu diskutieren, will man über feuilletonistisches Räsonnement hinausgehen. Gewiß, für manche Fragen liegen fundierte sozialwissenschaftliche Erkenntnisse auf empirischer Grundlage vor, an denen wir uns orientieren können; aber gelegentlich werden wir auch von den Sozialwissenschaften ins Reich des Spekulativen verwiesen. Doch hier soll es nicht um eine sozial- und wirtschaftswissenschaftliche Bestandsaufnahme en détail gehen, denn das ist in der angegebenen Literatur besser nachzulesen, als es hier zu referieren wäre. Vielmehr wollen wir uns den aktuellen Krisendiskursen vor dem Hintergrund der geschichtlichen Entwicklung des Sozialstaats zuwenden, um jenen eine historische Tiefendimension zu geben, die Form und Verlauf der Diskurse zu verstehen hilft.

Damit die Argumente der gegenwärtigen Auseinandersetzungen besser verständlich werden, habe ich sie in drei thematischen Blöcken geordnet; das kann man zu Erkenntniszwecken tun, in Wirklichkeit sind sie aber auf das engste miteinander verwoben.

Am einfachsten dürfte die These nachzuvollziehen sein, daß der deutsche Sozialstaat zu teuer geworden sei, wirtschaftliches Wachstum beschränke und die deutsche Wirtschaft in ihrer internationalen Wettbewerbsfähigkeit behindere. Das ist die ökonomische Krise des Sozialstaats. Komplexer stellt sich seine politische Krise dar; sie erstrecke sich, so die Protagonisten dieser These, auf Fragen politischer Steuerungsfähigkeiten, der offensichtlichen Reformresistenz sozialstaatlicher Institutionen und schließlich sogar der grundsätzlichen Legitimität staatlicher Intervention. Der dritte Strang des Krisendiskurses hat sich entlang der gesellschaftlichen Entwicklung gebildet. Hier wird behauptet, daß der Sozialstaat den gesellschaftlichen Gegebenheiten nicht mehr angemessen sei, daß die Gesellschaft die Voraussetzungen für seine weitere Expansion nicht mehr erfülle, ja daß der Sozialstaat unter den Bedingungen der »Postmoderne« nicht mehr bestehen könne. Dies wird im folgenden näher auszuführen sein, während ich den Fragen nach der Bedeutung von Globalisierung und Entgrenzung von Politik in einem eigenen Kapitel nachgehen werde.

Vorab sei jedoch eine These formuliert, die den historischen Blick auf die Gegenwart und Zukunft des Sozialstaates freigeben soll. Im zweiten Kapitel dieses Buches wurde der Sozialstaat als spezifisches Projekt der Moderne dargestellt, in welchem bestimmte Problemlagen verarbeitet wurden. Besonders deutlich hat sich das im Hinblick auf die Arbeiterfrage gezeigt, die ja den Kern der »sozialen Frage« bildete. In dieser formativen Phase waren leitende Prinzipien in den Sozialstaat eingeflossen, so etwa diejenigen der Solidarität und der Subsidiarität, die sein normatives Fundament bildeten. Dominierende Zielvorstellung war die Integration der Gesellschaft, später, in der Weimarer Republik, trat das Recht auf – soziale und politische – Teilhabe hinzu. Diese säkularen Trends setzten sich in der Bundesrepublik und, mit anderer Akzentuierung, auch in der DDR fort, bis sie von den Krisendiskursen allmählich überlagert wurden. Deren Anfänge können wir in den 1970er Jahren beobachten, als einige der Randbedingungen sich radikal zu wandeln und normative Grundlagen sowie Ziele des Sozialstaates in Diskredit zu geraten begannen. Insofern hat die Debatte der Gegenwart auch schon ihre Geschichte. Es wird nun darum gehen, die Bedeutung dieser Jahre als Bruchlinie zwischen dem Sozialstaat der Moderne und jenem der »Postmoderne« oder »zweiten Moderne« herauszupräparieren. Es geht nun um folgende These: Die gegenwärtige Krise des Sozialstaates hat ihre tieferen Ursachen darin, daß er ein Projekt der »ersten Moderne« war, das es unter den Bedingungen der heutigen Zeit außerordentlich schwer haben wird, in seiner bestehenden Form fortzuexistieren.

»Kostenexplosion«.
Die ökonomische Krise des Sozialstaates

Der Anteil der öffentlichen Sozialleistungen am Volkseinkommen, d.h. am Bruttoinlandsprodukt, lag in der Bundesrepublik am Ende des 20. Jahrhunderts bei rund einem Drittel (1998: 33,5 Prozent), noch 1960 war es lediglich ein knappes Fünftel gewesen. War diese Quote seitdem nur mäßig angestiegen, wuchs sie nach 1990 überdurchschnittlich an. Das lag aber weniger an einer ungebührlichen Expansion des deutschen Sozialstaates, sondern vor allem daran, daß die Kosten der deutschen Vereinigung, sofern sie die soziale Sicherung betrafen, vorrangig aus Beiträgen und nicht aus Steuern finanziert wurden. In den neuen Bundesländern lag daher die Sozialleistungsquote sogar bei 55 Prozent (1997), eine Marke, die im weltweiten Vergleich von keinem anderen Staat übertroffen wurde. Diese Quoten erfassen auch private Sozialleistungen (eben in Gestalt von Beiträgen), aber nicht minder beachtlich ist der Anteil der staatlichen Nettosozialausgaben in Deutschland, der sich nach Angaben der OECD für das Jahr 2000 auf ein reichliches Viertel (25,9 Prozent) beläuft. Solche Daten liegen dem Vorwurf einer übermäßigen Aufblähung des Sozialstaates in Deutschland zugrunde, zumal im internationalen Vergleich selbst »klassische« Sozialstaaten wie Schweden bei den Nettosozialausgaben hinter Deutschland rangieren.

Neben der hohen Staatsbelastung und der damit einhergehenden kaum mehr einzudämmenden Verschuldung der öffentlichen Haushalte hat sich der ökonomische Krisendiskurs aus einem weiteren Problemkomplex herausgebildet. Die deutsche Wirtschaft, so das Argument, sei durch Sozialabgaben über Gebühr belastet und könne deshalb im internationalen Wettbewerb schwerer bestehen als andere; zudem seien die vergleichsweise hohen Lohnnebenkosten eine der Hauptursachen für die Krise des Arbeitsmarktes und die anhaltende und, wie es scheint, unaufhaltsam steigende Arbeitslosigkeit. Nicht alle dieser Vorwürfe sind wissenschaftlich durchgängig belegt und scheinen eher durch Interessen als durch Fakten geleitet zu sein. Aber im internationalen Vergleich hat sich doch gezeigt, daß sich hohe Sozialleistungsquoten dämpfend auf das ökonomische Wachstum auswirken, wenn auch erst das Zusammenspiel mit anderen Variablen (erreichtes wirtschaftliches Niveau, Demokratiealter) darüber entscheidet, bis zu welchem Grade soziale Leistungen hier ins Gewicht fallen. Generell schätzt die sozialwissenschaftliche Forschung, basierend auf einem historischen Längsschnittvergleich aller OECD-Länder, daß bei einer Sozialleistungsquote von etwa vierzig Prozent wirtschaftliche Stagnation eintreten würde: Dann hätte der Sozialstaat seine oberste Belastungsgrenze erreicht.

Daß Arbeitslosigkeit auf Dauer für die Leistungsfähigkeit eines jeden Sozialstaates zum Problem wird, dürfte offensichtlich sein, doch auch hier sind die Zusammenhänge komplexer, als sie auf den ersten Blick erscheinen. Hohe Arbeitslosenquoten bedeuten, daß weniger Beiträge in die Kassen der Sozialversicherungen fließen und daß die Steuereinkünfte des Staates geringer ausfallen. Gleichzeitig wachsen jedoch die Ausgaben für soziale Leistungen; hier schlagen die Unterstützungszahlungen für Arbeitslose, aber auch für die Sozialhilfe, verstärkt zu Buche. Beinahe scheint es, als schlage sich der Sozialstaat mit seinen eigenen Waffen: Denn während er auf der einen Seite Sicherungen gegen das Risiko von Arbeitslosigkeit bereithält, verstärkt er auf der anderen Seite Arbeitslosigkeit möglicherweise noch. Hohe soziale Leistungen bei Verdienstausfällen verringern die Bereitschaft der betroffenen Arbeitnehmer, auch eine womöglich schlechter bezahlte Tätigkeit anzunehmen; obendrein mag die vergleichsweise lange Dauer der Unterstützung dazu führen, daß es verstärkt zu Langzeitarbeitslosigkeit kommt. Sehen wir dies als ein Paradoxon des Erfolgs von Sozialstaatlichkeit.

Aber natürlich würden wir es uns zu einfach machen, die Probleme des Arbeitsmarktes allein auf die engmaschigen Netze sozialer Sicherung zurückzuführen, in denen sich Arbeitslose gewissermaßen bequem einrichten können. Zu den Problemen hat vielmehr auch beigetragen, daß sich die Interessen von Arbeitslosen und Arbeitsplatzbesitzern signifikant auseinanderentwickelt haben und letztere, als »Insider«, weiterhin auf attraktive Lohnabschlüsse und Arbeitszeitregelungen bedacht sind, kaum jedoch deren Konsequenzen für die »Outsider« bedenken. Wer daran denkt, Arbeitslose zur Aufnahme niedrigentlohnter Jobs zu drängen, indem man ihnen den Bezug sozialer Leistungen verwehrt oder nur noch in geringerem Umfang gestattet, verkennt die Bedeutung der Sozialpolitik als Instrument gesellschaftlicher Integration. Daß sich, im Gegensatz zu den Jahren der Weltwirtschaftskrise, in Deutschland angesichts von Massenarbeitslosigkeit (noch) kein systembedrohendes Potential an Unzufriedenheit aufgebaut hat, dürfte viel damit zu tun haben, daß im Sozialstaat, so wie er heute besteht, soziale Teilhaberechte und -chancen eben nicht ausschließlich an den Besitz eines Arbeitsplatzes gekoppelt sind. Diese Wirkung sozialer Sicherung sollte man nicht geringschätzen.

Aber selbst auf dem Arbeitsmarkt hat Sozialpolitik positive Effekte. Zum einen trägt sie sehr wohl zu Entlastungen bei, indem Frühverrentungen und dergleichen ermöglicht werden; zum anderen werden durch beschäftigungs- und qualifizierungspolitische Maßnahmen Arbeitslose wieder in reguläre Beschäftigungsverhältnisse geführt. Die Kosten für Umschulungen und Qualifizierungsmaßnahmen werden somit nicht den Betrieben angelastet, sondern vom Staat übernommen – was im Hinblick auf die Anforderungen an die Qualifikationen von Beschäftigten im internationalen Wettbewerb der deutschen Wirtschaft eher zu einem Vorteil gereichen könnte.

Trotz dieser positiven Bewertung läßt sich die ökonomische Krise des Sozialstaates freilich nicht leugnen. Aber man würde es sich zu einfach machen, diese allein auf die steigenden Kosten sozialer Leistungen zurückzuführen. Viel stärker fällt ins Gewicht, daß der enge Zusammenhang zwischen wirtschaftlichem Wachstum, hohem Beschäftigungsstand und wachsender Prosperität und damit die Voraussetzung für expandierende Sozialstaatlichkeit in der Bundesrepublik aufgebrochen ist. Der Konnex von Wachstum, Wohlstand und Sozialstaat war an die Epoche des »großen Booms« gebunden, der Politik und Gesellschaft in allen westlichen Industriestaaten – und mit einigen Abstrichen auch in den östlichen – von der Nachkriegszeit bis in die frühen 1970er Jahre hinein bestimmte. Der Ölpreisschock von 1973 markierte das Ende dieser Epoche. Seitdem hat die Stagflation die Industriestaaten fest in ihrem Griff; von den wirtschaftlichen Zuwachsraten früherer Jahre sind sie allesamt weit entfernt, die Erfahrung von Vollbeschäftigung und Inflationsresistenz gehört zur Erinnerung an »gute, alte Zeiten«. Jobwunder sind, das lehrt das US-amerikanische Beispiel, nur noch um den Preis äußerst niedriger Löhne und geringer sozialer Absicherung zu haben. Wenn zudem ein Sozialstaat wie in Deutschland historisch auf das engste an die Existenz einer (Voll-)Erwerbsgesellschaft geknüpft ist, dürfte es außerordentlich schwierig sein, die ökonomische Krise des Sozialstaates zu überwinden.

Freiheit und Steuerung.
Die politische Krise des Sozialstaates

Die politische Krise des deutschen Sozialstaates läßt sich als Effizienz- und als Legitimationskrise fassen. Während erstere durchaus empirischen Beobachtungen zugänglich ist, rührt die Frage nach der Legitimation sozialstaatlicher Intervention an die normativen Grundlagen des Sozialstaates und stellt diese massiv in Frage. Auch hier ist es sinnvoll, die beiden Stränge zunächst getrennt voneinander zu betrachten, weil sie dadurch zum einen leichter nachzuvollziehen sind und weil sie zum anderen ohnehin ihren Ausgang in unterschiedlichen Diskursen haben.

Beginnen wir mit dem Problem der Effizienz. Die historische Entwicklung des Sozialstaates vollzog sich, nicht nur in Deutschland, parallel zu anderen säkularen Prozessen, nahm Einfluß auf diese, ja trieb sie zum Teil mit Macht voran. Zu denken wäre hier besonders an Bürokratisierung und Professionalisierung, aber auch an Säkularisierung und Demokratisierung, kurz an diejenigen Prozesse, die sich als Modernisierung fassen ließen. Ohne die Evolution des modernen »Anstaltsstaates« wäre die Genese von moderner Sozialstaatlichkeit kaum vorstellbar, wie in den ersten beiden Kapiteln dieses Buches gezeigt wurde. Ohne eine mächtige Bürokratie, die Wissen und Sachverstand akkumulierte und den Anspruch erhob, unparteilich über Ansprüche zu befinden, hätte sich Sozialstaatlichkeit kaum entfalten können. Soziale Leistungen wurden aus privater, karitativer Fürsorglichkeit herausgehoben und in zunehmendem Maße professionellen Experten unterstellt: Sozialpolitikern, Sozialwissenschaftlern bis hin zu den Mitgliedern der Sozialverwaltungen und den Sozialarbeitern. Von ihrem Wissensstand und der Effizienz ihres Zusammenspiels hing es ab, ob der Sozialstaat »funktionierte«, mit ihrer Hilfe zog der Staat immer mehr Aufgaben an sich und beanspruchte für sich, in gesellschaftliche und ökonomische Zusammenhänge intervenieren zu können und zu dürfen, ja bisweilen sogar zu müssen. Wir können im Zeitverlauf von mehr als einem Jahrhundert beobachten, daß die Staatsaufgaben sich bis zum Stadium der Unübersichtlichkeit vermehrt haben.

Das war, wie sich beinahe von selbst versteht, mit wachsenden Kosten verbunden: mit finanziellen Kosten, die sich quantitativ beziffern lassen, aber auch mit Kosten, die sich einer exakten Berechnung entziehen. In der Ökonomie, genauer in der sogenannten Neuen Institutionenökonomie, hat sich dafür der Begriff der »Transaktionskosten« eingebürgert, die ziemlich genau das umfassen, was hier unter dieser zweiten Sorte von Kosten zu verstehen ist. Um die Erklärung nicht zu theoretisch ausfallen zu lassen, seien konkrete Beispiele angeführt: Wer eine sozialpolitische Maßnahme durchführen will, muß sich vorher darüber informieren, in welchem Zusammenhang sie wirken wird. Konkreter: wer beispielsweise Rentenpolitik betreibt, sollte die demographische Entwicklung kennen, ökonomische Daten müssen verfügbar, Trends erkennbar, Prognosen erstellt sein. Im politischen Prozeß müssen Partner gewonnen, Mehrheiten gesichert werden, um die projektierte Maßnahme überhaupt durchsetzen zu können; ein Konsens muß hergestellt werden, damit möglichst eine Majorität der Wähler auch zustimmen mag. Organisierte Interessen sind einzubinden, bürokratische Verfahren der Durchführung zu entwerfen, möglicherweise neue Bürokratien erst zu organisieren. All dies verursacht Kosten, sei es an Informationsgewinnung und -verarbeitung, an politischem Einsatz, sei es eben an finanziellen Mitteln. Soweit, recht knapp, die Idee der »Transaktionskosten«.

Sie fielen seit dem Beginn moderner Sozialstaatlichkeit an und wurden vornehmlich vom Staat getragen. Aber die Transaktionskosten blieben nicht stabil, sondern wuchsen in dem Maße, in welchem sozialpolitische Handlungsfelder expandierten. So wie für den Anteil der Sozialleistungen an Volkseinkommen und Staatsausgaben eine Obergrenze vermutet wird, so dürfen wir annehmen, daß es auch bei den Transaktionskosten einen Größenwert gibt, mit dem die Leistungsfähigkeit von Staat und politischem System überschritten wird. Der läßt sich freilich nicht exakt beziffern, sondern schlägt sich nieder in Begriffen wie »Staatsüberlastung« oder »Unregierbarkeit«. Solch ein Größenwert dürfte umso schneller erreicht werden, je stärker sich die Paradoxien des Sozialstaates manifestieren. Sie sind dem historischen Projekt des Sozialstaates immanent und, wie es scheint, nicht aus ihm zu eliminieren. Die große Herausforderung an die Steuerungsfähigkeit des Staates, soviel sei hier angedeutet, besteht darin, daß Sozialpolitik Probleme löst – und gleichzeitig neue schafft; daß sie soziale Benachteiligungen vermindert – und sie an anderer Stelle vergrößert; daß sie Leistungen zusagt – und dadurch immer neue Forderungen, ja sogar den Mißbrauch von Leistungen, geradezu heraufbeschwört. Dieses Dilemma kann die Kosten des Sozialstaates tendenziell ins Unermeßliche steigern.

Blicken wir auf seine Entwicklung in der Bundesrepublik, können wir einigermaßen exakt den Zeitpunkt bestimmen, an dem die Übersteigerung der Transaktionskosten und damit der Zusammenbruch der staatlichen Kompetenz zu interventionistischem Handeln thematisiert wurde. Auch diese Debatten fielen in die 1970er Jahre und markierten das Ende des »großen Booms«, der ja nicht nur ökonomisches Wachstum und steigenden Wohlstand mit sich gebracht, sondern auch und vor allem die Überzeugung genährt hatte, gesellschaftliche Entwicklung sei gestaltbar und planbar, nicht zuletzt durch umfangreiche sozialpolitische Maßnahmen. Gerade in den 1960er Jahren erreichte diese Überzeugung ihren Höhepunkt, an dem

Sozialpolitik im engeren Sinne – verstanden als Absicherung gegen die gängigen Risiken des Lebens – untrennbar verbunden wurde mit weit interpretierter Sozialstaatlichkeit, die dann auch den Zugang der Bürger zu kollektiven Gütern (Bildung, Infrastruktur) mit einbezog. Feste und notwendige Grundlage für solche Vorstellungen war ungebrochenes Wirtschaftswachstum, eine Grundlage, die zu Beginn der 1970er Jahre massiv und nachhaltig erschüttert wurde. Daß für die großen Ambitionen das Geld ausging, war jedoch nicht das einzige und wahrscheinlich nicht einmal das wichtigste Problem. Vielmehr erwies sich, daß politische, ökonomische und gesellschaftliche Zusammenhänge inzwischen einen zu hohen Grad an Komplexität und Interdependenz entwickelt hatten, als daß staatliche Interventionen im Sinne eines einfachen Ursache-Wirkungs-Schemas effektiv hätten wirken können. Jeder Eingriff an einer Stelle konnte Folgen in anderen Bereichen zeitigen, die sich der vorherigen Kalkulierbarkeit entzogen. Das nahm den »großen Entwürfen« viel von ihrem Charme, weil man stets mit unerwünschten Nebenfolgen zu rechnen hatte. Keine Frage: In der »Neuen Unübersichtlichkeit« hatte der Sozialstaat seine »utopischen Energien« verschlissen.[32] Gleichzeitig war es aber, gerade in den 1960er Jahren, zu einer »Revolution der Erwartungen« gekommen, brachte man weithin staatlicher Handlungsfähigkeit schier unbegrenztes Vertrauen entgegen und erwartete, daß es auch in Zukunft immer mehr Menschen immer besser gehen würde.

Wir sollten dieses Vertrauen nicht generell als problematisch einschätzen, denn ohne Vertrauen kann der Sozialstaat nicht funktionieren. Wer etwa seine Beiträge in die Kassen der Sozialversicherungen einzahlt, vertraut darauf, daß ihm dafür später Leistungen zustehen und gewährt werden. Daß politische Legitimation in einem hohen Maße von der *aktuellen* Leistungsfähigkeit der Systeme sozialer Sicherung abhängen, habe ich im Zusammenhang mit der ökonomischen Krise des Sozialstaats bereits erwähnt, dem nun das Vertrauen in die *zukünftige* Leistungsfähigkeit hinzuzufügen ist. Aus diesem Grunde sind sämtliche Reformbestrebungen darauf ausgerichtet, Erschütterungen des Vertrauens um jeden Preis zu vermeiden, wodurch jedoch die Reformblockaden verfestigt werden.

Die politische Krise des Sozialstaates, wie sie in den 1970er Jahren angesprochen wurde, entsprang dem Zusammentreffen von verminderter staatlicher Handlungsfähigkeit und gestiegenen Erwartungen. Dies führte schließlich dazu, daß vor allem konservative Beobachter der Bundesrepublik »Unregierbarkeit« attestierten. Der Staat habe, so einer der Befunde der Zeit, nicht nur stetig mehr Aufgaben an sich gezogen, sondern sie seien ihm von den Bürgern auch in zunehmender Zahl angetragen, ja aufgebürdet worden. Ohnehin seien die zu bewältigenden Probleme nach dem Krieg und in der Phase des Wiederaufbaus beträchtlich gewesen, doch dann wuchsen die Staaten obendrein »in eine Forderungsgesellschaft mit einem gelähmten Selbstbeschränkungswillen hinein, die den Staat aus seinen ausgedehnten Anstrengungen nicht entließ, sondern gegenteils neuerdings antrieb«[33]. Die kulturkritischen Untertöne, die im Begriff der »Forderungsgesellschaft« mitschwangen, sind sicherlich nicht zu überhören, zumal es in diesem Text dann weiter heißt, die Gesellschaft verzichte bewußt darauf, eigene Instrumentarien auszubilden und Anstrengungen zu unternehmen, um soziale Probleme zu lösen. Am Rande sei die Gegenüberstellung von »Staat« und »Gesellschaft« herausgehoben, an der sich die These von der »Unregierbarkeit« überhaupt erst ankristallisieren konnte. Nur wenn der Staat seine Aufgaben sinnvoll beschränke sowie seine Verfahren und Problemlösungskapazitäten kritisch überprüfe, könne er das Problem der Handlungsblockaden und Überforderung – und damit der Legitimationskrise – überwinden. Es lag nahe, die Reduzierung wirtschafts- und sozialpolitischen Engagements zu fordern und statt dessen einer stärkeren Orientierung an den Verteilungsmechanismen des Marktes das Wort zu reden.

Unübersichtliche Wirkungszusammenhänge und die Überbürdung des Staates mit sozialen Aufgaben machten es aus Sicht der Protagonisten der »Unregierbarkeits«-These dringend erforderlich, dem Staat neue Legitimität zu verschaffen. Das aber war um so schwieriger zu bewerkstelligen, als immer neue unterprivilegierte Gruppen nach sozialer Sicherung verlangten, während anderen, besonders Angehörigen der Mittelschichten, der Katalog wohlfahrtsstaatlicher Leistungen bereits zu weit gefaßt war und sie ohnehin nicht im selben Maße wie jene davon profitieren konnten. Dieses Dilemma geht weit über die stetige Frage nach politischen Mehrheiten in demokratisch-parlamentarisch verfaßten Systemen hinaus und verweist eher auf strukturelle Probleme des sozialen Rechtsstaats. Nicht von ungefähr entfaltete sich, teils zeitlich parallel, teils etwas versetzt, zur »Unregierbarkeits«-Diskussion eine aufs Grundsätzliche zielende Debatte über die Legitimation sozialstaatlichen Handelns.

Während im konservativen Diskurs die Legitimationsfrage zwar stets mit anklang, ohne aber eine zentrale Position einzunehmen, wurde sie in anderen Segmenten des politischen Spektrums ins Zentrum der Kritik gerückt. Durchaus bemerkenswert war dabei, daß sowohl die Neoliberalen als auch die Vertreter der Neuen Linken an dieser Stelle ansetzten. Ausgangspunkt für letztere war die These vom »Spätkapitalismus«, der als Herrschaftsform entgegen der Marxschen Prognose nicht unmittelbar vor dem Zusammenbruch stehe, sondern beachtliche Anpassungsfähigkeit an neue Herausforderungen bewiesen habe. Zu den »adaptiven Selbsttransformationen des Systems« seien beispielsweise neben »planifikatorischen und technokratischen Steuerungstechniken« auch »sozialdemokratische Reformpolitik« und »wohlfahrtsstaatliche Daseinsvorsorge« zu rechnen. Als Verursacher einer (final gedachten) Krise des Spätkapitalismus käme daher nur das »Konfliktpotential« in Frage, »das die zersplitternden und pazifizierenden Funktionen des autoritären Wohlfahrtsstaates systematisch *nicht* unter Kontrolle zu bringen vermögen«.[34]

Schälen wir den für uns relevanten Befund aus dem linken Jargon der Zeit heraus. Der Sozialstaat, so ist aus dem Zitierten zu folgern, ist eine der zentralen Stützen des bestehenden Systems, in dem der Kapitalismus zwar eingehegt ist, seine Grundstrukturen, besonders das Privateigentum, aber unangetastet geblieben sind. Grundlegende gesellschaftliche Veränderungen sind vor einem solchen Hintergrund weder zu erwarten noch kaum zu bewerkstelligen, solange die disziplinierenden, »zersplitternden und pazifizierenden Funktionen« des Sozialstaates noch ihre Wirkung zeigten. Von einer Einheit der Arbeiterklasse, die sich ihrer Klassenlage bewußt war, konnte demnach keine Rede sein – der Sozialstaat hatte das Feuer der sozialen Revolution erstickt. Sollte nun dennoch substantieller Wandel herbeigeführt werden, und darum war es den Neomarxisten ja schließlich zu tun, war die Legitimation sozialstaatlichen Handelns zu leugnen; denn dadurch würde verhindert, daß sich revolutionäre Subjekte als solche erkennen und artikulieren könnten. Daß solches Räsonnieren dem Sozialstaat nicht zu großer Anerkennung auf Seite der radikalen Linken verholfen hat, liegt auf der Hand. Indessen verflüchtigte sich der Einfluß von Thesen dieser Provenienz im Laufe der 1980er Jahre zusehends.

Als weitaus wirkungsmächtiger erwies sich die neoliberale Kritik am Sozialstaat, wie sie gleichfalls in den 1970er Jahren eine neue Konjunktur erlebte. Im liberalen Diskurs rückte »Freiheit« an die Stelle, die »Gleichheit« bei der Linken einnahm: Freiheit von staatlicher Bevormundung, Freiheit des Marktes und des Privateigentums. Viele Impulse erhielt dieser Argumentationsstrang in seiner Genese aus der politischen Entwicklung in Großbritannien und den USA, wo seit Ende der 1970er Jahre sozialpolitische Programme drastisch beschnitten und, besonders im Großbritannien der Thatcher-Zeit, ihre kontraproduktiven Wirkungen beklagt wurden. »Reaganomics« und »Thatcherism« waren, bei aller Verschiedenheit der Akzentsetzungen, Versuche, die historische Spirale entwickelter Sozialstaatlichkeit zurückzudrehen und Allokationsentscheidungen vom Staat auf den Markt zurückzuverlagern. Daß dies insbesondere in Großbritannien teils zu drastischen sozialen Verwerfungen und zu einer dramatisch anmutenden Spaltung der Gesellschaft führte, hat die sozialwissenschaftliche und historische Forschung inzwischen herausgearbeitet; vorbehaltlos positive Urteile über die Folgen des »Thatcherism« finden sich allenfalls noch bei wenigen. In der Bundesrepublik fanden die angloamerikanischen Debatten langfristig nur in Ausschnitten Widerhall. Kaum jemand übernahm das Pathos des Marktes, ohne es modifiziert und an die deutsche Situation angepaßt zu haben. Gleichwohl wurden »Freiheit« und »Eigenverantwortung« zu wichtigen Referenzpunkten im liberalen Diskurs und verbanden sich dort mit Forderungen nach einem »schlanken Staat«, der sein sozialpolitisches Engagement zu reduzieren hatte, und nach einer deutlichen Verringerung der Sozialversicherungslasten.

Obgleich solche Postulate, untermauert durch eine schier unübersehbare Anzahl von wissenschaftlichen Gutachten, die die Entwicklung des deutschen Sozialstaates seit beinahe drei Jahrzehnten begleiten, hat sich hier eine Liberalisierung – im Sinne eines sozialstaatlichen »Rückbaus« – nur in Ansätzen vollzogen. Aus Sicht des Historikers dürften besonders drei Ursachen zu benennen sein, zwei institutionelle und eine normative. Sozialpolitik ist in ein festes und komplexes Institutionengefüge eingebunden, das sich nur unter größten Schwierigkeiten und dafür günstigen politischen Konstellationen verändern läßt. Das ist in anderen Staaten auch so, und deshalb bedarf für den deutschen Fall wohl lediglich das föderale System einer besonderen Betonung. Entscheidungen, die den Gesamtstaat betreffen, dürften in zentralistisch organisierten Staaten wie etwa Frankreich oder Großbritannien einfacher zu organisieren sein als im deutschen Mehrebenensystem. Aber Institutionen sind mehr als bloß bürokratische oder parlamentarische Arrangements zur Formulierung und Durchführung politischer Entscheidungen, sondern sie umfassen auch jene Regeln und Grundstrukturen, an denen sich Entscheidungen schließlich orientieren. Wir haben in der historischen Analyse des modernen deutschen Sozialstaates erkennen können, daß es seit seinem Bestehen wohl zu Modifizierungen oder Ergänzungen gekommen ist, nicht jedoch zu grundlegenden und substantiellen strukturellen Veränderungen, wobei dies in besonderem Maße für das System der Sozialversicherungen gilt, den Kern des deutschen Sozialstaates. Die Forschung erklärt diesen Befund, der angesichts mehrfacher politischer Systemwechsel während dieser Zeit überraschen muß, mit der Pfadabhängigkeit der Entwicklung, auf die ich bereits im vorigen Kapitel hingewiesen habe. Ein einmal eingeschlagener Pfad wird in der Regel nicht verlassen, auch wenn erkennbar wird, daß andere Arrangements kostengünstiger und effizienter wären. Diese These dürfte kaum ein historisches Beispiel nachdrücklicher belegen als der deutsche Sozialstaat als Sozialversicherungsstaat, der über alle politischen Systemumbrüche hinweg außerordentliches Beharrungsvermögen und beachtlichen Strukturkonservatismus bewiesen hat. Pfadabhängige Reformschritte finden Unterstützung bei den beiden großen Sozialstaatsparteien, die in Deutschland, wiederum im Gegensatz zu anderen Staaten mit nur einer Sozialstaatspartei, das politische Geschehen bestimmen. Obendrein hat die sozialwissenschaftliche Forschung darauf hingewiesen, daß die Struktur des politischen Prozesses tiefgreifende Reformen verhindert. An politischen Entscheidungen sind viele Instanzen und Akteure beteiligt, die über eine »Vetomacht« verfügen, also ihre Zustimmung verweigern und dadurch geplante Maßnahmen verhindern können. Zu solchen »Vetospielern« gehören Koalitionsparteien, möglicherweise der Bundesrat, sofern die Zustimmung der Länder erforderlich ist, das Bundesverfassungsgericht und natürlich die Opposition im Bundestag. Das deutsche politische System ist im Vergleich zu anderen Ländern durch eine besonders hohe Zahl solcher Vetospieler gekennzeichnet, deren Verhalten zudem durch den (wiederum durch das föderale System bedingten) Dauerwahlkampf erheblich beeinflußt wird.

Die dritte Ursache dafür, daß die neoliberale Wende in der Bundesrepublik weitaus zaghafter durchgeführt wurde als anderswo und daß auch die aktuell diskutierten Privatisierungsmaßnahmen nur halbherzig ausfallen – siehe Rentenreform –, liegt in der normativen Basis des deutschen Sozialstaates. Von seinen Anfängen her orientierte er sich an der Arbeiterfrage, und nach wie vor ist die Erwerbsgesellschaft der wichtigste Referenzpunkt sozialpolitischer Entscheidungen. Den Mitgliedern der Erwerbsgesellschaft garantiert der deutsche Sozialstaat ihren Lebensstandard – oder beabsichtigt dies zumindest –, indem seine Leistungen das bisherige Einkommen bzw. die geleisteten Beiträge als Maßstab nehmen. In anderen Staaten ist das anders. In Großbritannien beispielsweise hat sich der Sozialstaat entlang der Frage nach Bekämpfung von Armut herausgebildet, so daß dort nicht der Lebensstandard gesichert werden soll, sondern ein Existenzminimum. In Schweden wiederum stand soziale Gleichheit im Zentrum sozialstaatlichen Handelns, was zu einem System der Volkssicherung geführt hat. Die politische Krise des Sozialstaates in Deutschland dürfte deshalb auch darin begründet sein, daß sich hier zwischen Erwerbs- und Staatsbürgergesellschaft ein spezifisches Spannungsverhältnis herausgebildet hat, in welches wesentliche Teile des Reformdiskurses fest eingespannt sind. Wir können das beispielsweise in den Diskussionen über die Einwanderungspolitik zu Beginn des 21. Jahrhunderts erkennen, der eminente sozialpolitische Bedeutung zukommt und die dennoch über diese Spannung nicht hinwegkommt.

Die Gefahr, daß durch solche Reformblockaden das politische System Schaden nimmt, ist nicht zu unterschätzen. Denn es ist nicht abzusehen, ob die Enttäuschung über mangelnde Leistungsfähigkeit des Sozialstaats nicht umschlägt in eine Enttäuschung über das politische System – und ob dadurch die politische Krise des Sozialstaates sich zu einer Krise des politischen Systems entwickelt. Der Soziologe Niklas Luhmann gab bereits Anfang der 1980er Jahre zu bedenken, »daß man auf der Seite derer, die die Wohlfahrt empfangen sollen und für die die Politik sich guten Willens abmüht, nicht mit konstanten Einstellungen der Genußbereitschaft und Dankbarkeit und entsprechender politischer ›Loyalität‹ rechnen kann«[35]. Deshalb diskutieren wir gegenwärtig nicht bloß über Prozentpunkte bei den Beiträgen zur Sozialversicherung oder über die Einführung von »New Public Management«- Methoden und die Verlagerung der Produktion sozialer Leistungen auf den Markt. Wir diskutieren vielmehr über die Zukunft der offenen Gesellschaft, des liberalen politischen Systems und der Demokratie. Einen möglichen Ausweg aus der politischen Krise des Sozialstaats hat der Philosoph Jürgen Habermas zu Beginn der 1990er Jahre gezeigt. Er plädierte dafür, den Schwerpunkt der Sozialstaatlichkeit von der erwerbsarbeitszentrierten auf eine zivile, demokratisch-bürgergesellschaftliche Form zu verlagern. Nicht auf soziale Gerechtigkeit im Rahmen einer industriellen Gesellschaft solle man, so Habermas, sein Hauptaugenmerk legen, sondern auf die politische Autonomie des Staatsbürgers. Er dürfe nicht zum Klienten paternalistisch agierender Sozialstaatsagenturen degradiert werden, sondern müsse besonders politische Teilhaberechte wahrnehmen können. Denen wiederum könnten soziale Rechte nur nachgeordnet sein, denn »Rechtsstaat und Sozialstaat sind im Prinzip auch ohne Demokratie möglich«[36]. Könne der Staatsbürger autonom handeln und sei nicht auf die Zuteilung von Rechten (zu vergleichen mit einer Zuteilung von Gütern) angewiesen, so ließe sich ein Übergang von einer bürokratischen zu einer deliberativ-demokratischen Organisation sozialstaatlichen Handelns bewerkstelligen. Dies würde ein anderes Verständnis von Gerechtigkeit mit sich bringen, das nicht auf die materielle Entschädigung bei sozialen Ungleichheiten zielte, sondern auf eine enge Verbindung von liberalen und politisch-

demokratischen Rechten, aus denen sich soziale Rechte ableiten ließen. Im Gegensatz zu den neoliberalen Kritikern des
Sozialstaats sieht Habermas nicht im Markt das Allheilmittel
für die gegenwärtige Krise. Er hebt vielmehr die besondere
Bedeutung von Kommunikation und öffentlicher Diskussion
politischer Entscheidungen hervor, aus denen, so können wir
folgern, überhaupt erst eine nichtpaternalistische, demokratische Form von Sozialstaatlichkeit hervorgehen könne. Angesichts der gesellschaftlichen Krise des bestehenden Sozialstaates sollten solche Erwägungen nicht als bloßes Theoretisieren
abgetan werden.

Sozialpolitische Leitbilder und soziale Entwicklung. Die soziokulturelle Krise des Sozialstaats

Der Sozialstaat der Moderne ist, darauf weisen viele Indizien
untrüglich hin, an seine Grenzen gelangt. Das gilt in ökonomischer Hinsicht: Eine weitere Expansion bzw. auch bloß die
Bewahrung des gegenwärtigen Standes sind nicht mehr finanzierbar; es gilt für die Politik des Sozialstaates: Die Steuerungs-
kapazitäten sind längst überfordert. Diese beiden Krisen-
faktoren werden dadurch verschärft, daß das gesellschaftliche
Fundament des modernen Sozialstaates zerbröckelt. Zum Teil,
und das mutet zunächst überaus paradox an, entwickelte sich
gerade aus dem Erfolg des historischen Projekts Sozialstaat die
besondere Sprengkraft, die nun nachgerade seine Voraussetzungen zu zerstören droht und teils bereits zerstört hat. Ich
will diesen Zusammenhang für die drei Problemfelder ver-
deutlichen, denen in der soziokulturellen Krise des Sozialstaats
herausragende Bedeutung beizumessen ist: der demographischen Entwicklung, der aktuellen Lage und der Zukunft der
Erwerbsgesellschaft sowie dem Spannungsverhältnis von Individualisierung und Solidarität.

Beginnen wir mit den demographisch bedingten Problemen.

Daß die Deutschen ein aussterbendes Volk sind, ist mittlerweile zu einem Gemeinplatz in den tagespolitischen Diskussionen geworden. Das Problem ist indessen nicht neu, sosehr auch die aktuellen Aufgeregtheiten dies suggerieren mögen. Denn bereits seit den 1970er Jahren liegen die Geburtenraten unter denjenigen der Sterberaten, das heißt: Die Geburten gleichen den Bevölkerungsrückgang durch Sterbefälle nicht mehr aus. 1960 kamen statistisch auf eintausend Einwohner der alten Bundesrepublik noch 17,4 Lebendgeborene, 1994 nur noch 10,5. Unter den Frauen, die 1940 geboren wurden, blieb nur jede zehnte ohne eigenen Nachwuchs, von jenen, die zwanzig Jahre jünger sind, ist es bereits fast jede vierte. Besonders die Entscheidung für mehr als drei Kinder fällen immer weniger Frauen; bei den älteren der beiden hier genannten Gruppen war es immerhin noch mehr als jede vierte (27 Prozent), von den jüngeren nicht einmal mehr jede fünfte (18 Prozent). Zwar entlastet der Geburtenrückgang die Kassen der sozialen Sicherungssysteme von Entbindungskosten, finanziellem Ausgleich für Wöchnerinnen, Kindergeldzahlungen und dergleichen Leistungen, doch sollten wir dies nur als kurzfristige Entlastung werten. Denn mittel- und langfristig fehlen denselben Kassen die Beitragszahlungen, die eben auch immer weniger Bürger leisten.

Das Problem verschärft sich durch die Alterung der Gesellschaft, die sich besonders im zeitlichen Längsschnitt als dramatisch erweist: Zwischen 1871 und Mitte der 1980er Jahre stieg die Zahl der Männer und Frauen, die älter als siebzig Jahre wurden, um dreihundert bis vierhundert Prozent, diejenige der Achtzigjährigen um sechshundert bis achthundert Prozent, die Zahl der über 85jährigen wuchs sogar um eintausend bis 1 500 Prozent. An diesen Daten können wir in der Tat einen großen Erfolg des Sozialstaates ablesen, denn er sorgte, unter anderem, für bessere medizinische Versorgung, höhere Standards in der öffentlichen Hygiene, Armutsreduzierung, verbesserte Arbeitsbedingungen sowie Altersrenten. Gleichwohl wird dieser Erfolg in den aktuellen Diskussionen ambivalent beurteilt. Obgleich der »Strukturwandel des Alters« (H.-P. Tews) für viele den Genuß später Freiheiten im Ruhestand mit sich bringt, ist die Kehrseite nicht zu übersehen: Höheres Lebensalter erhöht das Risiko zu erkranken; ja, diese Entwicklung führte dazu, daß sich im Lebenslauf eine neue, lange Zeit weithin ungekannte Phase deutlich ausprägte: die Pflegephase. Längere Zeiten, in denen ältere oder hochbetagte Menschen Pflege in Anspruch nehmen mußten, gab es früher nur höchst selten, denn zumeist führten Krankheiten rasch zur körperlichen Schwächung und zum Tode. Auch aus diesem Grunde war die Rentenversicherung in ihrer anfänglichen Konzeption nicht darauf ausgerichtet, über längere Zeiträume zum Lebensunterhalt der Rentenempfänger beizutragen. Da die Altersrente ursprünglich ohnehin erst mit Erreichen des siebzigsten Lebensjahres ohne den Nachweis der Invalidität bezogen werden konnte (unter dieser Altersgrenze war sie als reine Invaliditätsversicherung ausgerichtet), kamen nur wenige Arbeiter in den Genuß solcher Zahlungen, und wenn, dann nicht für lange Zeit: Die durchschnittliche Lebenserwartung von Arbeitern am Ende des 19. Jahrhunderts war um etwa zehn Jahre niedriger als das vorgesehene Renteneintrittsalter. Auch das hat sich drastisch verändert. Die Altersgrenzen wurden im Laufe der Zeit kontinuierlich herabgesetzt und liegen inzwischen (Zahlen für 1995) bei den Männern bei 62,6, bei den Frauen bei 63,3 Jahren. Dadurch und durch die gestiegene Lebenserwartung verlängerten sich die Rentenlaufzeiten: Sie stiegen allein zwischen 1960 und 1995 bei Frauen von 10,8 auf 17,8 Jahre, bei Männern von 9,6 auf 13,9 Jahre.

Die bestehende Konstruktion der Altersversorgung dürfte vor diesem Hintergrund einer existentiellen Krise entgegensteuern. Denn ihr fehlen die demographischen Voraussetzungen, unter denen sie einmal geschaffen wurde, inzwischen nahezu vollständig. Dies läßt Risse im gesamten Gebäude sozialer Sicherung entstehen, die nur durch einen Umbau zu beheben sein dürften. Gegenwärtig, so viel ist erkennbar, spitzen sich die »erheblichen kulturellen Risiken der Sozialversicherung [zu], die sich in einer Störung des Generationenverhältnisses, in der Problematisierung der Gerechtigkeit zwischen den Generationen und in der Überversorgung mit sozialer Sicherung in manchen Strata der Sozialversicherten einerseits und neuer Armut und Unterversorgung anderer Gruppen der Gesellschaft sowie in aktuellen Finanzierungslücken der Sozialversicherung andererseits äußern«[37].

Konkret wird dieser Zusammenhang derzeit an der ungleichen sozialstaatlichen Versorgung von Rentnern auf der einen, Familien mit Kindern bzw. Alleinerziehenden auf der anderen Seite diskutiert. Damit wird der Schwerpunkt sozialstaatlicher Normen von der (auch intergenerationellen) Solidarität auf die (Verteilungs-)Gerechtigkeit verlagert, wobei sich durchaus quantitativ argumentierende Sichtweisen mit einschieben, wie sie in der Frage zutage treten, ob »das höhere Lebensalter noch finanzierbar« sei.[38] Daß dadurch die Legitimität des Alter(n)s prinzipiell in Frage gestellt wird, habe ich bereits im Zusammenhang mit den jüngsten Reformansätzen im vorigen Kapitel dargelegt. Man muß sich darüber im Klaren sein, wie tief solche Debatten in den Bestand von Werten und Normen hineinwirken, auf denen der deutsche Sozialstaat beruht. Deshalb wäre die Problematik der alternden Gesellschaft, die ohne jeden Zweifel die Systeme sozialer Sicherung vor erhebliche Herausforderungen stellt, in einem weiteren Kontext und in ihrem Zusammenhang mit anderen gesellschaftlichen Entwicklungstendenzen zu diskutieren. Solange sie nicht familienpolitisch unterfüttert sind, dürften beispielsweise alle Ansätze zu Reformen im Rentensystem ins Leere laufen, weil soziale Asymmetrien zwischen Familien und Kinderlosen die innere Balance des Sozialstaates gefährden. Wie ein weithin geforderter »Familienlastenausgleich« in der Praxis zu gestalten wäre, ist allerdings äußerst umstritten – auch dies ein Beleg dafür, daß es im deutschen Sozialstaatsdiskurs nicht um Solidarität, sondern um Verteilungsgerechtigkeit in meritokratischem Sinne geht.

Der deutsche Sozialstaat ist so konstruiert, daß die Alterssicherungssysteme erwerbsabhängig sind. Das heißt, daß einen Anspruch auf Leistungen nur hat, wer Beiträge bezahlt hat, die wiederum an Erwerbstätigkeit gekoppelt sind. Die Höhe der Leistungen, konkret der Renten, hängt dann ab von der Dauer der Erwerbstätigkeit sowie vom erreichten (durchschnittlichen) Einkommensstand. Das Rentensystem in seiner bestehenden Form prämiert also die Lebensleistungen in der biographischen Erwerbsphase. Sein Dreh- und Angelpunkt ist das »Normalarbeitsverhältnis«. Was aber, wenn das »Normalarbeitsverhältnis« selbst in seiner Existenz bedroht ist? Diese Frage führt uns zum zweiten Teil der soziokulturellen Krise des Sozialstaates.

Wie im Hinblick auf die demographische Entwicklung, stehen auch die erwerbsgesellschaftlichen Voraussetzungen des Sozialstaats vor ihrer bislang schwersten Krise. Der moderne Sozialstaat hat sich in Deutschland aus der Arbeiterfrage heraus entwickelt und blieb in seinem Horizont stets der Erwerbsgesellschaft verhaftet. Die aber existiert in überkommener Form nicht mehr. Daß Dauerarbeitslosigkeit bzw. hohe Sockelarbeitslosigkeit soziale Sicherungssysteme extrem belastet, habe ich bereits oben im Kontext der ökonomischen Krise des Sozialstaats erörtert. Sie ist aber nicht nur ein finanzielles Problem, sondern ein strukturelles. Erwerbsarbeit eröffnet eigentlich überhaupt erst den Zugang zu sozialen Leistungen; wer keine Arbeit hat, bezahlt keine Beiträge zur Renten-, Kranken- oder Arbeitslosenversicherung. Damit wird der Standard des »Normalen« unterhöhlt, an dem sich der Sozialstaat ausgerichtet hatte. Und wir dürfen uns nicht darüber hinwegtäuschen: Das Problem der Arbeitslosigkeit ist kein vorübergehendes Phänomen, das mit etwas gutem politischen Willen und guten Absichten der Wirtschaft aus der Welt geschafft werden könnte. Es wird, das ist aus der Erfahrung von mittlerweile rund drei Jahrzehnten abzuleiten, das postindustrielle Zeitalter in seinem festen Griff behalten.

Dieser Druck wird aber zudem noch dadurch erhöht, daß auch die Arbeitsplatzbesitzer das Netz sozialer Sicherung nicht mehr aufgespannt halten können. Die Sozialfigur des Arbeiters, der dreißig Jahre oder länger ein und demselben Betrieb angehört, kontinuierliche Lohnerhöhungen genießen kann und konstant Beiträge in die Sozialkassen abführt, gehört der Vergangenheit an. Die biographische Erwerbsphase hat an Konstanz verloren; nicht nur aufgrund vergleichsweise häufigerer Arbeitsplatzwechsel, sondern auch und vor allem durch sich verändernde Qualifikationsanforderungen, damit verbunden ausgedehnter und wiederholter Qualifikationsphasen, aufgrund veränderter rechtlicher Konstruktionen von Arbeitsverhältnissen – Stichwort (Schein-)Selbständigkeit und geringfügige Beschäftigung –, aber auch aufgrund erodierender sozialer Milieus, wodurch die Frage nach der Solidarität neu gestellt wird. Darauf wird gleich zurückzukommen sein. Die Diskontinuitäten in der Erwerbsphase führen zu Diskontinuitäten in der Mitgliedschaft in sozialen Sicherungssystemen, die indessen auf Konstanz und Dauer angelegt sind. Die Grenzen zwischen selbständiger Tätigkeit und abhängiger Beschäftigung sind inzwischen vielfach fließend geworden, und man muß nicht über prophetische Gaben verfügen um vorauszusagen, daß die neuen Kommunikations- und Informationstechnologien diese in Zukunft noch weiter in Frage stellen werden. Natürlich hat die Globalisierung das Ihre dazu beigetragen, diese Problemlagen zu verschärfen: Im internationalen Wettbewerb ist es noch schwieriger, nationale Modelle unbeschadet zu perpetuieren.

In der Analyse der soziokulturellen Krise des Sozialstaats wurde inzwischen mehrfach das Problem der Solidarität angesprochen, das nun ausführlicher zu entfalten ist. Seit den 1980er Jahren diagnostizieren Sozialwissenschaftler und andere Beobachter ein wachsendes Maß an Entsolidarisierung in der deutschen Gesellschaft. In empirischen Untersuchungen wurde dieser Befund in seiner Pauschalität indessen bislang nicht bestätigt, was nicht zuletzt daran liegen dürfte, daß der Begriff der »Solidarität« eine jener politischen Leerformeln ist, die sich mit durchaus unterschiedlichem Inhalt füllen lassen. Solidarität kann sowohl altruistische Formen annehmen, wie sie sich in selbstlosem Helfen ausdrücken mögen, oder reziproke. Vereinfacht ausgedrückt: Ich gebe etwas, erwarte dafür aber, jetzt oder in Zukunft, eine Gegenleistung. Vorherrschend im Sozialstaat, das hat Jürgen Krüger gezeigt, ist zweifellos die reziproke Solidarität – wer sein Scherflein zu den Systemen sozialer Sicherung beiträgt, um anderen zu helfen, erwartet selbstverständlich, daß er bei Bedarf gleichfalls Hilfe erhält.

Die Daten, zumeist in Umfragen erhoben, ergeben ein diffuses, bisweilen widersprüchliches Bild. In einer Befragung von 1992 waren beinahe 60 Prozent der Interviewten der festen Überzeugung, daß soziale Sicherheit zu den herausragenden Leistungen moderner Gesellschaften zähle und deshalb von der Regierung dafür Sorge zu tragen sei, daß niemand ohne Schutz vor Krankheit, Armut oder Arbeitslosigkeit bliebe. Wir können daraus eine hohe Zustimmung für den Sozialstaat ablesen, zumal in derselben Umfrage rund zwei Drittel Deregulierungen und Verringerung sozialer Leistungen ablehnten. Bemerkenswert vor dem Hintergrund der Diskussionen über die ungebührliche Expansion von Staatsaufgaben sind Umfragedaten von 1996, in denen gefragt wurde, wofür der Staat verantwortlich sein solle. »Auf jeden Fall«, befand jeder zweite, habe er die Gesundheitsversorgung zu gewährleisten; zusammen mit jenen, die ihm Verantwortlichkeit (wenn auch nicht ausdrücklich »in jedem Fall«) zuschrieben, waren mehr als 96 Prozent dieser Auffassung. In Abstufungen sprachen dem Staat die Verantwortung zu: für den Lebensstandard alter Menschen 96 Prozent, für den Lebensstandard Arbeitsloser knapp über 80 Prozent, für Einkommensnivellierung 62,5 Prozent, für die finanzielle Unterstützung armer Studenten 87 Prozent, für die Bereitstellung von Wohnraum für Arme knapp 78 Prozent, für die Versorgung aller mit Arbeitsplätzen knapp 75 Prozent.[39] Man könnte daraus die überspitzte These ableiten, daß das Gerede über den Markt und Eigenverantwortung zwar schick ist, im Zweifelsfall aber noch immer vom Staat Problemlösungen erwartet werden. Kann man aber aus der Zustimmung zum Sozialstaat auf einen hohen Grad an Solidarität schließen? Das wird nicht ohne weiteres möglich sein. Einen Anhaltspunkt mögen die Antworten auf die Frage geben, ob man bereit wäre, die sozialstaatlichen Funktionen durch höhere Steuern oder Sozialabgaben zu finanzieren: Nicht einmal jeder dritte der Befragten sprach sich dafür aus, die Ausgaben für Sozialleistungen zu erhöhen, selbst wenn dafür Steuern erhöht werden müßten. Hingegen vertrat die überwältigende Mehrheit die Auffassung, man solle Steuern senken, obwohl dann der Umfang von Sozialleistungen reduziert werden müßte.[40] Fast scheint es, als sei mit der Finanzierbarkeit auch die Solidarität an ihre Grenzen gestoßen.

Obendrein sieht es beinahe so aus, als habe sich in der Zustimmung zum Sozialstaat und zur Solidarität eine Koalition der Verlierer des postindustriellen Entwicklungsschubes zusammengefunden: Die Demoskopen haben besonders hohe Zustimmungswerte bei Hauptschülern, Jüngeren und Frauen ermittelt, also bei jenen Gruppen, deren Risiko, auf sozialstaatliche Hilfen angewiesen zu sein, hoch ist. Selbständige oder Bezieher höherer Einkommen bleiben im Gegensatz dazu deutlich auf Distanz zum Sozialstaat, wenn sie ihn nicht gar rundheraus ablehnen.

Man kann in ihnen die Gewinner des Individualisierungsprozesses sehen, den kundige Beobachter in erster Linie für Entsolidarisierungseffekte verantwortlich machen. Auch »Individualisierung« ist von der Terminologie der Sozialwissenschaften längst in die Schlagzeilensprache der Medien übergegangen, deren Gebrauch darüber hinwegtäuscht, daß es sich im Kontext der Sozialstaatskrise um ein gleichermaßen bedeutendes wie ambivalentes Phänomen handelt. Wie in manch anderer Hinsicht auch wird hier der Sozialstaat von seinem eigenen Erfolg in eine existenzbedrohende Krise getrieben. Diese These bedarf historischer Erläuterung.

Um nochmals auf die Entstehungs- und Anfangsphase des Sozialstaats zurückzukommen, wie ich sie im zweiten Kapitel im Kontext von »Moderne« diskutiert habe, sei an dieser Stelle an einige Elemente der Interpretation erinnert: Die Entfaltung der modernen Industriegesellschaft verdrängte, je weiter sie voranschritt, traditionelle Formen sozialer Sicherung. Fassen wir den Zeitraum von etwa 1880 bis zum Anfang der 1970er Jahre als »erste Moderne« zusammen, und vieles, nicht zuletzt die weitgehend kontinuierliche Expansion von Sozialstaatlichkeit spricht dafür, dann können wir den Verlust überkommener Bindungen erkennen. Die Bedeutung des Familienverbandes verringerte sich deutlich, wenn sie nicht ganz verschwand; die Kleinräumigkeit von Lebens- und Erfahrungshorizonten wurde aufgeweicht, Grenzen überschritten, damit aber eben auch jene Bindungen abgestreift, wie sie der dörfliche oder kleinstädtische Lebenskontext vielfach bereithielt. In neuen Kommunikationszusammenhängen entstanden neue Lebensentwürfe, neue Rollen(selbst)zuschreibungen, neue Wertvorstellungen. In der ökonomischen Prosperität des »großen Booms« beschleunigten sich diese Prozesse, Pluralisierung und Individualisierung kennzeichneten fortan die Gesellschaft. Vielfältige, bisweilen schillernde Lebensmodelle gediehen in ihr, deutlich erkennbar in den 1960er, verstärkt seit den 1970er Jahren. Die Rede von der »Selbstverwirklichung« übertönte Gemeinschaftsappelle. Es dürfte kaum eine historische Epoche geben, in der ein solcher Zuwachs an Lebenschancen und Gelegenheiten zur sozialen Aufwärtsmobilität zu verzeichnen war wie in den Jahren des »großen Booms«.

Im Salto der neuen Freiheit durfte man indessen darauf vertrauen, daß darunter ein soziales Netz gespannt war, das jene, die abstürzten, auffangen würde. In der Tat ist der Individualisierungsprozeß kaum ohne sozialstaatliche Absicherungen denkbar. Der Soziologe Ulrich Beck, einer der wortmächtigsten Stichwortgeber der Individualisierungsdebatte, hat mit Recht darauf hingewiesen, daß Individualisierung nicht, wie man meinen könnte, die völlige Freisetzung von Individuen aus allen Bindungen und Institutionen bedeute, sondern daß vielmehr in diesem Prozeß ältere Institutionen und Normen verdrängt würden von anderen, Individualität begünstigenden Institutionen. Zu den älteren wären kollektive und verbindliche Moralvorstellungen zu zählen, die Familie, konfessionell geprägte oder Klassenmilieus, regionale Einbindungen, auch Geschlechtszugehörigkeiten. An ihre Stelle traten im Prozeß der Moderne »sekundäre Institutionen«, anonyme Strukturen wie eben der Sozialstaat, der Sicherungsaufgaben etwa von Familienverbänden übernahm. Sozialstaatlichkeit ermöglichte, unter anderem, Individualisierung.

Individualisierung bedroht den Sozialstaat. Das ist ein weiteres Paradoxon der sozialstaatlichen Entwicklung. Im Erfolg greift der Sozialstaat seine eigenen Grundlagen an. Denn Sozialstaatlichkeit und fortgeschrittene Individualisierung stehen in einem Spannungsverhältnis, wenn nicht sogar in einem unauflösbaren Widerspruch zueinander. Ich habe bereits darauf hingewiesen, daß der Sozialstaat auf einem »Normalitätsstandard« beruht, von kontinuierlichen, »normalen« Lebensverläufen ausgeht und, wie sich in der Konstruktion der Altersversorgung zeigt, diese prämiert. Individuelle Lebensentwürfe können von solcher »Normalität« abweichen; das ist nicht zwangsläufig der Fall, aber eine Möglichkeit. Ob in einer hochgradig individualistisch und pluralistisch ausgerichteten Gesellschaft Normalitätskonstruktionen überhaupt noch akzeptiert werden, ist ebenso fraglich wie der Fortbestand gesellschaftlicher Solidarität.

Der Sozialstaat ist ein Projekt der Moderne, der mit ihr zusammen in eine tiefe, mehrschichtige Krisenlage geraten ist. Soziologen und Philosophen diskutieren seit den 1980er Jahren über das Ende der Moderne, ihren Übergang zur »zweiten Moderne« (Ulrich Beck und andere) oder ihre Ablösung durch die »Postmoderne« (François Lyotard und andere). Wollten wir im Denkhorizont der Postmoderne argumentieren, würden wir den Sozialstaat vielleicht auch, wie die Kantsche Idee von der Emanzipation der Menschheit oder die Marxsche von der Befreiung des Proletariats, zu jenen »großen Erzählungen« (»grands récits«) rechnen, die an ihr Ende gelangt sind. Vielleicht, so ließe sich weiter spekulieren, ist auch die Idee staatlicher Interventions- und Steuerungsmöglichkeiten zum Zwecke sozialer Gleichheit, sozialer Gerechtigkeit oder auch bloß eines Daseins ohne Armut an ihr Ende gekommen.

Doch damit ist die Frage nach der Möglichkeit eines Lebens ohne Not noch nicht erledigt. Auch die »Kinder der Freiheit« (Ulrich Beck) haben sich mit dieser Frage auseinanderzusetzen, haben nach Wegen zu suchen, auf denen sich Freiheit und Sicherheit vereinbaren lassen. Daß sie dafür die ausgetretenen Pfade ihrer Vorgängergenerationen verlassen müssen, ist angesichts der vielfältigen Krisen des Sozialstaats nicht zu verkennen.

VI.
ENTGRENZUNG UND GLOBALISIERUNG.
HAT DER SOZIALSTAAT EINE ZUKUNFT?

Der Sozialstaat gilt heute vielen als bloßes »Fossil in der neuen Weltwirtschaftsstruktur«[41]. In den Zeiten der Globalisierung und Entgrenzung von Politik und damit des Endes von Nationalstaaten scheint das historische Projekt des Sozialstaates in seine finale Krise geraten zu sein. Auf seine Bedeutung als nachteiliger Standortfaktor im globalen Wettbewerb reduziert, paßt er nicht mehr ins postindustrielle Zeitalter. Seine ökonomischen, politischen und gesellschaftlichen Grundlagen sind längst erodiert, wie im vorigen Kapitel gezeigt wurde. Hat also der Sozialstaat überhaupt noch eine Zukunft, und, falls ja, wie könnte die aussehen? Über welche Reformen wird diskutiert, welche Diagnosen und Prognosen liefern die sozialwissenschaftlichen Krisendiskurse?

Da das Schlagwort von der »Globalisierung« im Übergang vom 20. zum 21. Jahrhundert die Debatten beherrscht, wollen wir unsere Analyse der extern bedingten Krisen des Sozialstaates damit beginnen. Ob er ersetzt werden kann durch neue Formen sozialer Sicherung, wird im Anschluß daran zu diskutieren sein; Ansätze dazu jedenfalls gibt es, und ich werde diese am Beispiel der europäischen Sozialpolitik erläutern.

Globalisierung: Das Ende des Sozialstaates?

Was ist überhaupt »Globalisierung«? Das Wort ist in aller Munde, beherrscht die Wirtschaftsnachrichten, gilt den einen als Verheißung einer neuen, womöglich besseren Welt und den anderen als Schreckgespenst eines entfesselten Kapitalismus, aus ihm lassen sich kühle Argumente gewinnen oder heiße Emotionen – aber was verbirgt sich dahinter?

Globalisierung ist kein Phänomen, das sich erst in unseren Tagen herausgebildet hat. Die Allgegenwart des Begriffes in den aktuellen Diskussionen mag darüber hinwegtäuschen, daß sich ein solcher Prozeß, avant la lettre, bereits seit längerer Zeit vollzieht, ja es gibt Historiker, die den Anfang der Globalisierung ins 15. Jahrhundert und den europäischen Kolonialismus der frühen Neuzeit datieren. Spätestens im 19. und frühen 20. Jahrhundert waren Handel und Finanzen internationalisiert. Seither haben sich die internationalen Wirtschaftsbeziehungen stetig intensiviert, ist der Weltmarkt größer geworden und liberaler zugleich. Freilich haben wir es heute nicht mehr allein mit einem freien und grenzüberschreitenden Austausch von Gütern zu tun, sondern auch mit internationalen Finanztransaktionen und Kapitaltransfer, die im Umfang den Umsatz von Handelsgütern bei weitem übertreffen. Begünstigt und beschleunigt wird dies durch die modernen Kommunikations- und Informationstechnologien, die sich gerade in den letzten Jahrzehnten rasant entwickelt haben und es nunmehr ermöglichen, in Sekundenbruchteilen Informationen aus allen Teilen der Welt zu beschaffen und zu verarbeiten. Aus Unternehmern sind »global players« geworden, Produktion ist weltweit möglich. »Standortfaktoren« wie insbesondere niedrige Löhne oder die Verfügbarkeit qualifizierter Arbeitskräfte geben den Ausschlag, wenn es um die Wahl eines Produktionsstandortes geht. Direktinvestitionen dienen dem Zweck, ausländische Märkte zu erschließen und Wechselkursrisiken zu vermindern, indem »vor Ort« Produktionsstätten errichtet werden. Strategische Allianzen und Fusionen über die Grenzen hinweg lassen international agierende Konzerne entstehen. Mit alledem hat die internationale Arbeitsteilung, wie sie sich in einem lang andauernden historischen Prozeß entfaltet hat, eine neue Dimension erreicht.

Der historische Umbruch von 1989 hat diesen Prozessen einen zusätzlichen Schub gegeben. Denn mit der Sowjetunion und dem von ihr beherrschten Machtblock zerfiel auch eine große Wirtschaftszone, die sich bis dahin Globalisierungstendenzen zu widersetzen versuchte. Seit Anfang der 1990er Jahre sind die osteuropäischen Länder diesen gleichermaßen ausgesetzt und treiben sie mit voran. Zwar galten die Regeln der Globalisierung bislang vornehmlich in den hochentwickelten Industrieregionen Nordamerikas, Asiens und Westeuropas, doch dürfte es nur eine Frage der Zeit sein, bis auch Osteuropa von ihnen vollends erfaßt wird.

Globalisierung verändert das Wirtschaftsleben, sie nimmt den Gewerkschaften Macht und Stärke, weil auch Arbeitnehmer in einem globalen Wettbewerb stehen. Die Mobilität des Kapitals hat im internationalen Kontext stark zugenommen, so daß Investitionsentscheidungen nunmehr vorrangig davon abhängig gemacht werden, wie günstig die Produktionsbedingungen an möglichen Investitionsorten sind. Daß sie aus Sicht der Unternehmer in Deutschland mit seinen hohen Löhnen sowie tariflichen und gesetzlichen Sozialleistungen, (durch Flächentarifverträge gesicherten) geringen Lohnunterschieden, striktem Kündigungsschutz und hohen Unternehmenssteuern, nicht immer günstig sind, dürfte sich von selbst verstehen. Um einer Verlagerung von Arbeitsplätzen ins Ausland und der Abwanderung von Kapital zuvorzukommen, hat die nationale Wirtschafts- und Sozialpolitik etliche liberalisierende Konzessionen gemacht. So sind vor allem die Arbeitsbeziehungen in den Sog des Wandels hineingeraten, wobei freilich festzuhalten ist, daß die Dämme, die diesen aufhalten sollen, in Deutschland noch immer stärker sind als beispielsweise in den USA oder Großbritannien. Aber auch hier sind Tendenzen zu beobachten, an deren Ende die Abkehr vom Nachkriegssystem industrieller Beziehungen stehen dürfte. Das deutsche Regelsystem, so wie es sich historisch entwickelt hat, ist auf die Mitbestimmung konzentriert, und es geht davon aus, daß die Regeln für alle Beteiligten verbindlich sind. Das heißt etwa: Die Sozialpartner entscheiden in geregelten Verhandlungen über die Höhe der Löhne. Nun ist die Verhandlungsmacht der Gewerkschaften in Zeiten hoher Arbeitslosigkeit ohnehin geringer als bei Vollbeschäftigung, aber der Globalisierungsdruck hat sie noch weiter vermindert. An die Stelle des verbindlichen Regelwerks ist ein voluntaristisches getreten, Vereinbarungen sind oftmals nicht mehr bindend, sondern ihre Einhaltung beruht auf Freiwilligkeit. Das wird von den einen als »Flexibilisierung« gepriesen, weil auf diese Weise die Bedürfnisse der einzelnen Unternehmen stärker beachtet werden, und von den anderen mit Sorge betrachtet, weil die industriellen Beziehungen dadurch viel von ihrer integrativen Kraft verlieren. In der Tat ist die Gefahr groß, daß die Schere zwischen Arbeitsplatzbesitzern und Erwerbslosen, zwischen Besserverdienenden und Niedrigentlohnten dadurch weiter auseinandergeht. Und selbst innerhalb einer Gruppe können erhebliche Diskrepanzen entstehen, wenn Mitbestimmungsrechte nach betriebsinternen Regelungen verteilt werden. Wolfgang Streeck hat mit Recht darauf hingewiesen, daß dadurch ein Lebensnerv deutscher Sozialstaatlichkeit berührt wird: »Das obligatorische deutsche Mitbestimmungssystem hat wenigstens versucht, Mitbestimmung als *industrielles Bürgerrecht* allen Arbeitnehmern gleichermaßen zu garantieren. Freiwillige und unternehmensspezifische Beteiligungskonzepte dagegen, wie sie in den angelsächsischen Ländern überwiegen und auch in Deutschland populärer werden, gehen davon aus, daß sich die Beteiligungsformen und -chancen der Arbeitnehmer je nach Arbeitsplatz weit unterscheiden und im übrigen pro-kompetitiv gestaltet sein, d. h., sich durch einen positiven Beitrag zur Wettbewerbsfähigkeit des Unternehmens rechtfertigen können und müssen.«[42] Darin liegt die eigentliche Problematik der Globalisierung und weniger in der Gefahr, daß billigere Arbeitskräfte den deutschen Arbeitsmarkt überschwemmen könnten, wie dies etwa im Hinblick auf die EU-Osterweiterung von manchen befürchtet wird.

Gehen wir davon aus, daß solche Grundsatzentscheidungen – wie eben die Sicherung industrieller Bürgerrechte – in ein spezifisches politisch-kulturelles Setting eingebettet sind, das die sozialwissenschaftliche Forschung derzeit unter dem Begriff der »Sozialstaatskulturen« untersucht. Viele Indizien sprechen dafür, daß eben dieses Setting durch die Globalisierung grundlegend verändert wird, nicht von heute auf morgen, gewiß, aber doch auf mittlere Sicht. Denn Globalisierung ist nicht nur ein ökonomisches Phänomen, das sich in deregulierten Handels- und Finanzmärkten ausdrückt, sondern es ist auch und vor allem ein kulturelles. Wir brauchen in unserem Kontext die globale Bedeutung der »McDonaldisierung«, der Vereinheitlichung kultureller Codes und Werte und ihre Folgen bis in unser Privatleben hinein nicht eigens zu thematisieren; das läßt sich in komprimierter Form bei Anthony Giddens und anderen nachlesen. Aber wir sollten bedenken, daß der Sozialstaat, um den es uns hier geht, auf bestimmten Werten beruht – Solidarität, Gemeinsinn, Gerechtigkeit –, die nun zusehends in Frage gestellt werden. Weil die normativen Grundlagen von Sozialstaatlichkeit durchaus unterschiedlich sein können, fallen auch die Antworten auf die Herausforderungen der Globalisierung in den Staaten verschieden aus. Liberale Wohlfahrtsstaaten wie die USA und Großbritannien bewältigen sie vermeintlich am leichtesten, die sozialdemokratischen Wohlfahrtsstaaten Skandinaviens tun sich bedeutend schwerer damit.

Kann der deutsche Sozialstaat konservativer Prägung dem Druck der Globalisierung standhalten? Diese Frage wird man nur mit größter Skepsis beantworten können. Denn der Sozialstaat ist historisch gesehen ein nationalstaatliches Projekt gewesen, und nirgends sind die Auswirkungen der Globalisierung dramatischer als im Hinblick auf den national organisierten Staat. Freilich ist sie keineswegs, wie es bisweilen von einer dramatisierenden Berichterstattung suggeriert wird, wie eine Naturkatastrophe über die Nationalstaaten hereingebrochen. Vielmehr waren es nationale Akteure selbst, die der Globalisierung den Weg bereitet haben: durch die Deregulierung und Liberalisierung der Finanzmärkte beispielsweise, oder durch die Beseitigung von Handelshemmnissen und Zöllen. Dem (neo-)liberalen Credo folgend, wonach freier Handel auf freien Märkten allen Beteiligten zugute käme, erwartete man von einem höheren Grad an internationaler Verflechtung Wohlfahrtsgewinne. Die traten ohne Zweifel auch ein, kamen aber längst nicht allen Bürgern gleichermaßen zugute, sondern am meisten den Wirtschaftsakteuren, die entsprechend den Globalisierungsprozeß mit aller Macht weiter voranzutreiben bestrebt waren und sind. Bald entzog er sich staatlicher Gestaltung und Kontrolle. Die globalisierte Wirtschaft ist nicht mehr, wie im 19. und noch weit ins 20. Jahrhundert hinein, ein internationales System des Austausches, in dem national organisierte Akteure auftreten, sondern sie ist ein transnationales, die Grenzen von Staaten, von Binnen- und Außenwirtschaft überschreitendes System. Entsprechend verringerte sich der Handlungs- und Gestaltungsspielraum von Nationalstaaten erheblich; Regulierungen werden in wachsender Zahl nicht mehr von ihnen vorgenommen, sondern sind auf entgrenzte Märkte übergegangen. Das brachte die Kehrseite der Globalisierung ans Licht, und auf ihr standen jene Konsequenzen festgeschrieben, welche den Staat – gerade als Sozialstaat – in seinen Fundamenten bedrohen.

Der Sozialstaat ist, besonders durch das System der Sozialversicherungen, darauf ausgerichtet, Sicherungen gegen Risiken des Lebens in modernen Industriegesellschaften bereitzuhalten: Krankheit, Erwerbslosigkeit, Alter. Zudem soll ein sozialer Ausgleich innerhalb der Gesellschaft getroffen werden, indem drastische Einkommensdisparitäten durch finanzielle Transferleistungen vermindert werden; diesem Zweck dienen beispielsweise die Steuerprogression, Zahlungen an Familien, vermögenspolitische Maßnahmen, Investitionen und Subventionen für das Bildungssystem und dergleichen. Beide Mechanismen, auf welche das »Funktionieren« des Sozialstaates in seiner bestehenden Form unabdingbar angewiesen ist, sind durch die Globalisierung massiv gefährdet.

Expansion und Liberalisierung des Weltmarktes haben die internationale Konkurrenzsituation verschärft. Wenn Wettbewerbsfähigkeit von Produktionskosten abhängt, hat es sich in der jüngsten Vergangenheit ein ums andere Mal erwiesen, daß die deutsche Wirtschaft in einer vergleichsweise ungünstigen Situation ist. Arbeitskräfte, so heißt es aus ihren Kreisen immer wieder, seien in Deutschland zu teuer, entsprechend wurden Produktionsstandorte ins Ausland verlagert. Dadurch wuchs die Zahl der Arbeitslosen in Deutschland an, wovon besonders die Arbeitskräfte aus den Niedriglohnsektoren betroffen waren und sind. Ihre Existenz zu sichern, sie gegebenenfalls weiter zu qualifizieren und wieder auf den Arbeitsmarkt zu vermitteln ist Aufgabe des Sozialstaates, der dafür finanzielle Leistungen zu erbringen hat. Auf der anderen Seite jedoch mindern die Folgen der Globalisierung die Einnahmen der sozialen Kassen: Steigende Arbeitslosigkeit bedeutet immer sinkende Beitragszahlungen. Die Unternehmen haben, wenn sie ihre Produktionsstätten verlagern, die Risiken der Arbeitslosigkeit vollständig externalisiert und Arbeitnehmern und Staat überlassen. Vor allem aber entgehen dem Sozialstaat Steuereinkünfte, wenn Unternehmen auf dem globalen Markt agieren und ihre Steuerpflicht dort ableisten, wo es für sie am günstigsten ist. Investitionsort, Produktionsort, Steuerort und Wohnort sind nicht mehr notwendigerweise identisch. Dies berührt den Lebensnerv von Staatlichkeit: das Recht auf Steuererhebung. Die staatliche Steuerhoheit ist kaum mehr noch als eine Fiktion, wenn sich Steuerzahler ihr entziehen können oder mit der Drohung von Entzug günstige Konditionen heraushandeln können. Der Soziologe Ulrich Beck hat entsprechend für die Zukunft des Sozialstaates eine düstere Prognose gestellt:

»Der Sog nach unten, in den der Sozialstaat gerät, ergibt sich nicht nur aus schwindenden Ressourcen bei explosionsartig steigenden Ausgaben, sondern auch daraus, daß ihm die Befriedungsmittel fehlen, während sich gleichzeitig die Schere zwischen Armen und Reichen immer weiter öffnet.«[43]

Damit wirft er die Frage auf, ob soziale Integration durch den Sozialstaat überhaupt noch erreicht werden kann. Ich habe dies im zweiten Kapitel als eine der herausragenden Funktionen von Sozialstaatlichkeit beschrieben, die nun im Grundsatz bedroht ist. Die Risiken der postindustriellen Gesellschaft im Zeitalter der Globalisierung treffen einige soziale Gruppen besonders schwer: Frauen mehr als Männer, Kinderreiche mehr als Kinderlose, Ausländer mehr als Deutsche, Ältere mehr als Jüngere, schlechter Qualifizierte mehr als Hochqualifizierte, gesundheitlich Beeinträchtigte und Behinderte mehr als Gesunde und Nichtbehinderte. Deren Risiken aufzufangen und gesellschaftliche Ungleichheiten abzufedern ist die Aufgabe des Sozialstaates, der er indessen kaum mehr nachkommen kann. Wie sich die kontinuierliche Erfahrung sozialer Ungleichheit und ungleicher Risiko- und Gewinnverteilung auf die Stabilität des demokratischen Systems und der offenen Gesellschaft auswirken werden, ist langfristig noch nicht abzusehen. Aber es steht zu befürchten, daß neue »Unterklassen« entstehen, in denen sich soziale Disparitäten und Nachteile bündeln und die, von der Mehrheitsgesellschaft ausgeschlossen, aus dem demokratischen Konsens ausscheren. Die Entgrenzung von Politik betrifft nicht nur den Fortfall der Außengrenzen, die im Warenaustausch keine bedeutende Rolle mehr spielen, sondern auch die Grenzen nach innen werden zunehmend in Frage gestellt. Auf ihrer Existenz beruhte der moderne Nationalstaat; sie sicherten das Herrschaftsmonopol des Staates, der sozialintegrative Funktionen und Regelsetzungen vornahm. Gesellschaftliche Integration, zumal in der zweiten Hälfte des 20. Jahrhunderts, basierte auf der möglichst universalen Teilhabe am politischen Prozeß sowie auf dem gleichfalls möglichst umfassenden Zugang zu kollektiven Gütern. Auf beides waren Wirtschaftsordnung und rechtliche Verfassung, politische Herrschaft und das Selbstverständnis der Gesellschaft ausgerichtet. Wenn nun aber die Organisation der Wirtschaft anderen, eigenen, vom internationalen Markt bestimmten Regeln folgt und politische Herrschaft ihre Handlungsspielräume in wesentlichen Bereichen verliert, wenn das Selbstverständnis der Gesellschaft nicht mehr von einer an Solidarität ausgerichteten »Wir«-Identität geprägt ist, sondern eine tiefe Kluft zwischen Gewinnern und Verlierern aktueller Entwicklungen entsteht: Dann droht die Gesellschaft auseinanderzufallen, ersetzt zu werden durch transnationale Gesellschaften der Gewinner und Verlierer der Globalisierung.

Angesichts solch düsterer Aussichten drängt sich die Frage nach möglichen Auswegen aus der gegenwärtigen Malaise auf. Eines dürfte deutlich geworden sein: Wir haben bei den Folgen der Globalisierung nicht mit Problemen zu tun, die durch strikte Sparpolitik und Reduktion sozialer Leistungen allein zu bewältigen sind. Das mag kurzfristig erfolgreich sein und der Illusion Nahrung geben, daß der deutsche Sozialstaat in seiner gewachsenen Form auch das Drama der Globalisierung überleben wird. Nach allem, was uns an wissenschaftlich gesicherten Indizien zugänglich ist, wird er dies nicht.

Wenden wir unseren Blick von den tagespolitischen Entwürfen des »Durchwurstelns« und seiner drastischen Alternative, das Projekt Sozialstaat für beendet zu erklären, ab und dem zu, was in der Forschung diskutiert wird, damit auf längere Sicht wirtschaftliche Gewinne und soziale Sicherheit gleichermaßen gewährleistet werden können. Denn darum muß es gehen, und nicht, das eine auf Kosten des anderen erzwingen zu wollen. Die postindustrielle Gesellschaft ist eine Wissensgesellschaft. Nicht mehr die Produktion von materiellen Gütern bestimmt das Wirtschaftsleben, sondern die Gewinnung und Verarbeitung von Informationen. In einer global vernetzten Kommunikationsgesellschaft sind Wissen und Bildung entscheidend geworden. Deshalb, und darüber besteht in der Sozialstaatsforschung weitgehend Einigkeit, müßten die Ausgaben und Investitionen für Bildungs- und Forschungspolitik gesteigert werden. Daß dadurch der Wettbewerb um ohnehin knappe staatliche Mittel zunächst weiter verschärft wird, ist offensichtlich, aber langfristig dürften auf diesem Wege Wohlstandsgewinne zu erzielen sein. Zudem wären solche Maßnahmen kompatibel mit den Erfordernissen der Globalisierung und würden eben nicht darauf zielen, einen Schutzwall gegen deren Folgen zu errichten.

In der Frage, inwiefern soziale Leistungen aus den Unternehmen herausverlagert werden sollten oder gar müßten, besteht hingegen wenig Konsens. Soll, ja kann der Sozialstaat überhaupt nur von jenen finanziert werden, die von ihm profitieren? Im Hinblick auf das deutsche System der Sozialversicherungen dürfte dies kaum zu gewährleisten sein, weshalb längst darüber diskutiert wird, dieses durch ein System staatlicher und steuerfinanzierter Grundsicherung zu ersetzen. Bemerkenswerterweise ist dies bislang vor allem eine akademische Diskussion geblieben, die den konkreten Reformdiskurs noch kaum erreicht hat. Das trifft auch in gewissem Sinne auf Vorschläge zu, die auf eine Verteilung sozialer Leistungen auf Staat und Markt zielen; »welfare mix«, »dritter Sektor« und dergleichen sind hier die Stichworte. Damit solche Vorschläge überhaupt Aussicht auf Erfolg haben können, ist indessen eine Stärkung bzw. Neudefinition von Solidarität im Kontext der Zivilgesellschaft notwendig; auch wären amerikanische Kommunitarismusmodelle auf ihre Übertragbarkeit auf deutsche Verhältnisse zu prüfen.

Wie sich der deutsche Sozialstaat aus der Umklammerung der Globalisierung herauswinden wird, können wir nicht absehen. Aber es ist erkennbar, daß er ohne die Voraussetzung eines handlungsfähigen Nationalstaates in seiner bestehenden Form nicht weiter existieren können wird, daß neue, radikale Lösungen gesucht werden müssen, um jenes Maß an sozialer

Sicherheit und Gerechtigkeit zu gewährleisten, das die Gesellschaft zusammenhält. Die Globalisierung, auch das sollte deutlich geworden sein, ist nicht die Ursache für die Krise des deutschen Sozialstaates. In ihrer Folge sind vielmehr diejenigen Krisenpotentiale, die ihm seit geraumer Zeit immanent waren, in verschärfter Form offen zutage getreten, wie im übrigen immer wieder kritisch zu prüfen ist, inwiefern Globalisierung nur als Argument gebraucht, oder besser: mißbraucht, wird, um bestimmte Ziele zu legitimieren und durchzusetzen. Dennoch können wir ihr gewiß eines positiv anrechnen: Sie hat ein grelles Licht auf das ansonsten nur schwer erkennbare Problem geworfen, wie Sozialstaatlichkeit im Übergang von der Moderne zur Postmoderne oder, besser, »zweiten Moderne« gestaltet werden kann, und sie hat gezeigt, daß wir es längst nicht mehr »nur« mit den gängigen Risiken des Lebens in einer national organisierten Industriegesellschaft zu tun haben, sondern daß auch die Risiken globale, und damit auch nur im globalen Kontext zu lösende, Dimensionen angenommen haben. Das betrifft beispielsweise ökologische Risiken, militärisch erzeugte Risiken, aber auch, wie die Ereignisse vom September 2001 und ihre Folgen dramatisch gezeigt haben, existenzbedrohende Sicherheitsrisiken. Deshalb wird der Sozialstaat in seiner neuen Form auch eine Antwort auf die Frage suchen müssen, gegen welche Risiken des Lebens wir uns überhaupt noch absichern können, was »soziale Sicherheit« in der Risikogesellschaft noch bedeuten kann.

Auf dem Weg zu einem europäischen Sozialstaat?

Wir leben in einer Zeit, in welcher die Souveränität des nationalen Staates zusehends zerfasert. Das hat zum einen mit den eben beschriebenen Globalisierungsprozessen zu tun, zum anderen aber auch damit, daß es in Westeuropa nach dem Zweiten Weltkrieg zu einem freiwilligen Transfer nationaler Souveränitätsrechte auf überstaatliche Institutionen gekommen ist. Inzwischen haben die europäischen Gemeinschaften bzw. die Europäische Union (EU) das Stadium eines losen Bundes von Staaten längst hinter sich gelassen, ja die Juristen streiten darüber, ob der EU nicht bereits der Charakter von Staatlichkeit eigne. Gewichtige Gründe sprechen wohl gegen diese These, besonders die Tatsache, daß Brüssel keine eigene Steuerhoheit besitzt, d. h. von der EU keine Steuern erhoben werden können.

Historisch betrachtet war das Hauptziel der europäischen Integration – neben der Sicherheit vor Deutschland – die Herstellung eines einheitlichen europäischen Marktes. Dem dienten die ersten Abkommen über die Europäische Gemeinschaft für Kohle und Stahl, die sogenannte »Montanunion«, von 1951 sowie die in den Römischen Verträgen von 1957 begründete Europäische Wirtschaftsgemeinschaft und, mit anderer Akzentsetzung, die Europäische Atomgemeinschaft, für die Mitte der 1960er Jahre der Begriff »Europäische Gemeinschaft« (EG) gebräuchlich wurde. Aber schon früh war die Politik der Marktintegration begleitet von sozialpolitischen Erwägungen, die gewissermaßen als sekundäre Effekte die europäische Wirtschaftspolitik begleiteten. Das hatte mit denkbar einfachen Zusammenhängen zu tun: Wenn die Binnenzollgrenzen fielen und freier Handel mit Gütern aller Art herrschte, mußte gewährleistet sein, daß beispielsweise importierte Maschinen den national geltenden Standards an Arbeitssicherheit genügten. Explizit sozialpolitische Maßnahmen waren das indessen noch nicht. Zwar gab es auf europäischer Seite schon früh Absichtserklärungen, etwa in der Sozialcharta des Europarates von 1961, die aber für die Praxis der europäischen Integration keine unmittelbaren Folgen zeitigte. Vielmehr folgten die Mitglieder der EG lange Zeit dem Grundsatz, daß Sozialpolitik nicht Sache der EG, sondern im Zuständigkeitsbereich jedes einzelnen Mitgliedsstaates verblieben sei. Aus diesem Grunde verzichteten die sechs Gründungsmitglieder auch darauf, der Europäischen Wirtschaftsgemeinschaft in den Römischen Verträgen Kompetenzen in der Setzung von Arbeits- und Sozialrecht einzuräumen. Seit Anfang der 1970er Jahre bestand zumindest in Absichtserklärungen Konsens darüber, daß die wirtschaftliche Integration nur gelingen könne, wenn auch die Sozialpolitiken der Mitgliedsstaaten koordiniert würden. Freilich wurden Ansätze zu einer »gemeinschaftlichen Sozialpolitik« (so der Titel eines programmatischen Dokumentes der EG-Kommission von 1971) von der weltwirtschaftlichen Entwicklung im Keim erstickt, hatten sich die festgelegten Ziele der Vollbeschäftigung und gerechteren Verteilung im Kontext der wirtschaftlichen Krise von 1973 von selbst erledigt. Der Ansatzpunkt für sozialpolitische Maßnahmen der EG verschob sich. Als in den 1970er und 1980er Jahren eine Reihe weiterer Staaten beitrat, sich dadurch regionale Unterschiede innerhalb der EG deutlich verschärften und die Furcht vor »Sozialdumping« durch die neuen Mitglieder, besonders die Niedriglohnländer Griechenland, Spanien und Portugal, in den reicheren Staaten grassierte, setzte eine prononciert an sozialen Erfordernissen ausgerichtete Regional- und Agrarpolitik ein, deren Ziel die Verminderung des Wohlstandsgefälles und die Angleichung von Lebensverhältnissen war.

Allerdings hatte die europäische Integration zum Zeitpunkt solcher Maßnahmen, in den 1970er und vor allem 1980er Jahren also, längst Auswirkungen auf die Souveränität der europäischen Sozialstaaten. Das wird erkennbar, wenn wir uns die sechs wesentlichen Elemente dieser Souveränität vergegenwärtigen, wie sie Stephan Leibfried entfaltet hat: Der Staat bestimmt den Kreis der Empfänger sozialer Leistungen, indem er ihn beispielsweise auf seine eigenen Bürger begrenzt. Zweitens kann er regeln, daß solche Leistungen nur auf seinem Territorium gewährt werden. Drittens bleibt es dem Staat überlassen, wie seine Bürger gegen Risiken abgesichert werden, d.h. er kann alternative Angebote ausschließen. Ebenso legt er, viertens, den Gehalt von Rechtsansprüchen fest; wer auf etwas

Anspruch hat, bestimmen Staat und Verwaltung. Fünftens ist es dem Staat überlassen, das Mischungsverhältnis von sozialen Geld-, Sach- und Dienstleistungen festzulegen, und sechstens schließlich ist eine staatliche Lizenz für diejenigen erforderlich, die soziale Dienstleistungen erbringen.

Längst hat dieses Gehäuse sozialstaatlicher Souveränität durch die Dynamik der europäischen Integration Risse bekommen. Schon Ende der 1950er Jahre, als den europäischen Arbeitnehmern Freizügigkeit gewährt wurde, wurde das erstgenannte Element der Souveränität erheblich geschwächt. Nicht mehr allein für ihre Bürger können die Mitgliedsstaaten soziale Leistungen erbringen, sondern sie haben sie auch all jenen zu gewähren, die auf ihrem Territorium arbeiten. Massiv vorangetrieben wurde die Aufweichung nationaler Souveränität vom Europäischen Gerichtshof, der seit den 1960er Jahren in Hunderten von Urteilen richterrechtliche Maßstäbe setzte. So entschied er beispielsweise, daß Ansprüche auf soziale Leistungen nicht territorial gebunden seien, sondern »mitgenommen« werden könnten; das betraf etwa die Rentenansprüche von Gastarbeitern, die in ihre Heimatländer zurückkehrten, aber auch deutsche Rentner, die sich in klimatisch angenehmeren Gegenden Europas niederlassen wollten. Für »Wanderarbeitnehmer« galt schon seit 1958, daß ihre Ansprüche auch nach dem Wechsel in ein anderes EWG-Land bestehen blieben. Dadurch und durch weitere entsprechende Verordnungen ist das zweite Element von Souveränität seither nur noch rudimentär erhalten geblieben. Wir können für alle sechs Bereiche, wie ich sie oben referiert habe, feststellen, daß sie durch Regelungen auf europäischer Ebene inzwischen unterhöhlt sind; das gilt für die Möglichkeit, medizinische Behandlungen im europäischen Ausland über deutsche Krankenkassen abzurechnen, oder es gilt für die Möglichkeit, private Versicherungen bei international operierenden Versicherungskonzernen abzuschließen.

Ist deshalb der nationale Sozialstaat obsolet geworden, ersetzt worden durch einen europäischen Sozialstaat? Man wird diese Fragen wohl verneinen können. Denn zwar sind von der EG bzw. (so genannt seit 1992) der EU wichtige Impulse zur Vereinheitlichung sozialpolitischer Leistungen ausgegangen, doch von einem europäischen Sozialstaat sind wir noch weit entfernt. Zweifellos haben sich das sozialpolitische Interesse und Engagement Brüssels in den letzten beiden Jahrzehnten vergrößert. Die Einheitliche Europäische Akte von 1986 enthielt entsprechend einen Titel »Wirtschaftlicher und sozialer Zusammenhalt«. Als der Binnenmarkt und mit ihm der Wegfall etlicher Hindernisse im Austausch von Waren, Dienstleistungen und Kapital in greifbare Nähe rückten, befürchteten viele, besonders die Gewerkschaften, daß die Arbeitnehmer der Dynamik des Marktes ohne wirksamen sozialen Schutz ausgeliefert würden. Um den Binnenmarkt sozialpolitisch zu unterfüttern, wurde 1989 die Gemeinschaftscharta der sozialen Grundrechte der Arbeitnehmer mit Ausnahme Großbritanniens von allen anderen elf Mitgliedsstaaten unterzeichnet; die Kommission ergänzte die Charta um ein Aktionsprogramm. Schon aus dem Titel beider Dokumente wird erkennbar, daß auch die europäische Sozialpolitik – wie die deutsche – vorrangig auf Arbeitnehmer als »klassische« Klientel fokussiert ist. Das ändert sich erst allmählich, seit die Massenarbeitslosigkeit in allen Mitgliedsstaaten auch das Armutsproblem teils dramatisch verschärft hat. Ob sich die Perspektive europäischer Sozialpolitik darauf verschieben wird, ist indessen mehr als fraglich. Denn sie war von ihren Anfängen nicht darauf ausgerichtet, Risiken und Nachteile der freien marktwirtschaftlichen Ordnung zu mindern oder zu beseitigen, sondern darauf, die Funktionsmechanismen des Marktes zu optimieren. Deshalb ist als durchgängiges Muster erkennbar, daß Arbeitskraftmobilität und Freizügigkeit gefördert werden, flankiert durch Arbeitsschutzbestimmungen, aber daß es auf europäischer Ebene noch nicht zu einer Angleichung von Sozialversicherungssystemen und dergleichen gekommen ist, obwohl das zum Vertrag von Maastricht (1993) gehörende Protokoll über die Sozialpolitik durchaus entsprechende Kompetenzen im Bereich des Arbeits- und Sozialrechts enthielt.

Etliche gewichtige Faktoren sprechen gegen die These von der Genese eines europäischen Sozialstaates. Ich will nur die wichtigsten knapp nennen: Europäische Politik ist in einem Mehrebenensystem organisiert, das Entscheidungsprozesse oftmals langwierig macht, wenn es sie nicht ganz blockiert. Der finanzielle Handlungsspielraum der EU wird begrenzt bleiben, solange sie nicht über eigene Steuereinnahmen verfügt, und das wird auf absehbare Zeit sicherlich der Fall sein. Zudem verfügen die Mitgliedsstaaten noch immer über Vetomacht, die es ihnen ermöglicht, Brüsseler Ambitionen unter ihrer Kontrolle zu halten. Daß obendrein innerhalb der EU höchst unterschiedliche Traditionen und Formen von Sozialstaatlichkeit existieren, wird eine mögliche Vereinheitlichung sicherlich nicht fördern.

Sozialpolitische Impulse gehen von der Europäischen Union ohnehin weniger durch aktive Maßnahmen aus. Gleichrangig sind diejenigen Schritte zu bewerten, die auf den Abbau von Integrationshindernissen zielen, also zum Beispiel die Freizügigkeit von Arbeit und Dienstleistungen betonen. Vor allem aber sind es indirekte Folgen der ökonomischen Integrationspolitik, die sozialpolitische Relevanz erlangen: Wenn die Mobilität von Kapital und Dienstleistungen auf dem europäischen Binnenmarkt von allen Restriktionen befreit wird, hat das Folgen für das Machtgefüge zwischen Arbeitgebern und Arbeitnehmern im jeweiligen nationalen Kontext. Es verschiebt sich zugunsten der Arbeitgeber, zumal der Kapitalmobilität längst nicht eine Mobilität von Arbeitskräften entspricht (die rechtlich zwar gesichert ist, aber bei weitem nicht im selben Umfang praktiziert wird). Auch die makroökonomischen Konvergenzkriterien, die für den Beitritt zur europäischen Währungsunion formuliert wurden, haben solche sozialpolitischen Wirkungen gezeigt, indem sie die meisten Staaten zu einem rigiden Sparkurs zwangen und den Spielraum nationaler Sozialpolitik einengten. Daß dies, gerade in Deutschland, nicht zu einer grundsätzlichen Neuorientierung und Neufundierung des Sozialstaates genutzt wurde, steht auf einem anderen Blatt.

Europa regiert in die sozialstaatliche Politik der EU-Mitglieder hinein, hat aber bislang darauf verzichtet, eigene Sozialstaatlichkeit zu entfalten. So ließen sich Geschichte und aktueller Stand europäischer Sozialpolitik knapp resümieren. Allerdings sollte dieser Befund nicht dazu verleiten, der europäischen Integration jegliche Bedeutung bei der Lösung sozialer Probleme abzusprechen. Die zahllosen Empfehlungen und Mitteilungen der europäischen Institutionen, denen Verbindlichkeit weitestgehend abgeht, dürften bei der Formulierung nationaler Sozialpolitik ebenso eine Rolle spielen wie die, gerade durch die Abwesenheit eines europäischen Sozialstaates ermöglichte, Vielfalt von Lösungsansätzen und Beispiele von »best practice« in den einzelnen Mitgliedsstaaten. Dutzende von Direktiven aus Brüssel haben soziale Probleme erhellt und auf ihre Lösung gedrängt; das kann man beispielsweise in den EG-Richtlinien zur Gleichstellung und Gleichbezahlung von Männern und Frauen ablesen. Besonders aber wird man davon auszugehen haben, daß die europäische Integration gerade im Kontext der Globalisierung, wie ich ihn oben dargestellt habe, eine wichtige Rolle spielt.

Globalisierung bedeutet nicht die völlige Abwesenheit von Regulierungsmechanismen oder zumindest -versuchen. Darauf deutet die wachsende Zahl regionaler Freihandelsbündnisse hin, wie sie zuletzt zwischen den USA, Kanada und Mexiko mit der sogenannten NAFTA geschlossen wurden. Auch die Europäische Union ist ein solches Bündnis – und weist doch weit darüber hinaus. Denn sie verfügt als einziges dieser Systeme über eine »staatsähnliche oberste Schicht«, mit deren Hilfe sie »einen erheblichen Teil der Widersprüche intern ausgleichen« kann, »die ›im Zusammenprall zwischen den integrierenden Kräften des Weltmarktes und den desintegrierenden Kräften des Nationalstaates ... entstehen«.[44] Was der souveräne Nationalstaat unter dem Druck der Globalisierung an Handlungsspielräumen verloren hat, kann die EU mit ihren Fähigkeiten zur Selbstorganisation wieder ausfüllen. Das verdankt sich besonders der Tatsache, daß der europäische Binnenmarkt in gewissem Sinne ein abgeschlossenes Subsystem des Weltmarktes darstellt: Der größte Teil des Außenhandels der EU-Mitgliedsstaaten wird über den eigenen Binnenmarkt abgewickelt, so daß hier eine wirksame Barriere gegen ein Übermaß an Druck vom globalen Wettbewerb besteht.

Das ist, gerade unter sozialpolitischen Gesichtspunkten, nicht geringzuschätzen, wenn man sich die Folgen der Globalisierung für die Sozialstaaten in Erinnerung ruft. Indem die EU die außenwirtschaftlichen Beziehungen für ihre Mitglieder regelt, trägt sie zur Fortexistenz der bestehenden wohlfahrtsstaatlichen Basiskompromisse und Arrangements bei. Leibfried hat diese Funktion metaphorisch mit der einer Rückversicherung beschrieben: »Bei Rückversicherungen betreibt der Versicherungsgeber weder das eigentliche Versicherungshauptgeschäft, noch tritt er in ein unmittelbares Verhältnis mit den eigentlichen Versicherungsnehmern. Sein Betätigungsfeld beschränkt sich auf das Innenverhältnis zum Erst-Versicherungsgeber und auf dessen abgeleitete Risiken.«[45]

Der Bedarf an »Rückversicherung« ist bei den europäischen Sozialstaaten enorm. Sie alle stehen zu Beginn des 21. Jahrhunderts vor qualitativ ähnlichen Problemen: hohe Arbeitslosigkeit, Krisen sozialer Integration, verursacht durch »dropouts« aus den Netzen sozialer Sicherung, finanzielle Nöte, die nationale Handlungsspielräume empfindlich beschränken.

Ob sich die Europäische Union auf Dauer auf ihre koordinierende und »rückversichernde« Rolle beschränken kann, ist ungewiß. Mit Sicherheit läßt sich indessen prognostizieren, daß die europäischen Sozialstaaten längst in einer tiefen Krise stecken, an deren Ende sie in der bisherigen Form wohl kaum mehr existieren werden. Tatsächlich sind Tendenzen zu beobachten, die zu einem stärkeren sozialpolitischen Engagement der Europäischen Union führen könnten. So benannte beispielsweise der Vertrag von Amsterdam (1997) »Beschäftigung als Angelegenheit von gemeinsamem Interesse«. Transnationale Sozialpolitik als Ausweg aus der Krise setzt voraus, daß sich die Europäer, soweit sie in der Europäischen Union vertreten sind, auf einen sozialpolitischen Grundkonsens und auf gemeinsame normative Grundlagen verständigen. Die im Amsterdamer Vertrag aufgeführten sozialen Grundrechte sind ein erster Schritt in diese Richtung. Auf diesem Weg dürfte jedoch um so schwieriger voranzukommen sein, je rascher sich der EU-Erweiterungsprozeß vollzieht, denn die zur Aufnahme anstehenden osteuropäischen Staaten werden wiederum eigene Modelle sozialer Sicherung in die EU einbringen. Am Beginn des 21. Jahrhunderts, nahezu 120 Jahre nach der Begründung moderner Sozialstaatlichkeit in Deutschland, ist es nun an den Europäern, sich über die Bedeutung von Gerechtigkeit, Sicherheit und Wohlfahrt unter den Bedingungen der Freiheit zu verständigen.

Anmerkungen

1 Johann Heinrich Gottlob von Justi, Grundsätze der Policeywissenschaft, 3., verb. Aufl. Göttingen 1782 [unver. Nachdruck Frankfurt 1969], S. 4.

2 Abgedruckt in: Quellensammlung zur Geschichte der deutschen Sozialpolitik 1867 bis 1914, hg. von Karl Erich Born u.a., II. Abteilung, Bd. 1, Teil 1, Stuttgart u.a. 1995, Nr. 1.

3 Richard van der Borght, Grundzüge der Sozialpolitik, Leipzig 1904, S. 1 f.

4 Mitteilungen des Centralvereins, 14.1.1850, zit. nach Christoph Conrad, Vom Greis zum Rentner. Der Strukturwandel des Alters in Deutschland zwischen 1830 und 1930, Göttingen 1994, S. 213.

5 Ludwig Bamberger, Die Invasion der socialistischen Ideen, in: ders., Theodor Barth und Max Broemel, Gegen den Staatssocialismus. Drei Abhandlungen, Berlin 1884, S. 13.

6 Bericht aus einem Berliner Rüstungsbetrieb 1917, zit. nach Jürgen Kocka, Klassengesellschaft im Krieg. Deutsche Sozialgeschichte 1914–1918, 2., durchges. und erw. Aufl. Göttingen 1978, S. 20 f.

7 Preußischer Erlaß vom 1.11.1914, zit. nach Handbuch der Kriegsfürsorge im Deutschen Reich, hg. von der Zentrale für private Fürsorge in Berlin, Berlin 1917, S. 43.

8 Wilhelm Polligkeit, Wie ist in der Armenpflege und Wohltätigkeit die Übergangszeit nach dem Kriege zu gestalten?, in: Zeitschrift für das Armenwesen 18 (1917), S. 23–26, hier S. 24.

9 Grundsätze über die Zuständigkeit für die soziale Kriegsbeschädigten- und Kriegshinterbliebenenfürsorge vom 6.12.1919, zit. nach Florian Sachße und Christoph Tennstedt, Geschichte der Armenfürsorge in Deutschland, Bd. 2, Stuttgart u. a. 1988, S. 55.

10 Generalfeldmarschall von Hindenburg, Aus meinem Leben, Leipzig 1920, S. 216.

11 Paul von Hindenburg in einem Schreiben an den preußischen Kriegsminister, 13.9.1916, zit. nach Ute Daniel, Arbeiterfrauen in der Kriegsgesellschaft. Beruf, Familie und Politik im Ersten Weltkrieg, Göttingen 1989, S. 55.

12 Erlaß Wilhelms II. an den Reichskanzler v. Bethmann Hollweg, 7.4.1917 (»Osterbotschaft«), zit. nach Ernst Rudolf Huber (Hg.), Dokumente zur deutschen Verfassungsgeschichte, Bd. 2, Stuttgart 1964, Nr. 331.

13 Monatsbericht des stellvertretenden Generalkommandos über die Stimmung in der Zivilbevölkerung, 3.10.1916, zit. nach Kocka, Klassengesellschaft im Krieg, S. 42.

14 Tagebucheintrag »1922« des Arztes und sozialistischen Kommunalpolitikers Ignaz Zadek sen.; zit. nach Sachße und Tennstedt, Geschichte der Armenfürsorge, Bd. 2, S. 115.

15 Die Ortsgruppe Minden des Zentralverbandes der Invaliden und Witwen Deutschlands in einem Schreiben an das Preußische Ministerium für Volkswohlfahrt, 18.10.1923, zit. nach Karl Christian Führer, Für das Wirtschaftsleben ›mehr oder weniger wertlose Personen‹. Zur Lage von Invaliden- und Kleinrentnern in den Inflationsjahren 1918–1924, in: Archiv für Sozialgeschichte 30 (1990), S. 145–180, hier S. 163.

16 Notiz des Volksbeauftragten Rudolf Wissell nach einer Besprechung mit Berliner Kommunalvertretern, 5.1.1919, zit. nach Karl Christian Führer, Unterstützung und Lebensstandard der Arbeitslosen 1918–1927, in: Klaus Tenfelde (Hg.), Arbeiter im 20. Jahrhundert, Stuttgart 1991, S. 275–298, hier S. 282.

17 Schreiben des Düsseldorfer Oberbürgermeisters an den dortigen Regierungspräsidenten, 28.4.1919, zit. nach Führer, Unterstützung und Lebensstandard der Arbeitslosen, S. 283.

18 Hildegard Grünbaum-Sachs, Neue Aufgaben einer zeitgemäßen Wohnungspflege. Die Anpassung der Wohnsitten an die moderne Wohnweise, in: Soziale Praxis 39 (1930), H. 6, S. 148.

19 Zit. nach Florian Tennstedt, Sozialpolitik und innere Reichsgründung. Politische Rahmenkonstellationen in Europa als Ausgangspunkt für Deutschlands Aufbruch zum Sozialstaat, in: Günther Lottes (Hg.), Soziale Sicherheit in Europa. Renten- und Sozialversicherungssysteme im Vergleich, Heidelberg 1993, S. 57–72, hier S. 58.

20 Hans-Walter Schmuhl, Rassenhygiene, Nationalsozialismus, Euthanasie. Von der Verhütung zur Vernichtung ›lebensunwerten Lebens‹, 1880–1945, Göttingen ²1992, S. 72 f.

21 Zit. nach Schmuhl, Rassenhygiene, S. 103.

22 Martin Kohli, Lebenslauf und Lebensalter als gesellschaftliche Konstruktionen: Elemente zu einem Vergleich, in: Joachim Matthes (Hg.), Zwischen den Kulturen? Die Sozialwissenschaften vor dem Problem des Kulturvergleichs, Göttingen 1992, S. 283–303, hier S. 295.

23 Vortrag von Oberführer Greifelt, Chef der Dienststelle Vierjahresplan im Persönlichen Stab des Reichsführers SS, Januar 1939; zit.
nach Hans Buchheim, Die Aktion »Arbeitsscheu Reich«, in: Gutachten des Instituts für Zeitgeschichte, Bd. 2, Stuttgart 1966, S. 189–195,
hier S. 192 f.

24 Bericht des Hauptamtes für Volksgesundheit für die Rede des Stell-
vertreters des Führers am 24.12.1938; zit. nach Peter Reeg, »Deine
Ehre ist Leistung ...« – Auslese und Ausmerze durch Arbeits- und
Leistungs-Medizin im Nationalsozialismus, in: Johanna Bleker und
Norbert Jachertz (Hg.), Medizin im »Dritten Reich«, 2., erw. Aufl.
Köln 1993, S. 191–200, hier S. 194.

25 Friedrich Bartels, Gesundheit und Wirtschaft. Rede auf der Sonder-
tagung des Hauptamtes für Volksgesundheit während des Reichs-
parteitages am 8.9.1938 in Nürnberg, zit. nach Reeg, »Deine Ehre ist
Leistung ...«, S. 196.

26 Arthur Gütt (Hg. und Einl.), Der öffentliche Gesundheitsdienst, Er-
läuterungen zum Gesetz über die Vereinheitlichung des Gesundheitswesens ... [1935], zit. nach Gabriele Czarnowski, Familienpolitik als
Geschlechterpolitik, in: Hans-Uwe Otto und Heinz Sünker (Hg.), Soziale Arbeit und Faschismus, Frankfurt 1989, S. 130–156, hier S. 136.

27 Runderlaß des Reichs- und Preußischen Ministeriums des Innern
vom 12.5.1938, zit. nach Czarnowski, Familienpolitik als Geschlechterpolitik, S. 136 f.

28 Franz Mende, »Sozialpolitik«, in: Hermann Althaus/Werner Betke
(Hg.), Handwörterbuch der Wohlfahrtspflege, Berlin ³1939, zit. nach
Florian Sachße und Christoph Tennstedt, Geschichte der Armenfür-
sorge, Bd. 3, Stuttgart/Berlin/Köln 1992, S. 52.

29 Johannes Huinink, Sozialpolitik und individuelles Handeln. Zu unbeabsichtigten Folgen politischer Intervention am Beispiel der DDR,
in: Zeitschrift für Sozialreform 42 (1996), S. 1–16, hier S. 11.

30 Verhandlungen des Deutschen Bundestages, Stenographische Berich-
te, 1971, S. 39.

31 Lutz Leisering, Alternde Bevölkerung – veraltender Sozialstaat? De-
mographischer Wandel als »Politik«, in: Aus Politik und Zeitgeschichte B 35/1996, S. 3–22, hier S. 15.

32 Jürgen Habermas, Die Krise des Wohlfahrtsstaates und die Erschöp-
fung utopischer Energien [1985], in: ders., Die Neue Unübersichtlichkeit, Frankfurt 1985, S. 141–163.

33 Kurt Eichenberger, Der geforderte Staat: Zur Problematik der Staatsaufgaben, in: Wilhelm Hennis, Peter Graf Kielmannsegg und Ulrich Matz (Hg.), Regierbarkeit. Studien zu ihrer Problematisierung,
Bd. 1, Stuttgart 1977, S. 103–117, hier S. 104.

34 Claus Offe, Spätkapitalismus – Versuch einer Begriffsbestimmung [1971], in: ders., Strukturprobleme des kapitalistischen Staates. Aufsätze zur Politischen Soziologie, Frankfurt 1972, S. 7–25, hier S. 25.

35 Niklas Luhmann, Politische Theorie im Wohlfahrtsstaat, München/Wien 1981, S. 10.

36 Jürgen Habermas, Faktizität und Geltung. Beiträge zur Diskurstheorie des Rechts und des demokratischen Rechtsstaats, Frankfurt 1992, S. 104.

37 Peter Koslowski, Der soziale Staat der Postmoderne. Ethische Grundlagen der Sozialpolitik und Reform der Sozialversicherung, in: Christoph Sachße und Tristram Engelhardt (Hg.), Sicherheit und Freiheit. Zur Ethik des Wohlfahrtsstaates, Frankfurt 1990, S. 28–70, hier S. 28.

38 Hartmut Diessenbacher, Generationenvertrag, Ethik und Ökonomie: Ist das höhere Lebensalter noch finanzierbar?, in: Sachße und Engelhardt (Hg.), Sicherheit und Freiheit, S. 255–271.

39 Daten einer ALLBUS-Umfrage von 1996, zit. nach Jürgen Krüger, Wohlfahrtsstaatliche Entsolidarisierung? Soziologische Diagnosen im Lichte repräsentativer Umfragedaten, in: Zeitschrift für Sozialreform 45 (1999), S. 269–302, hier S. 289.

40 ALLBUS-Umfrage von 1996, zit nach Krüger, Wohlfahrtsstaatliche Entsolidarisierung?, S. 291.

41 Lutz Leisering, zit. nach Gertrud M. Backes, Sozialpolitik und ›alternde Gesellschaft‹, in: Zeitschrift für Sozialreform 45 (1999), S. 95–120, hier S. 100.

42 Wolfgang Streeck, Industrielle Beziehungen in einer internationalisierten Wirtschaft, in: Ulrich Beck (Hg.), Politik der Globalisierung, Frankfurt 1998, S. 169–202, hier S. 187. (Hervorhebung von mir.)

43 Ulrich Beck, Was ist Globalisierung? Irrtümer des Globalismus – Antworten auf Globalisierung, Frankfurt [4]1995, S. 22 f.

44 Stephan Leibfried, Nationaler Wohlfahrtsstaat, Europäische Union und »Globalisierung«, in: Jutta Allmendinger und Wolfgang Ludwig-Mayerhofer (Hg.), Soziologie des Sozialstaats. Gesellschaftliche Grundlagen, historische Zusammenhänge und aktuelle Entwicklungstendenzen, Weinheim/München 2000, S. 79–108, hier S. 97; inneres Zitat: R. Gilpin, The Political Economy of International Relations (1987).

45 Leibfried, Nationaler Wohlfahrtsstaat, S. 98.

Literatur

Einleitung

Alber, Jens, Vom Armenhaus zum Wohlfahrtsstaat. Analysen zur Entwicklung der Sozialversicherung in Westeuropa, Frankfurt/New York 1982
vom Bruch, Rüdiger (Hg.), »Weder Kommunismus noch Kapitalismus«. Bürgerliche Sozialreform in Deutschland vom Vormärz bis zur Ära Adenauer, München 1985
Butterwegge, Christoph, Wohlfahrtsstaat im Wandel. Probleme und Perspektiven der Sozialpolitik, Opladen 1999
Frerich, Johannes und Martin Frey, Handbuch der Geschichte der Sozialpolitik in Deutschland, Bd. 1: Von der vorindustriellen Zeit bis zum Ende des Dritten Reiches, München/Wien 1993
Hentschel, Volker, Geschichte der deutschen Sozialpolitik (1880-1980). Soziale Sicherung und kollektives Arbeitsrecht, Frankfurt 1983
Hockerts, Hans Günter, Die historische Perspektive – Entwicklung und Gestalt des modernen Sozialstaats in Europa, in: Sozialstaat – Idee und Entwicklung, Reformzwänge und Reformziele (Veröffentlichungen der Walter-Raymond-Stiftung, Bd. 35), Köln 1996, S. 27–48
Ritter, Gerhard A., Der Sozialstaat. Entstehung und Entwicklung im internationalen Vergleich, München 1989
Sachße, Christoph und Florian Tennstedt, Geschichte der Armenfürsorge in Deutschland. Vom Spätmittelalter bis zum Ersten Weltkrieg, Stuttgart 1980
Schuck, Gerhard, Überlegungen zum Verhältnis von Arbeit und Policey in der Frühen Neuzeit, in: Ius Commune 22 (1995), S. 121–150
Stolleis, Michael, Historische Grundlagen. Sozialpolitik in Deutschland bis 1945, in: Geschichte der Sozialpolitik in Deutschland seit 1945, Bd. 1, Baden-Baden 2001, S. 199–332

I. Entstehung und Ausbau des modernen Systems sozialer Sicherung, 1880–1930

Abelshauser, Werner (Hg.), Die Weimarer Republik als Wohlfahrtsstaat. Zum Verhältnis von Wirtschafts- und Sozialpolitik in der Industriegesellschaft, Wiesbaden 1987

259

Bähr, Johannes, Staatliche Schlichtung in der Weimarer Republik. Tarifpolitik, Korporatismus und industrieller Konflikt zwischen Inflation und Deflation 1919–1932, Berlin 1989

Berringer, Christian, Sozialpolitik in der Weltwirtschaftskrise. Die Arbeitslosenversicherungspolitik in Deutschland und Großbritannien im Vergleich 1928–1934, Berlin 1999

Daniel, Ute, Arbeiterfrauen in der Kriegsgesellschaft. Beruf, Familie und Politik im Ersten Weltkrieg, Göttingen 1989

Evans, Richard J. und Dick Geary (Hg.), The Germans Unemployed. Experiences and Consequences of Mass Unemployment from the Weimar Republic to the Third Reich, London 1987

Faust, Anselm, Arbeitsmarktpolitik im Deutschen Kaiserreich. Arbeitsvermittlung, Arbeitsbeschaffung und Arbeitslosenunterstützung 1890–1918, Wiesbaden 1986

Feldman, Gerald D., Armee, Industrie und Arbeiterschaft in Deutschland 1914 bis 1918, Berlin/Bonn 1985

Feldman, Gerald D., The Great Disorder. Politics, Economics and Society in the German Inflation 1914–1924, New York u.a. 1993

Feldman, Gerald D. und Irmgard Steinisch, Die Weimarer Republik zwischen Sozial- und Wirtschaftsstaat. Die Entscheidung gegen den Achtstundentag, in: Archiv für Sozialgeschichte 18 (1978), S. 353–439

Führer, Karl Christian, Arbeitslosigkeit und die Entstehung der Arbeitslosenversicherung in Deutschland 1902–1927, Berlin 1990

Führer, Karl Christian, Für das Wirtschaftsleben ›mehr oder weniger wertlose Personen‹. Zur Lage von Invaliden- und Kleinrentnern in den Inflationsjahren 1918–1924, in: Archiv für Sozialgeschichte 30 (1990), S. 145–180

Führer, Karl Christian, Unterstützung und Lebensstandard von Arbeitslosen 1918–1927, in: Klaus Tenfelde (Hg.), Arbeiter im 20. Jahrhundert, Stuttgart 1991, S. 275–298

Geary, Dick, Unemployment and the Collapse of the Weimar Republic, Teddington 2001

Homburg, Heidrun, Vom Arbeitslosen zum Zwangsarbeiter. Arbeitslosenpolitik und Fraktionierung der Arbeiterschaft in Deutschland 1930 bis 1933 am Beispiel der Wohlfahrtserwerbslosen und der kommunalen Wohlfahrtshilfe, in: Archiv für Sozialgeschichte 25 (1985), S. 251–298

Hong, Young-Sun, Welfare, Modernity, and the Weimar State, 1919–1933, Princeton 1998

Kieseritzky, Woldemar von, Liberalismus und Sozialstaat. Liberale Politik in Deutschland zwischen Machtstaat und Arbeiterbewegung (1878–1893), Köln/Weimar/Wien 2002

Kocka, Jürgen, Klassengesellschaft im Krieg. Deutsche Sozialgeschichte 1914–1918, 2., durchges. und erw. Aufl., Göttingen 1978

Labisch, Alfons und Reinhard Spree (Hg.), Krankenhaus-Report 19. Jahrhundert. Krankenhausträger, Krankenhausfinanzierung, Krankenhauspatienten, Frankfurt/New York 2001.

Langewiesche, Dieter (Hg.), Kommunale Sozialpolitik in vergleichender Perspektive, Göttingen 1995

Machtan, Lothar (Hg.), Bismarcks Sozialstaat. Beiträge zur Geschichte der Sozialpolitik und zur sozialpolitischen Geschichtsschreibung, Frankfurt/New York 1994

Peukert, Detlev J. K., Die Weimarer Republik. Krisenjahre der Klassischen Moderne, Frankfurt 1987

Preller, Ludwig, Sozialpolitik in der Weimarer Republik, [1949] Kronberg 1978

Ritter, Gerhard A., Sozialversicherung in Deutschland und England. Entstehung und Grundzüge im Vergleich, München 1983

Rudloff, Wilfried, Die Wohlfahrtsstadt. Kommunale Ernährungs-, Fürsorge- und Wohnungspolitik am Beispiel Münchens 1910–1933, Göttingen 1995

Sachße, Christoph und Florian Tennstedt (Hg.), Geschichte der Armenfürsorge in Deutschland. Bd. 2: Fürsorge und Wohlfahrtspflege 1871 bis 1929, Stuttgart u. a. 1988

Spree, Reinhard, Soziale Ungleichheit vor Krankheit und Tod. Zur Sozialgeschichte des Gesundheitsbereichs im Deutschen Kaiserreich, Göttingen 1981

Stolleis, Michael, Historische Grundlagen. Sozialpolitik in Deutschland bis 1945. In: Geschichte der Sozialpolitik in Deutschland seit 1945, Bd.1: Grundlagen der Sozialpolitik. Baden-Baden 2001, S. 199–332

Tennstedt, Florian, Vom Proleten zum Industriearbeiter. Arbeiterbewegung und Sozialpolitik in Deutschland 1800 bis 1914, Köln 1983

Winkler, Heinrich August, Arbeiter und Arbeiterbewegung in der Weimarer Republik. 3 Bde., Berlin 1984–1987

II. Modernisierung, Staatsbildung, Integration:
Einige Aspekte des modernen Sozialstaats

Ashford, Douglas E., The Emergence of the Welfare States, Oxford 1986

Baldwin, Peter, The Politics of Social Solidarity. Class Bases of the European Welfare State 1875–1975, Cambridge 1990

Blasius, Dirk, Der verwaltete Wahnsinn. Eine Sozialgeschichte des Irrenhauses, Frankfurt 1980

Burleigh, Michael, Death and Deliverance. »Euthanasia« in Germany, 1900–1945, Cambridge 1994

Evers, Adalbert und Helga Nowotny, Über den Umgang mit Unsicherheit. Die Entdeckung der Gestaltbarkeit der Gesellschaft, Frankfurt 1987

Gräser, Marcus, Der blockierte Wohlfahrtsstaat. Unterschichtjugend und Jugendfürsorge in der Weimarer Republik, Göttingen 1995

Kohli, Martin, Die Institutionalisierung des Lebenslaufs. Historische Befunde und theoretische Argumente, in: Kölner Zeitschrift für Soziologie und Sozialpsychologie 37 (1985), S. 1–29

Kohli, Martin, Lebenslauf und Lebensalter als gesellschaftliche Konstruktionen: Elemente zu einem Vergleich, in: Joachim Matthes (Hg.), Zwischen den Kulturen? Die Sozialwissenschaften vor dem Problem des Kulturvergleichs, Göttingen 1992, S. 283–303

Mayer, Karl Ulrich und Walter Müller, Lebensverläufe im Wohlfahrtsstaat, in: Ansgar Weymann (Hg.), Handlungsspielräume. Untersuchungen zur Individualisierung und Institutionalisierung von Lebensläufen in der Moderne, Stuttgart 1989, S. 41–60

Nitschke, August u. a. (Hg.), Jahrhundertwende. Der Aufbruch in die Moderne 1880–1930, 2 Bde., Reinbek 1990

Peukert, Detlev J. K., Die Weimarer Republik. Krisenjahre der Klassischen Moderne, Frankfurt 1987

Rueschemeyer, Dietrich und Theda Skocpol (Hg.), States, Social Knowledge and the Origins of Modern Social Policies, Princeton/New York 1996

Schmuhl, Hans-Walter, Rassenhygiene, Nationalsozialismus, Euthanasie. Von der Verhütung zur Vernichtung ›lebensunwerten Lebens‹, 1890–1945, Göttingen ²1992

Siemen, Hans Ludwig, Reform und Radikalisierung. Veränderungen der Psychiatrie in der Weltwirtschaftskrise, in: Norbert Frei (Hg.), Medizin und Gesundheitspolitik in der NS-Zeit, München 1991, S. 191–200

Steinmetz, George, Regulating the Social. The Welfare State and Local Politics in Imperial Germany, Princeton 1993

Tennstedt, Florian, Sozialpolitik und innere Reichsgründung. Politische Rahmenbedingungen in Europa als Ausgangspunkt für Deutschlands Aufbruch zum Sozialstaat, in: Günther Lottes (Hg.), Soziale Sicherheit in Europa. Renten- und Sozialversicherungssysteme im Vergleich, Heidelberg 1993, S. 57–72

Usborne, Cornelie, Frauenkörper – Volkskörper. Geburtenkontrolle und Bevölkerungspolitik in der Weimarer Republik, Münster 1994

Weindling, Paul, Health, Race and German Politics between National Unification and Nazism, 1870–1945, Cambridge 1989

Weingart, Peter, Jürgen Kroll und Kurt Bayertz, Rasse, Blut und Gene. Geschichte der Eugenik und Rassenhygiene in Deutschland, Frankfurt ²1996

III. Sozialpolitik im Zeichen der »Volksgemeinschaft«. Der deutsche Sozialstaat in der NS-Zeit

Aly, Götz, Sozialpolitik und Judenvernichtung. Gibt es eine Ökonomie der Endlösung?, Berlin 1987

Ayaß, Wolfgang, »Asoziale« im Nationalsozialismus, Stuttgart 1995

Bleker, Johanna und Norbert Jachertz (Hg.), Medizin im »Dritten Reich«, 2., erw. Aufl. Köln 1993

Bock, Gisela, Zwangssterilisation im Nationalsozialismus. Studien zur Rassenfrage und Frauenpolitik, Opladen 1986

Burleigh, Michael, Racism as Social Policy. The Nazi »Euthanasia« Programme 1939 – 1945, in: Ethnic and Racial Studies 14 (1991), S. 453–473

Frei, Norbert (Hg.), Medizin und Gesundheitspolitik in der NS-Zeit, München 1991

Frei, Norbert, Wie modern war der Nationalsozialismus?, in: Geschichte und Gesellschaft 19 (1993), S. 367–387

Gruner, Wolf u. a., Arbeitsmarkt und Sondererlaß. Menschenverwertung, Rassenpolitik und Arbeitsamt, Berlin 1990

Hachtmann, Rüdiger, Industriearbeit im »Dritten Reich«. Untersuchungen zu den Lohn- und Arbeitsbedingungen in Deutschland 1933 – 1945, Göttingen 1989

Hammerschmidt, Peter, Die Wohlfahrtsverbände im NS-Staat. Die NSV und die konfessionellen Verbände Caritas und Innere Mission im Gefüge der Wohlfahrtspflege des Nationalsozialismus, Opladen 1999

Hansen, Eckhard, Wohlfahrtspolitik im NS-Staat. Motivationen, Konflikte und Machtstrukturen im »Sozialismus der Tat« des Dritten Reiches, Augsburg 1991

Harlander, Tilman, Zwischen Heimstätte und Wohnmaschine. Wohnungsbau und Wohnungspolitik in der Zeit des Nationalsozialismus, Basel u. a. 1995

Hockerts, Hans Günter (Hg.), Drei Wege deutscher Sozialstaatlichkeit. NS-Diktatur, Bundesrepublik und DDR im Vergleich, München 1998

Koonz, Claudia, Mütter im Vaterland. Frauen im Dritten Reich, Freiburg 1991

Linne, Karsten, Die »innere Front«. Deutsche Arbeitsfront und staatliche Sozialpolitik, in: Zeitschrift für Geschichtswissenschaft 43 (1995), S. 15–26

Mason, Timothy W., Sozialpolitik im Dritten Reich. Arbeiterklasse und Volksgemeinschaft, Opladen 1977

Otto, Hans-Uwe und Heinz Sünker (Hg.), Soziale Arbeit und Faschismus, Frankfurt 1989

Peukert, Detlev, Volksgenossen und Gemeinschaftsfremde. Anpassung, Ausmerze und Aufbegehren unter dem Nationalsozialismus, Köln 1982

Prinz, Michael, Vom neuen Mittelstand zum Volksgenossen. Die Entwicklung des sozialen Status der Angestellten von der Weimarer Republik bis zum Ende der NS-Zeit, München 1986

Prinz, Michael und Rainer Zitelmann (Hg.), Nationalsozialismus und Modernisierung, Darmstadt 1991

Recker, Marie-Luise, Nationalsozialistische Sozialpolitik im Zweiten Weltkrieg, München 1985

Roth, Karl Heinz, Die nationalsozialistischen Bemühungen um Bismarcks Erbe in der Sozialpolitik, in: Lothar Machtan (Hg.), Bismarcks Sozialstaat. Beiträge zur Geschichte der Sozialpolitik und zur sozialpolitischen Geschichtsschreibung, Frankfurt/New York 1994, S. 385–450

Sachße, Christoph und Florian Tennstedt (Hg.), Der Wohlfahrtsstaat im Nationalsozialismus. Geschichte der Armenfürsorge, Bd. 3, Stuttgart /Berlin/Köln 1992

Schmitz-Köster, Dorothee, »Deutsche Mutter bist du bereit...« Alltag im Lebensborn, Berlin 1997

Vorländer, Herwart, Die NSV. Darstellung und Dokumentation einer nationalsozialistischen Organisation, Boppard 1988

Welzer, Harald (Hg.), Nationalsozialismus und Moderne, Tübingen 1993

IV. Teilung und Vereinigung des deutschen Sozialstaates nach 1945

Abelshauser, Werner, Erhard oder Bismarck? Die Richtungsentscheidung der deutschen Sozialpolitik am Beispiel der Reform der Sozialversicherung in den Fünfziger Jahren, in: Geschichte und Gesellschaft 22 (1996), S. 376–392

Alber, Jens, Germany, in: Peter Flora (Hg.), Growth to Limits. The Western European Welfare States Since World War II, Bd. 2, Berlin/New York 1986, S. 1–154

Alber, Jens, Der Sozialstaat in der Bundesrepublik 1950–1983, Frankfurt/New York 1989

Blüm, Norbert und Hans F. Zacher (Hg.), 40 Jahre Sozialstaat Bundesrepublik Deutschland, Baden-Baden 1989

Frerich, Johannes und Martin Frey: Handbuch der Geschichte der Sozialpolitik in Deutschland. Bd. 2: Sozialpolitik in der Deutschen Demokra tischen Republik, München/Wien 1993; Bd. 3: Sozialpolitik in der Bundesrepublik Deutschland bis zur Herstellung der Deutschen Einheit, München/Wien ²1996

Geschichte der Sozialpolitik seit 1945, hg. vom Bundesministerium für Arbeit und vom Bundesarchiv, Baden-Baden 2001 ff; Bd. 1: Grundlagen der Sozialpolitik, 2001; Bd. 2 (in 2 Tbd.): Udo Wengst, Die Zeit der Besatzungszonen 1945–1949. Sozialpolitik zwischen Kriegsende und der Gründung zweier deutscher Staaten, 2001 [weitere Bände werden in Kürze erscheinen]

Grosser, Dieter, Das Wagnis der Währungs-, Wirtschafts- und Sozialunion. Politische Zwänge im Konflikt mit ökonomischen Regeln, Stuttgart 1998

Hockerts, Hans Günter, Sozialpolitische Entscheidungen im Nachkriegsdeutschland. Alliierte und deutsche Sozialversicherungspolitik 1945 bis 1957, Stuttgart 1980

Hockerts, Hans Günter, Integration der Gesellschaft. Gründungskrise und Sozialpolitik in der frühen Bundesrepublik, in: Zeitschrift für Sozialreform 32 (1986), S. 25–40

Hockerts, Hans Günter, Grundlinien und soziale Folgen der Sozialpolitik in der DDR, in: Sozialgeschichte der DDR, hg. von Hartmut Kaelble u. a., Stuttgart 1994, S. 519–544

Hockerts, Hans Günter, Soziale Errungenschaften? Zum sozialpolitischen Legitimitätsanspruch der zweiten deutschen Diktatur, in: Von der Arbeiterbewegung zum modernen Sozialstaat. Festschrift für Gerhard A. Ritter, hg. von Jürgen Kocka u. a., München u. a. 1994, S. 790–804

Hockerts, Hans Günter (Hg.), Drei Wege deutscher Sozialstaatlichkeit. NS-Diktatur, Bundesrepublik und DDR im Vergleich, München 1998

Hoffmann, Dierk, Sozialpolitische Neuordnung in der SBZ/DDR. Der Umbau der Sozialversicherung 1945–1956, München 1996

Hoffmann, Elke, Das Alterssicherungssystem in der DDR: Zur Geschichte der Rentengesetzgebung 1946–1990, Berlin 1995

Hübner, Peter, Konsens, Konflikt und Kompromiß. Soziale Arbeiterinteressen und Sozialpolitik in der SBZ/DDR 1945–1970, Berlin 1995

Huinink, Johannes, Sozialpolitik und individuelles Handeln. Zu unbeabsichtigten Folgen politischer Intervention am Beispiel der DDR, in: Zeitschrift für Sozialreform 42 (1996), S. 1–16

Kleinhenz, Gerhard (Hg.), Sozialpolitik im vereinten Deutschland, 3 Bde., Berlin 1991/92/96

Lepsius, M. Rainer, Die Rolle der Sozialpolitik in der Bundesrepublik und in der DDR, in: Soziale Konflikte, Sozialstaat und Demokratie in

Deutschland, hg. von Helga Grebing und Hans Otto Hemmer, Essen 1996, S. 41–50

Manow-Borgwardt, Philip, Die Sozialversicherung in der DDR und der BRD, 1945–1990: Über die Fortschrittlichkeit rückschrittlicher Institutionen, in: Politische Vierteljahrsschrift 35 (1994), S. 40–61

Prinz, Michael, Die Arbeiterbewegung und das Modell der Angestelltenversicherung. Zu einigen Bedingungen für die besondere Bürgerlichkeit des Wohlfahrtsstaates in der Bundesrepublik, in: Arbeiter im 20. Jahrhundert, hg. von Klaus Tenfelde, Stuttgart 1991, S. 435–460

Schmähl, Winfried u. a., Soziale Sicherung 1975–1985, Frankfurt 1986

Schmähl, Winfried (Hg.), Sozialpolitik im Prozeß der deutschen Vereinigung, Frankfurt/New York 1992

Schmidt, Manfred G., Sozialpolitik in Deutschland. Historische Entwicklung und internationaler Vergleich, 2., vollständig überarb. und erw. Aufl. Opladen 1998

Schulz, Günther, Wiederaufbau in Deutschland. Die Wohnungsbaupolitik in den Westzonen und der Bundesrepublik von 1945 bis 1957, Düsseldorf 1994

Trappe, Heike, Emanzipation oder Zwang? Frauen in der DDR zwischen Beruf, Familie und Sozialpolitik, Berlin 1995

Wiegand, Lutz, Der Lastenausgleich in der Bundesrepublik Deutschland 1949 bis 1985, Frankfurt 1992

Winkler, Gunnar (Hg.), Geschichte der Sozialpolitik der DDR 1945–1985, Berlin (Ost) 1989

V. Der Sozialstaat nach der »ersten Moderne«

Backes, Gertrud M., Sozialpolitik und ›alternde Gesellschaft‹, in: Zeitschrift für Sozialreform 45 (1999), S. 95–120

Beck, Ulrich, Risikogesellschaft. Auf dem Weg in eine andere Moderne, Frankfurt 1986

Beck, Ulrich (Hg.), Kinder der Freiheit, Frankfurt 1997

Becker, Joachim, Der erschöpfte Sozialstaat. Neue Wege zur sozialen Gerechtigkeit, Frankfurt 1994

Blasche, Siegfried und Diether Döring (Hg.), Sozialpolitik und Gerechtigkeit, Frankfurt/New York 1998

Friedman, Milton, Kapitalismus und Freiheit, Frankfurt 1984

Geschichte des langen Lebens: Sozialgeschichte und Gesellschaftspolitik (Gesprächskreis Arbeit und Soziales der Friedrich-Ebert-Stiftung, Nr. 68), Bonn 1996

Habermas, Jürgen, Die Neue Unübersichtlichkeit. Kleine Politische Schriften V, Frankfurt 1985

Habermas, Jürgen, Faktizität und Geltung. Beiträge zur Diskurstheorie des Rechts und des demokratischen Rechtsstaats, Frankfurt 1992

Heinze, Rolf G., Risse im Fundament – Der deutsche Wohlfahrtsstaat im Wandel, in: Uwe Jens und Hajo Romahn (Hg.), Sozialpolitik und Sozialökonomik. Soziale Ökonomie im Zeichen der Globalisierung, Marburg 2000, S. 161–176

Hennis, Wilhelm, Peter Graf Kielmannsegg und Ulrich Matz (Hg.), Regierbarkeit. Studien zu ihrer Problematisierung, 2 Bde., Stuttgart 1977–1979

Klein, Thomas und Johannes-Georg Schilling, Die Akzeptanz des Wohlfahrtsstaats. Eine empirische Analyse, in: Politische Vierteljahresschrift 35 (1994), S. 607–630

Krüger, Jürgen, Wohlfahrtsstaatliche Entsolidarisierung? Soziologische Diagnosen im Lichte repräsentativer Umfragedaten, in: Zeitschrift für Sozialreform 45 (1999), S. 269–302

Leibfried, Stephan und Uwe Wagschal (Hg.), Der deutsche Sozialstaat. Bilanzen – Reformen – Perspektiven, Frankfurt/New York 2000

Leisering, Lutz, Individualisierung und »sekundäre Institutionen« – der Sozialstaat als Voraussetzung des modernen Individuums, in: Ulrich Beck und Peter Sopp (Hg.), Individualisierung und Integration. Neue Konfliktlinien und neuer Integrationsmodus?, Opladen 1997, S. 143–159

Luhmann, Niklas, Politische Theorie im Wohlfahrtsstaat, München/Wien 1981

Luhmann, Niklas, Beobachtungen der Moderne, Opladen 1992

Mückenberger, Ulrich, Die Krise des Normalarbeitsverhältnisses, in: Zeitschrift für Sozialreform 31 (1985), S. 415–434 und 457–475

Nullmaier, Frank, Politische Theorie des Sozialstaats, Frankfurt/New York 2000

Offe, Claus, Strukturprobleme des kapitalistischen Staates. Aufsätze zur Politischen Soziologie, Frankfurt 1972

Ruland, Franz, Gesellschaftliche Veränderungen und Rentenversicherung, in: ders., Bernd Baron von Maydell und Hans-Jürgen Papier (Hg.), Verfassung, Theorie und Praxis des Sozialstaats, Heidelberg 1998, S. 835–855

Sachße, Christoph und Tristram Engelhardt (Hg.), Sicherheit und Freiheit. Zur Ethik des Wohlfahrtsstaates, Frankfurt 1990

Scharpf, Fritz W., Verhandlungssysteme, Verteilungskonflikte und Pathologien der politischen Steuerung. Max-Planck-Institut für Gesellschaftsforschung Köln, Discussion Paper 1/88

Schmidt, Manfred G., Sozialpolitik in Deutschland. Historische Entwicklung und internationaler Vergleich, 2., vollständig überarb. und erw. Aufl. Opladen 1998

Sozialfall Sozialstaat. Wie sicher ist unsere soziale Sicherung?, hg. vom Heidelberger Club für Wirtschaft und Kultur, Münster/Hamburg 1996

Tews, Hans Peter, Neue und alte Aspekte des Strukturwandels des Alters, in: WSI-Mitteilungen 43 (1990), Nr. 8, S. 478–491

Tragl, Torsten, Solidarität und Sozialstaat. Theoretische Grundlagen, Probleme und Perspektiven des modernen sozialpolitischen Solidaritätskonzepts, München/Mering 2000

Ullrich, Carsten G., Solidarität und Sicherheit. Zur sozialen Akzeptanz der Gesetzlichen Krankenversicherung, in: Zeitschrift für Soziologie 25 (1996), S. 171–189

Vovruba, Georg (Hg.), Der wirtschaftliche Wert der Sozialpolitik, Berlin 1989

Vovruba, Georg, Jenseits der sozialen Fragen. Modernisierung und Transformation von Gesellschaftssystemen, Frankfurt 1991

Zapf, Wolfgang u. a., Individualisierung und Sicherheit, München 1987

VI. Entgrenzung und Globalisierung: Hat der Sozialstaat eine Zukunft?

Albrow, Martin, Abschied vom Nationalstaat. Staat und Gesellschaft im Globalen Zeitalter, Frankfurt 1998

Appelt, Erna und Alexandra Weiss (Hg.), Globalisierung und der Angriff auf die europäischen Wohlfahrtsstaaten, Hamburg/Berlin 2001

Beck, Ulrich (Hg.), Politik der Globalisierung, Frankfurt 1998

Beck, Ulrich, Was ist Globalisierung? Irrtümer des Globalismus – Antworten auf Globalisierung, Frankfurt 41998

Berghman, Jos, Globalization and Social Policy, in: Bernd von Maydell u. a. (Hg.), Entwicklungen der Systeme sozialer Sicherheit in Japan und Europa, Berlin 2000, S. 57–72

Berthold, Norbert und Oliver Stettes, Globalisierung und Strukturwandel: Droht das Ende des Sozialstaates?, in: Engelbert Theurl (Hg.), Der Sozialstaat an der Jahrtausendwende. Analysen und Perspektiven, Heidelberg 2001, S. 247–269

Döring, Diether und Richard Hauser (Hg.), Soziale Sicherheit in Gefahr. Zur Zukunft der Sozialpolitik, Frankfurt 1995

Franzmeyer, Fritz, Kippt die Globalisierung den Sozialstaat?, in: Aus Politik und Zeitgeschichte B 49/99, S. 25–31

Kaufmann, Franz-Xaver, Herausforderungen des Sozialstaates, Frankfurt 1997

Kohler Koch, Beate und Cornelia Ulbert, Internationalisierung, Globalisierung und Entstaatlichung, in: Rolf H. Hasse (Hg.), Nationalstaat im Spagat: Zwischen Suprastaatlichkeit und Subsidiarität, Stuttgart 1997, S. 53–88

Leibfried, Stephan, Sozialstaat Europa? Integrationsperspektiven europäischer Armutsregimes, in: Rainer Müller und Michael F. Schuntermann (Hg.), Sozialpolitik als Gestaltungsauftrag, Köln 1992, S. 329–355

Leibfried, Stephan, Grenzen deutscher Sozialstaatlichkeit. Vom gemeinsamen Arbeitsmarkt zu erzwungener europäischer Sozialreform, in: Barbara Riedmüller und Thomas Olk (Hg.), Grenzen des Sozialversicherungsstaates, Opladen 1994, S. 313–323

Leibfried, Stephan, Nationaler Wohlfahrtsstaat, Europäische Union und »Globalisierung«, in: Jutta Allmendinger und Wolfgang Ludwig-Mayerhofer (Hg.), Soziologie des Sozialstaats. Gesellschaftliche Grundlagen, historische Zusammenhänge und aktuelle Entwicklungstendenzen, Weinheim/München 2000, S. 79–108

Mayer, Otto G., Globalisierung und wohlfahrtsstaatliche Aufgaben, in: Aus Politik und Zeitgeschichte B 33–34/97, S. 29–38

Scharpf, Fritz W. und Vivien A. Schmidt (Hg.), From Vulnerability to Competitiveness. Welfare and Work in the Open Economy, Oxford 2000

Sozialstaaten zwischen Globalisierung und Europäisierung. Zeitschrift für Sozialreform 45 (1999), S. 1–81

Steger, Ulrich (Hg.), Facetten der Globalisierung. Ökonomische, soziale und politische Aspekte, Berlin/Heidelberg 1999

Trabold, Harald, Zum Verhältnis von Globalisierung und Sozialstaat, in: Aus Politik und Zeitgeschichte B 48/2000, S. 23–30

DVA

THILO BODE

**Die Demokratie
verrät ihre Kinder**

Ca. 220 Seiten,
ISBN 2-421-05679-X

Thilo Bode fordert eine revolutionäre Erneu-
erung unserer Demokratie. Er schlägt Alarm, weil die
politisch Verantwortlichen nicht länger in der Lage
sind, im Interesse des Gemeinwohls zu handeln. Nur eine unabhängige Bürgerbewegung kann den Stillstand
lösen, weil das System von innen heraus nicht refor-
mierbar ist.

Dieses Buch wird furore machen und sein Autor –
derzeit allerorten im Gespräche durch seine neue Organisation »footwatch« – dafür sorgen, daß es nicht bei
Worten bleibt.

DVA

Bibliografische Information der Deutschen Bibliothek
Die Deutsche Bibliothek verzeichnet diese Publikation in der Deutschen
Nationalbibliografie; detaillierte bibliografische Daten sind im Internet
über http://dnb.ddb.de abrufbar.

2. Auflage 2003
© 2003 by Deutsche Verlags-Anstalt, Stuttgart München
Alle Rechte vorbehalten
Gesetzt aus der Sabon
Druck und Bindung: Freiburger Graphische Betriebe
Printed in Germany
ISBN 3-421-05489-4